国家社会科学基金项目（05BZX043）研究成果
东北师范大学“十一五”哲学社会科学行动计划优秀创新团队建设项目资助
东北师范大学“十一五”哲学社会科学行动计划重大攻关项目资助

西方哲学的人文精神

韩秋红 史巍◎著

人民出版社

责任编辑:田　园
封面设计:艾哲设计
版式设计:东昌文化

图书在版编目(CIP)数据

西方哲学的人文精神/韩秋红　史巍 著. -北京:人民出版社,2010.12
ISBN 978-7-01-009642-1

Ⅰ.①西…　Ⅱ.①韩…②史…　Ⅲ.①哲学-研究-西方国家　Ⅳ.①B5

中国版本图书馆 CIP 数据核字(2011)第013580号

西方哲学的人文精神
XIFANG ZHEXUE DE RENWEN JINGSHEN

韩秋红　史巍　著

人民出版社 出版发行
(100706　北京朝阳门内大街166号)

北京瑞古冠中印刷厂印刷　新华书店经销

2010年12月第1版　2010年12月北京第1次印刷
开本:710毫米×1000毫米 1/16　印张:19.5
字数:280千字　印数:0,001-3,000册

ISBN 978-7-01-009642-1　定价:38.00元

邮购地址 100706　北京朝阳门内大街166号
人民东方图书销售中心　电话 (010)65250042　65289539

目　录

第二篇 中世纪哲学的信仰精神

第三篇 近代哲学的科学精神

绪　论

西方哲学史从根本上说是西方哲学在其发展过程中不断把握自身、理解自身,并对其自身的发展历程及其发展逻辑所映射的人类历史与文明自我确证的历史过程。黑格尔[①]最先把西方哲学的发展历史比喻为一个"厮杀的战场",马克思于1842年提出了"任何真正的哲学都是自己时代的精神上的精华"[②]的著名论断,列宁在《哲学笔记》中指出:"哲学史,因此简略地说,就是整个认识的历史。"[③]前苏联哲学家日丹诺夫[④]对哲学史作出过这样的定义:"哲学史就是唯物主义与唯心主义斗争的历史。"[⑤]我国自新中国成立以来一直按照日丹诺夫这一定义理解西方哲学史,直到20世纪80年代伴随真理标准问题大讨论,哲学理论界才开始了对西方哲学史的"自我"理解和探索,不再按照日丹诺夫的唯物主义与唯心主义对立的方式来理解西方哲学史,而是力求把西方哲学史理解为"厮杀的战场"所体现的有机的思想逻辑,以及哲学是如何在思想中把握历史时代而真正体现"哲学史就是人类认识的发展历史"的。这些探讨真正面向了西方哲学史的"事情本身"。

---

① 格奥尔格·威廉·弗里德里希·黑格尔(Georg Wilhelm Friedrich Hegel,1770～1831),德国哲学家。

② 《马克思恩格斯全集》(第1卷),北京:人民出版社1995年版,第258页。

③ 《列宁全集》(第38卷),北京:人民出版社1986年版,第399页。

④ 安德烈·日丹诺夫(Andrei Zhdanov,1896～1948),苏联哲学家。

⑤ 罗森塔尔、尤金:《简明哲学辞典》,孙冶方译,北京:三联书店1973年版,第62页。

一

纵观国内理论界对西方哲学史的研究,借用库恩①的范式概念加以概括,可以认为,国内学界对西方哲学史的研究与理解,首先呈现为一种知识性的研究范式。这种研究范式把西方哲学史理解为探究世界普遍性知识的确实性、独立性、模式化的知识体系,并断言古代哲学就是本体论哲学、近代哲学就是知识论哲学、现代哲学就是语言哲学,用这种知识论的研究范式很容易按照真与假、对与错的"真理"标准明确把西方哲学史规定为唯物主义与唯心主义斗争的历史。其次,呈现为历史性的研究范式。这种研究范式通常是把西方哲学史进行史学意义上的断代分别,在断代的基础上按学派、人物、事件、思想观点进行历史性的描述,力求把握断代史基础上的通史的意义,以求达到对西方哲学史的客观介绍、客观了解和客观把握。再次,呈现为思想性的研究范式。这种研究范式力求把西方哲学史所体现的思想的丰富性、智慧的追求性、人类精神的崇高性及其思想魅力的永恒性揭示出来,将西方哲学史理解为一部不断向人的存在根据和人的真实意义敞开的思想史。

就第一种研究范式而言,它确实把握了西方哲学史上的重要问题,并一以贯之地提供了西方哲学史的总体描绘,易于理解,在一段时期内被我国哲学理论界所认同和遵循。然而,如果仅仅用这种观点或曰"对立的观点"去考察西方哲学史,就会抽象掉丰富多彩、不断深化的西方哲学思想内容,将其变成抽象的教条,抹杀西方哲学思想发展的丰富性。基于此,伴随真理标准问题的大讨论,国内哲学界对这样的哲学史定义提出了质疑,而进展到历史性的研究范式上来。即对西方哲学史上诸多阶段的诸多学派、诸多思想、诸多思想家进行史学意义上的客观研究和分析,努力摆脱"对立的观点"所导致的"左"的或右的倾向性研究,使人们从空泛的教条中走出来,使西方哲学史的研究走向了符合学术性研究的正

---

① 托马斯·库恩(Thomas Samuel Kuhn,1922～1996),美国哲学家。

常轨迹。毫无疑问,历史性的研究范式是西方哲学史研究上的一大进步。如何在客观介绍、客观分析的基础上,更好地展现西方哲学史思想的丰富性、历史的规律性、逻辑的内在性则是需要进一步研究的。第三种思想性的研究范式正是将西方哲学史的思想丰富性、历史规律性和逻辑内在性置于思维与存在、人与世界、丰富性和统一性、哲学家的个性化特征和哲学的人类性特征相统一的维度上,使西方哲学史所蕴涵的无限的思想张力和丰富的思想内容不断得以彰显,真正体现了哲学是思想中把握的时代和时代精神的精华,揭示西方哲学思想发展的丰富性及其实质,印证和反思人类历史与文明的发展逻辑。

在我们看来,哲学思想的历史同时也应是哲学问题的历史。西方哲学史是一部"爱智慧"的思想史和问题史,以思想史的观点才能弄清楚西方哲学史的"事情本身",即是怎样的哲学问题或怎样的西方哲学自身发展的思想逻辑贯穿于西方哲学史发展始终,才使得西方哲学史呈现为典型的思想理论性、丰富内容的逻辑统一性和哲学自身认识深化的历史性、思想性的统一。问题性的历史是具有自己独特的思想逻辑和发展轨迹的,用其特有的思想轨迹来规约其发展脉络才能更好地理解西方哲学史固有的思想逻辑和丰富的思想内涵,才能真正理解西方哲学史是人类认识、人类文明的历史的真谛。

如果按照西方哲学史研究范式合逻辑的发展进程而进入到思想性研究范式上来的话,我们应该对西方哲学史做怎样的研究呢?既然我们认为西方哲学史是思想的丰富性、逻辑的内在性和历史的规律性的统一,那么揭示西方哲学史的这一思想实质就是西方哲学史研究的当务之急;既然我们认为西方哲学史的真正主题是人,西方哲学史的发展就是一部不断向人敞开的思想史,人是西方哲学的奥秘所在,那么西方哲学史是如何在解释世界和改造世界的同时也在使人不断认识自我、改造自身,体现和完成人自身尊严和价值的呢?既然哲学是人的一种生活方式,就首先应检视这种生活方式的合理性,确定这种生活方式在人类整个生活中所具有的意义,那么哲学就应该追求真正的思想理论境界和人的真正价值,以提升人类自己的思想境界;既然西方哲学史就是以探求对象之外和之上的"超验"的永恒秩序的这种本体论方式,来表达人对生命意义的诉求,那么从根本上说,当西方哲学力图找寻世界的"本原"、宇宙的最高实体时并不完全是为了获得世界的统一性，实质上是要为人自己找到“精神之乡”与“安身立命之本”，找到万物及人自身的最后归宿；既然西方哲学家以“思想”把握世界“本原”的目标不仅仅是为了解释世界与说明世界，更重要的是试图以此实现人对自身本性的认识，那么西方哲学为人的生命寻找“意义”，为人自身设定“活着”的意义就是哲学的形而上永恒追求。西方哲学史正是在人和世界的关系中不断敞开了哲学的意义及人类历史与文明的意义，也敞开了人自身的意义，哲学——西方哲学作为西方文明的核心和西方文化的灵魂，才使得“哲学史就是哲学”。所以我们努力把西方哲学的思想实质揭示为一部不断向人敞开的思想史。

二

作为一部不断向人敞开的思想历史，整个西方哲学使其探究自然、社会、人生的丰富内容得以真正揭示。如果我们将其作为西方哲学的真实蕴涵，我们又该如何理解西方哲学一以贯之的基本精神？这种基本精神能否作为重新探讨西方哲学历史的思想依据呢？

西方哲学本体论是西方哲学的传统，它以寻求“终极存在”、“终极解释”和“终极价值”的方式，为人类自身的存在寻找“根据”、“标准”和“尺度”；它又以自己所承诺的“本体”作为根据、标准和尺度，批判地反思人类一切活动和全部观念的各种前提，为人类的“生活”提供“安身立命之本”或“最高的支撑点”。如果我们沿用18世纪德国哲学家沃尔夫①等人的说法，把本体论界说为对世界本原的理性追问的理论，则太简单化与片面化哲学史了。实际上，本体论作为一种追本溯源式的理性追求，它力图达到的目标，并不是它所追求的“本”或“源”、“实体”或“存在”，它的真实意义也不在于它是否能够达到传统哲学家所热爱的知识。当代美国哲学家罗蒂②明确指出，“自古希腊以来，西方思想家们一直在

① 克瑞斯特·沃尔夫(Christian Wolff,1679～1754)，德国哲学家。

② 理查德·罗蒂(Richard Rorty,1931～2007)，美国哲学家。

寻找一套统一的观念……”①这种“统一”的观念不仅是长存于万事万物中的永恒秩序，而且也是人类生命意义的根基。概括地说，本体论对“本原”的追求，主要包含两方面含义：一是为万物寻找能使其获得统一的始基；二是为人生寻找终极的目标，这一目标将赋予生命存在以意义统一性。因此传统哲学的本体论，不但包含着本体论意蕴，还包含生存论的关键一环。本体论就是以探求对象之外和之上的“超验”的永恒秩序的方式，来表达对人生命意义的诉求。

哲学的本体论追求就是人的理论化的自我追问，这种追求和追问不仅具有深刻的人性之合理性，而且具有人类的普遍性。哲学的本体论追求，既根源于人类实践和人类思维的本性，又决定于人类生活在不同时代的特殊要求，因而它总是以时代性的内容去寻求人的存在何以可能的根据。在哲学发展史上，本体论对人的存在何以可能的追问曾发生过一系列历史性的变革：古代哲学以追问“万物何以可能”的方式探索人类存在的根据，最终以物为本的哲学产生；中世纪哲学以追问“世界何以可能”的方式回答人类存在的根据，其结果是构成了作为“神圣形象”的“上帝”本体论；近代哲学的发展过程就是在中世纪哲学的基础上不断使得“上帝自然化”和“上帝人化”的过程，也就是马克斯·韦伯所说的“驱魅”的过程。在这一过程当中，“上帝”之神圣形象被“人”这一非神圣形象所取代；德国古典哲学更将“人”这一主体高擎到了为“自然”立法的境地，人的认识何以可能、人的道德何以可能的问题取代了原来的本体论问题成为德国古典哲学的核心问题。审视西方哲学的发展历程，我们会发现西方哲学的发展史是一个在不断揭示本体的同时，将本体不断自然化、神化和理性化的过程。在这一过程中本体论问题始终围绕着人的形而上追求历经了一个否定、超越、发展、确证的辩证之路。本体论问题就是人类不断发展的内在思想动力，它以对人的终极价值的终极追求的形式引导着人类不断向生命的价值和意义的目标前行。

西方哲学本体论体现着人类精神自身所特有的形而上追求。马克思曾经设想过人类发展的未来，是使每个人都成为自由自觉的存在。如何才能达到这一目的呢？原始生活方式的人不可能实现自由，因而自由首先在于在一定程度上

① 罗蒂：《哲学与自然之镜》，李幼蒸译，北京：商务印书馆2003年版，第1—2页。

摆脱外界的束缚。自人类从蒙昧意识觉醒之后,首先面对的是世界。因而追问世界的本原是什么以及我们能否认识这个世界就是符合人的目的的。然而人通过自己认识世界和改造世界的活动渐渐发现自己是宇宙间最为特殊的存在,因此,他希望将自己的独特性彰显出来,占有自身的本质,获得自身的意义,即人总是想要为自己构造一个精神的家园,这个家园充满了人类形而上的、精神的、心灵的追求。它为人类提供了关于人的生存意义的关怀,提供了一个超越性的、精神性的理想境界,人们正是在无限的接近它的过程中不断充实自己、完善自己、发展自己。正是这种意义的世界有如天上闪烁的星月,照亮了哲学的历史,照亮了人类的心灵,以一种形而上的至善至美的精神引导着人们超越现实世界,追求永恒的境界,促使人类不断前行。人的本性和追求在于人的意义。即使人是无意义的,为了自己生活的无限丰富性,也要创造出自己的意义。现代哲学家尼采①虽然担忧意义缺失的危机,但同时他也认为正是从生命的绝对无意义性中获得了悲剧性陶醉:人生是一幕悲剧,悲剧的最大特点就在于它没有终极根据。但生命敢于承担自身的无意义而并不消沉衰落,这才是生命的骄傲!人要明白自己生存和生活的意义,只有这样人才能是自由的人,才能达到人之为人的目标——实现人的自由。

三

西方哲学始终踏着面向人、为了人、成就人的人类自我认识、自我深化的足迹不断前行。不论是人对于外部世界的疑惑之解答,还是人对于自身的不断探索,都始终作为历史延续的持久动力,使西方哲学在一定意义上代表着西方文明的核心,呈现为西方文明的灵魂,其根本原因就在于西方哲学是一部不断向人敞开的历史。可以说,西方哲学的历史中不是没有人,之所以有时西方哲学会给人这样的错觉,是因为按照以往的研究范式才使得人们以为西方哲学缺乏对人的

① 弗里德利希·威廉·尼采(Friedrich Wilhelm Nietzsche,1844～1900),德国哲学家。

研究。因此我们希望通过对西方哲学基本精神的揭示，使得西方哲学能够再现其应有的内容，也就是使哲学历史中思想的丰富性和逻辑的展开性全面彰显，力图将西方哲学历史的真正主题——人，揭示出来。

将西方哲学理解为一部不断向人敞开的思想历史，就会发现西方哲学不但是一部以人自己巨大的认识世界和改造世界的能力实现征服自然、战胜自然、改造自然的人化的过程，同时也是一部人不断认识自我、改造自身、实现自身、确证本质的过程。哲学史之所以具有思想的丰富性，正是因为人具有无限的思想性。人不但拥有物质世界，更重要的是还拥有精神世界和人的生活世界，人不仅是自在存在，更是自为存在。正是在人的生活世界中真实地敞开了哲学历史的意义，也敞开了人自身的意义。

将西方哲学理解为一部不断向人敞开的思想历史，就会发现西方哲学之所以具有深厚的历史感和强烈的现实感是因为它与人相关。是人对生活的时代的思想把握，才赋予西方哲学以思想性和历史感。以这样的观点理解西方哲学的历史，哲学史就不仅仅是一个堆满死人骨骼的战场，不是一个单一的、重复的过程，而是一个不断超越和扬弃的过程。这样才能将西方哲学的历史理解为一个不断批判超越、自我发展，通过自身的逻辑展开而形成内在否定性的思想理论传统。这种内在否定性所要否定的是用单一、绝对、抽象的概念所遮蔽的对象本质的丰富性和现实性，而不断寻找人这一本质的丰富性和现实性的历程形成了西方哲学数千年延续下来的传统。正如黑格尔所说的那样："这种联系并不是哲学史里面需要加以考虑的一种外在的观点，而真正是表示了它的内在本性。"① "哲学是在发展中的系统，哲学史也是在发展中的系统；这就是哲学史的研究所须阐明的主要之点或基本概念。"②哲学作为哲学的历史是由一个个具体的逻辑规定组合而形成的逻辑范畴体系，并通过这样的体系展示其真实的意蕴。哲学理解的历史感和现实感都是在逻辑的展开过程中得以体现和完成的。哲学拥有的理论力量就是这种逻辑展开的力量，就是"以理服人"力量的体现。

---

① 黑格尔：《哲学史讲演录》（第1卷），贺麟、王太庆译，北京：商务印书馆1983年版，第7页。

② 黑格尔：《哲学史讲演录》（第1卷），贺麟、王太庆译，北京：商务印书馆1983年版，第33页。

西方哲学的历史正是在自身之内实现着思想的丰富性和逻辑的展开性，这双重维度共同指向哲学的真正主题——人，使哲学根源于人的形而上本性的特点彰显出来。

四

我们愿意将哲学理解为时代精神的精华或思想中所把握的时代。这告诉我们，每一时代的哲学必然以把握时代特征为自身的理论任务，“哲学任务在于理解存在东西，因为存在东西就是理性。就个人来说，每个人都是他那时代的产儿。哲学也是这样。它是被把握在思想中的它的时代。妄想一种哲学可以超出它那个时代，这与妄想个人可以跳出他的时代，跳出罗陀斯岛，是同样愚蠢的。”①因此，时代特征反映在哲学思想的形成过程中，必定使西方哲学史中不同时期的人文精神或本体论追寻体现出不同的时代特征。

如果将源自古希腊哲学的思辨传统和源自中世纪哲学的宗教精神作为西方文明的两大源头的话，古希腊哲学为西方文明贡献的最为重要的成就无疑是探究本源的逻辑理路。这一理路体现在对宇宙万物“本原”或“始基”的探求上，即从纷繁复杂的现象世界中将本体世界拯救出来的哲学目标上。这一目标或曰古希腊哲学的本体论所设定的从现象到本质的理路大抵规约了整个西方哲学乃至西方文明的走向——从现象到本质的探究模式产生了物理学、数学、天文学等自然科学，也影响了人文科学的致思路向和研究方式。可以设想一下，当人类在自我意识刚刚觉解之后，面对着苍茫的宇宙和浩瀚的星空，面对着无所不能的自然与单薄弱小的自身时，那种通过对宇宙合法性说明从而使自身获得生存根基的渴望是多么强烈。因此，在古希腊早期哲学那里，虽然他们的本体论体现为典型的实体本体论——以水、火、气等作为世界的本原，但如果我们对这种现象进一步思考的话，就会得出这样的结论，与其说这种“物性”表达了人对“物”的好奇

① 黑格尔：《法哲学原理》，范扬、张企泰译，北京：商务印书馆1961年版，第12页。

与探问,不如说表征了人类文明在幼年时期对自然的敬畏,也包含了人对自然力的羡慕、恐惧,更包含了人希冀通过对自然力的探究和解释将人的高贵性和自由性从自然中拯救出来的决心。因此古希腊哲学以本体论的形式开始了人对命运的叩问、对智慧的探究以及对真理的追求的过程,开创了从个别、具体之中寻求普遍、一般,从多样中把握统一、共同的思维方式,开启了一种关于本体的形而上追求。这种对本体的形而上追求在希腊古典时期得到更为酣畅淋漓的表达。如果说早期希腊哲学是实体本体论的典型代表,那么从希腊古典时期三位具有师承关系的思想家——苏格拉底①、柏拉图②、亚里士多德③那里,实体本体的意味逐渐被淡化,真正形而上本体的意味得到了彰显。特别是在柏拉图那里,理念世界与现实世界的二分,改变了以往在现实世界中寻求本体的实体思维,理念世界与现实世界的二分奠定了整个西方传统哲学本体论的前提和基础,柏拉图对本体论的追寻也奠定了西方传统哲学通过概念、范畴的逻辑论证和理论推演构建体系的本体论论证方式。所以无怪乎后人说,整个西方哲学不过是柏拉图哲学的注脚。希腊古典哲学也实现了对早期希腊哲学在致思路向上的某种程度的转向——通过三位思想家所从事的拯救现象与追寻本体的工作,希腊古典哲学从探讨命运之于人的意义转变为力图摆脱命运追寻人自身存在的意义,不仅如此,希腊古典哲学还探讨了如何完成个体的人与作为城邦公民的社会的人之间的转换。这一系列问题的探讨不但表明了城邦时代生活的时代性特征,更表达了希腊古典时期哲人将哲学从天上拉回人间的转变以及对人自身的关注。晚期希腊哲学继承了希腊古典时期哲学对问题的探讨,并在某种程度上将问题推演到另一个极致。如果说早期希腊哲学致力于自然哲学的研究,那么晚期希腊哲学无疑将着力点放在人的现实感受之上,集中探讨了人的命运、幸福、灵魂等形而上层面的问题,并将这些问题置于对生死问题的思考当中,开启了西方哲学的伦理化倾向。晚期希腊哲人所面对的最为真切的现实就是战争的频繁、生活的动荡、

① 苏格拉底(Socrates,约公元前469～公元前399),古希腊哲学家。

② 柏拉图(Plato,约公元前427～公元前347),古希腊哲学家。

③ 亚里士多德(Aristotle,约公元前384～公元前322),古希腊哲学家。

死亡的切近,在每天都面临着死亡威胁的现实境遇中,对生死问题的思考无疑成为哲学研究的主题。在这样的时代条件下,哲学研究不应再谈论那些看似虚无缥缈的本体世界,而更应该关注于现象世界。在命运多舛的现象中为人的幸福和灵魂寻求栖息之地。当晚期希腊哲人对现世的幸福和心灵的安宁的探问发展到一定程度时,问题就出现了——人是生而有死的存在。如果说的残酷些,正如海德格尔所说,人是向死而生的。纵使我们如何谈论幸福的享有、灵魂的安宁仍无法逃避人永恒的命运——死亡。如何才能寻求到拯救的道路?此问题越发真切地摆在了人类面前,越发成为哲人们思考的时代问题,越发引起人们的思虑。

无论是早期希腊哲学阿那克萨戈拉①对灵魂的外在独立性和无形精神性特征的赋予,还是柏拉图哲学对灵魂关照理念世界的迷狂境界以及灵魂净化过程的描述;无论是亚里士多德力图赋予实体以各种独一无二的特性却也不得不求助于隐德来希的无奈,还是晚期希腊哲人们对灵魂回归神、关照神的向往,无一不体现着哲学赋予信仰本身的生存空间。特别是在晚期希腊时期,社会现实的动荡局面不仅没有消解,反而更加恶化;而哲学理性自身的思辨力量却日益消亡,希腊哲学已经丧失了活力。在这样的时代条件下,希腊哲学自身的积极因素必然要在其他的意识形态和文化形态中保存其自身的存在,才能获得新的生机和活力。历史证明,基督教的意识形态并非是对希腊哲学的摧毁,而是一种拯救。基督教以朴素的信仰取代纷繁无序的思辨和辩论,用伦理化的宗教填补了晚期希腊哲学无法满足人们道德要求的空缺,在与晚期希腊哲学的交锋中取得胜利并取而代之无疑是历史的进步。基督教对待哲学依次有三种不同的态度:要么认为哲学与神学是不相容的存在;要么认为只有基督教才是真正的哲学;要么认为哲学可以为神学所用。这三种对待哲学不同的态度折射出中世纪时期哲学与神学之间的冲突和交锋,也表明两种不同思想在相互碰撞之后的相互融通、相互借鉴、相互吸收的趋势。而托马斯·阿奎那②无疑是将神学与哲学的这种融合发挥到极致的思想家。在他的思想学说中,大抵可以窥探出整个中世纪哲

① 阿那克萨戈拉(Anaxagoras,约公元前500～公元前428),古希腊哲学家。

② 托马斯·阿奎那(Thomas Aquinas,1225～1274),意大利哲学家。

学的状况。通过对托马斯·阿奎那神学哲学中神学与哲学关系(信仰与理性)的把握,可以发现中世纪哲学想要寻求一种理性的信仰,即以哲学思辨的方式为信仰的存在寻求合理性说明。这样,信仰就不再是独断的信仰,而是合法性的信仰;理性也不再是无目的的理性,而是以论证神圣性存在为目的的理性;理性与信仰各自寻找到自身的根据和目的。正如基督教所说的那样:上帝的归上帝,恺撒的归恺撒。理性与信仰的和解使哲学在中世纪神学的时代获得了新生。无论如何,中世纪哲学总是要披上神学的外衣的,即使这一时期的哲学论断再为合理、哲学体系再为严密、哲学论证再为精当,也不过是充当一种工具性存在而已。也就是说以彰显人自身存在意义和价值的哲学,只能附着于神学之下,只能探讨神学重压下的人有限的意义。这无法满足哲学的理想,因此,哲学也积极寻找新的摆脱神学束缚的契机。

经历了现实世界的文艺复兴和思想领域的启蒙运动,历史依着其惯有的轨迹发展到了近代。近代哲学在摆脱中世纪哲学的重压之后焕发了新的生机和活力,始终以启蒙作为自身的历史任务——启人之蒙、启理性之蒙、启启蒙之蒙,在启蒙中表达自身的哲学理想。"启蒙运动就是人类脱离自己加之于自己的不成熟状态"①,使人类有勇气运用自己的理智认识世界、认识人自己。如果这是启蒙理想的集中表达,那么近代哲学无疑是这一启蒙理想最有力的践行者。近代哲学在如何运用自己的理智上独辟蹊径,暂时搁置了本体论问题(当然,他们不是抛弃了本体论,而是力图通过知识论给予本体论更为合理性的说明),而选择对人的认识能力本身进行探讨,集中研究人如何"运用自身的理智"、如何获取正确的知识、如何使得知识具有确实性等问题。近代哲学的这一逻辑进路也符合人们思考问题的思维习惯:面对问题,人们首先会问,这个问题的关键与实质是什么?长久的百思不得其解必然促使人们反思,我是否有能力回答这个问题?如果对这个问题人们依然不能提供明确的回答,那么下一步,人们必然顺理成章的追问,我怎样才能拥有解答这个问题的能力?事实上,人类思维对世界终极之谜的追索历史也走着相同的道路,哲学同样如此。在人们对世界的本体构成问

① 康德:《历史理性批判文集》,何兆武译,北京:商务印书馆 1990 年版,第 22—23 页。

题深感疑惑的时候,人们开始思考是不是人类的认识方法错误或者认识能力有限阻碍了对世界的把握,于是人们开始考察人类的认识过程与认识能力。这就是“能不能”的问题。近代哲学在对这一“能不能”问题的追问中表征了自身的追问方式:知识的合法性根据在于主体,主体之所以能够成为知识的合法性根据则在于主体的理性。理性不但是认识的力量,更是启人之蒙的根本力量。近代哲学的求知精神集中体现在对知识的合法性根据的探讨上,在对这一根据分别作出理性和经验的回答过程中,近代哲学开始对人的知识何以可能的问题进行了知识论反省。这一反省的直接后果就是突现了主体的价值和意义。近代哲学的主体精神表征了主体作为理性的拥有者与经验的获得者所拥有的双重价值和意义。近代哲学的理性精神是近代哲学的突出特征,理性使得人类完成了思想上的启蒙,从而不但带给人们以科学知识,更带给人们以自由。近代哲学凸显了人的自我意识和人的理性认识能力,其中所表达的对人的本性的追问、对人的意义的探究、对人的主体价值的把握,毫无疑问构成了近代知识论哲学所要彰显的人文精神,构成了近代哲学的知识论形态和理性主义传统。

对知识的寻求、对主体的高擎、对理性的信赖、对启蒙的信心在德国古典哲学那里得到了继承。在德国古典哲学看来,近代哲学似乎没有解决理性与经验的关系问题,也没有解决思维与存在的关系问题。唯理论对理性的推崇使得理性成为无根基的理性,而经验论恪守经验之道,必然导致对形而上存在和本体的否定。如此一来,西方传统哲学所开启的本体论传统如何才能继续前行就成为摆在德国古典哲学面前的主要问题,或曰形而上问题。与此同时,近代启蒙最为卓越的成果就是将世界历史推进到资本主义。作为时代精神精华的哲学如何为时代精神寻求合理性解释和合理性证明,就成为哲学自身的任务。特别是伴随着近代以来科学的高速发展,科学精神的极大彰显,哲学自身的合法性也受到质疑。在科学可以解释和说明一切的时代,是否还有哲学存在的空间,这也是德国古典哲学所面临的时代任务。康德正是面对这样的任务而开始哲学的形而上思考的。他继续了近代哲学的问题,认为要启人之蒙就应该回答:人是什么。康德将人是什么的问题又归结为四个问题:我能够认识什么、我应做的是什么、我可期望的是什么、人是什么,前三个问题是回答最后一个问题的前提。正是在探讨这一系列问题的过程中，康德作出了这样的回答：人的问题不仅仅是知识论层面的，更是基于自由和“至善”的价值层面的；人不仅仅是手段，人更是目的。将人作为目的而不是手段，使康德的问题自然过渡到了如何追寻人之目的——自由。康德在近代哲学对启蒙的核心——自由问题探讨的基础上，特别是在卢梭①对自由之二律背反理解的基础上，深入思考了自然的自由之必然性与实践自由之必然性的可能性，确立了人类的命运需要自己为自己立法的核心原则。到康德这里，近代哲学所关注的人的认识何以可能的问题似乎获得了较好的回答。先天综合判断保证了人的知识的重要性与确定性，科学世界与哲学世界的划分为人的理性确定了为自然立法的合法性地位。似乎这是康德对近代以来的问题所做的较好回答。但黑格尔却不这么认为，黑格尔将康德对自然和自由两个世界的划分看做是哲学的无力之举。因为哲学的思想方式反映世界，作为时代精神的精华就不能回避问题，而应解决问题。黑格尔哲学的首要任务就是弥合康德以主体和理性为特征所带来的世界二分的鸿沟，解决本体界与现象界的一致，存在与思维的符合。黑格尔认为应该认识到理性内部是存在分化的，不能仅仅将理性理解为主体的自我意识，也应该理解为世界和历史的本质。理性更应该被理解成为一种自我反思、自我批判、自我扬弃、自我提升的能力。这种能力“不但能够使生活关系系统发生分裂和破碎，还能将之重新统一起来”②。于是，黑格尔在自己的《精神现象学》中，将理性的发展设定为正、反、合三个必要的环节，恰如倪梁康先生所总结的那样：从精神自己将自己理解为主观的意识，到精神自己将自己理解为独立自为的自我，最后精神自己将自己理解为绝对精神。这样黑格尔就用主体的绝对自我的否定之否定的辩证过程，弥合了康德在物自体和存在之间划出的鸿沟，使得主体从自身的本质中获得了自身存在的意义和价值。“黑格尔批判了自然与精神、感性与知性、知性与理性、理论理性与实践理性、判断力与想象力、自我与非我、有限与无限、知识与信仰等在哲学上的对

---

① 让一雅克·卢梭(Jean-Jacques Rousseau，1712～1778)，法国哲学家。

② 哈贝马斯：《现代性的哲学话语》，曹卫东等译，南京：译林出版社2004年版，第32页。

峙,否则,哲学批判无法保证满足唤起客观性的要求。"①当黑格尔将绝对精神作为一种理性精神的绝对合力试图弥合康德所遗留下来的本体世界与现象世界二分之时,一方面康德的问题得以解决,另一方面理性自身的绝对化也带来问题:理性成为绝对理性,也就成了压抑人性的力量,理性不再是人的理性,放大了的理性转而遮蔽了人性本身。

西方哲学发展自身所表征出来的这种人类性追求与时代性精神相统一的特点,不但符合现实生活世界对思想本身的要求,也符合人类文明自身所具有的内在规律。西方哲学是沿着不同时代的时代进路和思想进路展开自身的发展历程,在不断向人敞开的过程中呈现自己的人类性追求、时代性特点和民族性精神。人类精神追求不断、时代发展要求不断、民族性特征不断、哲学问题不止。"哲学问题"(本体论问题)作为人之为人永恒的形而上追求将与人类同在。

① 哈贝马斯:《现代性的哲学话语》,曹卫东等译,南京:译林出版社 2004 年版,第 25—26 页。

第一篇

希腊哲学的本体精神

第一章　古希腊早期哲学的爱智精神

有许多哲学家这样看问题，认为人类自产生以来是从三个维度探讨人之为人的问题：人是什么？——由古希腊哲人提出；我是谁？——由中世纪的奥古斯丁①提出；你是谁？——由现代哲学提出。如若这是一个基本认识的话，那么就可以这样说，这三个问题表征着人的问题是哲学的核心问题——人的自我认识是哲学的追求。这样的问题归根结底源自古希腊哲学。古希腊早期哲学给我们提供了关于人的问题的多重视阈：本体论视阈——世界是什么的叩问在更为本原的意义上追问人是什么；生存论视阈——万物是什么的澄明在更为深层的意义上拯救与人的生存息息相关的万千现象；实践论视阈——"哲学是什么"在更为本质的意义上为人类建构更为真实的生活世界。尽管这样的问题在古希腊及其以后的很长时间都被"万物论"、"宇宙论"等形式遮蔽着，但这丝毫不影响古希腊早期哲学人文精神的光辉。因为历史常常是这样的：一个、一批、一代思想家的思想理论以至整个学说往往是在其身后，经历了较长时间的历史发展之后，才充分显示其内在价值，重新引起人们的关注。这也许可称为"千秋历史，后人评说"吧！那么我们就试着对古希腊早期哲学关于人的问题的多重视阈所彰显的人文精神作出概观：古希腊早期哲学的人文精神具有精神的无限性——对真理和智慧的无限追求；精神的人文性——对人的尊重和对人的生命意义的智慧追求；精神的超越性——对人冲破外界的束缚，成为人之为人意义上的人的永恒

① 奥里留·奥古斯丁(Aurelius Augustinus,354～430)，古罗马哲学家。

追求;精神的实践性——对人生活于其中的真实的生活世界的追求。

一、和谐的智慧

按照德里达①的看法,哲学是与本体论和逻各斯中心主义密不可分的表达方式。西方智慧在其表达方式上都可以最终还原到本体论或逻各斯之上,所以西方智慧是哲学。正是在这个意义上,海德格尔②称西方哲学的说法其实是同义反复。因为在他看来,所谓哲学正是生发于古希腊哲学传统之上的西方哲学,其他民族的哲学充其量只是思想而已。哲学这个词有独特的归属意义——哲学就是西方的,或者更确切地说哲学就是希腊的,哲学必然要倾听来自希腊的声音。海德格尔指出:“如果我们不再像使用一个破旧的标题那样使用‘哲学’这个词,相反,如果我们从其来源上听到‘哲学’这个词,那么我们就听到了:philosophia。现在哲学这个词在说古希腊语,这个词作为古希腊词是一条道路。”③在海德格尔的哲学之思上,无论是以“在”称谓的本体,还是以西方为归属的哲学无疑都是说希腊语的。整个西方哲学的论域中,哲学、本体、智慧都与希腊有着剪不断的情愫。这样的情愫最先是由毕达哥拉斯④的“数”本原思想提出的“哲学就是爱智慧”的论断散发出来的,体现出“哲学”这一希腊语要表达的智慧的和谐与和谐的智慧的意境。

的确,哲学就是爱智慧,可人们自古以来迷恋的这个智慧到底是什么呢?被公认为西方哲学之父的泰勒斯⑤通过宣称万物的“始基”是水,把智慧的追求定格为对“本原”的寻觅。所谓“本原”,按照亚里士多德的经典规定,亦即万物从

---

① 雅克·德里达(Jacques Derrida,1930～2004),法国哲学家。

② 马丁·海德格尔(Martin Heidegger,1889～1976),德国哲学家。

③ Heidegger, *What is Philosophy?* Translated by Willian Kluback and Jean T. Wilde, Vision Press Limited, 1958, p. 29.

④ 毕达哥拉斯(Pythagoras,约公元前572～公元前497),古希腊哲学家。

⑤ 泰勒斯(Thales,约公元前624～公元前547),古希腊哲学家。

那里来，毁灭之后又回到那里去，一切皆变唯它不变的“始基”，它是宇宙最原始的开端和主宰。当时的哲学家们围绕着这个问题展开了激烈的争论，试图以自然来解释自然，用一种自然元素来说明自然万物，以求得真理性的知识，即获得智慧。于是，有人说本原是水，有人说本原是气，也有人说本原是火。智慧是“一”的学问，是“道”的学问。但人们在“一”的境况下，很难展示智慧，每当在“一”的时候，智慧就失灵了。哲学在其产生之初就面临了这样的问题：如何在“多”中寻求不动不变的“一”。哲学所应解决的问题必然包含“多”中的“一”，也就是说哲学在其原初“智慧之爱”中必然包含着对和谐的追求。毕达哥拉斯是最早从事数学研究的人，他和其他自然哲学家一样，研究的对象仍然是自然，但是他反对米利都学派的物质元素观点，把非感性的“数”看做是自然和万物的本原，认为数的本性在于“和谐”。自然界的一切现象和规律，无论是天体宇宙的自然法则，还是人心中的道德和信仰，都是由数决定的，都必须服从“数的和谐”，都是产生于和复归于数的和谐，而“爱智慧”就是对数的本性“和谐”的追寻和热爱，即哲学就是这种“和谐的智慧”的最高诠释。因为它同时承载着两重使命：既能解说这个使人惊异的大千世界，又可为人之安身立命提供价值和意义指导。德国哲学史家策勒尔①就曾指出：“在希腊语里，智慧不仅包含有对世界的理论说明之意，而且还含有对人生一定的实际态度的意思。”②毕达哥拉斯“秉烛而来”给人类提供了古义深深的“爱智”的消息。

毕达哥拉斯开启“爱智”的哲学是从找到阿基米德点的“数”开始的，通过“数原论”进行对哲学本性的启蒙和智慧权力的论证。“对计量的数量关系感兴趣，开始思索世界的齐一性和规律性问题，试图以数为实体，把它看做是万物的基质”③，万物产生于“数”，数具有和谐的性质，那么万物亦具有和谐或趋向和谐的性质，世界统一是由于万物之间数量关系的和谐比例。这种和谐不仅体现在宇宙天体等自然界中，还体现于人之生命的道德准则和灵魂信仰中。何以如

① 爱德华·策勒尔（Eduard Zeller，1814～1908），德国哲学家。

② 策勒尔：《古希腊哲学史纲》，翁绍军译，济南：山东人民出版社1992年版，第4页。

③ 梯利：《西方哲学史》，葛力译，北京：商务印书馆1975年版，第28页。

此？毕达哥拉斯提出两个著名命题:什么最智慧——数目;什么最美好——和谐。并从三个方面展开论证。

毕达哥拉斯对以“和谐为本质的数本原”首先在“科学之真”维度上进行论证,赋予了从一到十这十个数字以“科学”含义。他认为,在一切数中,“一”是最基本的,它既是一切数的开始,又是计量一切数的单位;“二”是第一个偶数,是宇宙不足或过度的一种象征;“三”可以象征物质世界的杂多和纷繁;“四”是第一个平方数;“五”是第一个完满的数,因为“它是第一个偶数‘二’和第一个奇数‘三’产生出来的第一个数”;“六”也因为是第一个完美的数“五”和“一”相加的结果而有了特殊的意义;“七”在毕达哥拉斯看来是唯一既不是任何数的因子,又不是任何数的乘积的数;“八”是第一个立方数;“九”是“三”的平方,又是“十”之前的最后一个数字,所以占有重要地位;“十”在毕达哥拉斯的学说中是最完满的数,是一个完善的、神秘的数,人们必须根据存在于“十”之中的能力研究“数”的活动和本质。在当时的情况下,毕达哥拉斯以“数”为本原的“科学之真”的追求还体现在对宇宙天体和自然现象的解释上。毕达哥拉斯通过铁匠铺打铁的声音获得灵感,发现了音调的数字关系,即声音的高低和谐取决于发音体的数字关系。为此,毕达哥拉斯找出了琴弦长短与音高的比例关系以及音程与弦比例的最佳关系,认为音乐的和谐之美在于适当的比例关系和秩序。毕达哥拉斯通过“数”发现了音乐,又通过数和音乐发现了和谐之美。毕达哥拉斯还把目光投向了对天体的思考和说明上,提出宇宙和谐的思想。据传说毕达哥拉斯认为宇宙应该由十个天体组成,天体数目的完满是满足完满的数目规定的前提,于是自己命名了一个天体“对地”,使宇宙达到十个天体并体现着数的完满。同时毕达哥拉斯认为宇宙各天体的大小、各自的运动速度以及它们之间的距离都存在特定而合理的数的比例关系。毕达哥拉斯曾说过整个的天是一个和谐、一个数目,全部天体所构成的乃是一个有秩序的和谐的“科斯摩斯”(即宇宙),并且处在一种纷繁不乱、有序多变的运动之中,发出一种美妙而和谐的音响,即天体音乐。然后,他把这种眼光从天上移到地上,从地球是最完善的几何体出发,认为地球是球形的,地球是一个由异彩纷呈、千差万别的事物所构成的一个统一体,而且只要愿意也不难找出各事物间的差异比例。当毕达哥拉斯把上至宇宙天体，下至地界具体物统统视为和谐统一体之后，又将它们按大小排列成一个有秩序的世界和谐等级结构图：大的和谐统一体由次一级多个和谐统一体构成；次一级的每个和谐统一体又由更次一级的众多和谐统一体构成。在此基础上，毕达哥拉斯对气候季节等自然现象进行了观察。认为"在地球上光明的部分与黑暗的部分是相等的，冷与热、干与湿也是相等的。热占优势时就是夏天，冷占优势时就是冬天，干占优势时就是春天，湿占优势时就是多雾的秋天。最好的季节是这些元素均衡的季节。"①所谓"均衡的季节"，也即和谐的季节。毕达哥拉斯以"数"本原思想为整个物质世界找到了"科学之真"的内在依据。

毕达哥拉斯对"数"本原思想还在"神学之善"维度上加以论证。策勒尔认为，希腊思想方式有一种源于奥尔弗斯神秘主义的外来因素。这种神秘主义对于希腊人的天性来说是一种格格不入的宗教崇拜，但是从毕达哥拉斯学派开始，由于它和希腊思想的融合，产生了许多值得注意的新形式，对于随后时期的意义重大。这就是说，毕达哥拉斯赋予数以神学特征。在毕达哥拉斯看来，神本身是善的，必然要通过其创造的宇宙间的万千事物表现自己善的意志和神的本性，这样的东西只能用最为和谐、最为美好的"数"表达。为此，毕达哥拉斯对数冠以神的命名，如"一"是"阿波罗神"或诸神之父、宇宙的创造主宙斯，是万物主宰，世间一切事物之源，是和宇宙秩序等同的；"二"是"一"的对立面，代表诸神之母瑞亚，"一"与"二"的结合催生宇宙万物的诞生；"五"代表掌管爱情、婚姻和生育的女神阿佛洛狄忒；"七"代表了智慧女神，雅典城邦的保护神雅典娜女神；"九"象征为解救人类而失去自由的普罗米修斯。毕达哥拉斯或将神圣的数看做是宇宙中的创造力量，或者将至上的神和这种具有创造能力的数等同起来，或者将神圣的数看做是高于具有创造力的神。所以，在古希腊早期仍然具有原始宗教神话的痕迹是正常的。用原始宗教神话的方式比衬世界万物，神被当做数之数加以赞美。神更美、数更善，神是数的根本与原因所在。这样，在毕达哥拉斯那里，以神的名字命名的数同神一样创造了宇宙万物，以往我们将这一思想理

① 北京大学哲学系外国哲学史教研室编译：《古希腊罗马哲学》，北京：三联书店 1957 年版，第 37 页。

解为牵强附会的臆造，现在我们将其看做是毕达哥拉斯对数的理解具有“善”的意蕴。在他看来，神对人的存在是善的，数的存在对人同样是善的，它给人以秩序、和谐和智慧，成为宇宙的创造力量，“数学乃神的语言，是神的体现”[①]。在毕达哥拉斯看来，只有神才是真正善的和智慧的，人最多也只是追求善和爱智慧的。数作为最高的智慧体现了最高的善，根本上是与诸神的善相一致，理所当然地成为人与神沟通的一种途径，成为人净化灵魂的最好方式。可见毕达哥拉斯对数进行专心的研究，其实质是对神的认真思索，对美好心灵的智慧追求，是对神进行虔诚的祈祷。正如罗素[②]所说的那样：“数学与神学的结合开始于毕达哥拉斯，它代表希腊的、中世纪的以及直迄康德[③]为止的近代宗教哲学的特性。”[④]

毕达哥拉斯“数”本原思想从根本来说是哲学之思，对数作出哲学的解释，即深层次的追问和反思“数何以是本质”是其重要任务。这一任务从哲学的“形而上”本性上来说就是求真、求善和求美的统一。毕达哥拉斯认为一切对象都由数组成，数是宇宙的要素，万物皆数。正如亚里士多德在《形而上学》第一卷第五章中指出的，他们认为数先于整个宇宙也先于一切自然物（因为没有数，任何东西都既不能存在，也不能被认知；而数即使离开别的事物也是能被认知的）。因此，数的元素和第一原则就是万物的第一原则。据保存下来的古希腊哲学著作的残篇记载，万物的本原是一。从一产生出二，二是从属于一的不定的质料，一则是原因。从完满的一与不定的二中产生出各种数目；从数产生出点；从点产生出线；从线产生出面；从面产生出体；从体产生出感觉所及的一切形体，产生出水、火、土、气四种元素。这四种元素以各种不同的方式互相转化，于是创造出有生命的、精神的、球形的世界。数是独立于物之外的实质，是一切事物的总根源。这样从事物的生成看，数先于事物而存在；从事物的性质看，数的规定性同样决定事物的规定性，数是事物的范型；从数的规定性来看主要是对立和比

---

① 皮特·戈曼：《智慧之神——毕达哥拉斯传》，石定乐译，长沙：湖南文艺出版社 1993 年版，第 185 页。

② 伯特兰·罗素（Bertrand Russell，1872～1970），英国哲学家。

③ 伊曼努尔·康德（Immanuel Kant，1724～1804），德国哲学家。

④ 罗素：《西方哲学史》（上卷），马元德译，北京：商务印书馆 1963 年版，第 64 页。

例，如数具有对立的性质，事物也具有对立的性质；数之间存在着和谐的比例关系，事物也存在着和谐的比例关系。所以在一切数中，“一”是最基本的，它既是一切数的开始，又是计量一切数的单位，凡数都以“一”为基础，这个“一”自身包含着奇偶两种不同的规定，前者是有限的，后者是无限的，因此存在对立规定性的“一”就是绝对的和谐。同时自然数中又分为奇数、偶数、素数、完全数、平方数、三角数和五角数等，所有事物都存在着某种数量关系。这样的数量关系构成了和谐的数的系统。更为重要的是毕达哥拉斯还认为：“数”本原之和谐在一定意义上也具有人之和谐的意蕴。这种和谐通过他的再传弟子的雕塑所确定的人体具体的数字比例关系加以表达：人体的美在于部分的比例对称，如灵魂之美在于均衡、相等；还通过他的学生阿尔克芒①提出的大宇宙和小宇宙来表达，人是一个小宇宙，是大宇宙的缩影，如果说大宇宙是外在的和谐，那么人的灵魂就是内在的和谐。无论是外在和谐还是内在和谐，都可以用数之和谐来表达。据传说，毕达哥拉斯学派愿意把数说成——“一”是理性的象征，因为理性是不变的，“二”表示意见，“三”是力量的象征，“四”表示公正，“五”是婚姻的象征，“六”表示灵魂，“七”表示智慧，“八”表示永生，“十”表示完美和谐。“十”是完美和谐，“十”便是美德。什么最完美——数，什么最和谐——哲学，美德与和谐使得哲学爱智的意义彰显。总之，毕达哥拉斯对“数”本原思想作出了古希腊哲学本体论意义上的完好论证，即具有宇宙论、自然论、科学论、神学论、目的论意义上的论证。如前所述，科学论证是在求真维度上，神学论证或宗教论证是在求善维度上，那么哲学论证比较完好地体现了求真、求善、求美之统一的论证。在“数”本原思想中蕴涵着人之本思想，人之本思想通过数之神圣性、宗教性表达着人的信念，人的信念通过数之自然性、宇宙性、科学性加以确定。这样“数”本原就不仅仅是古希腊哲学原初意义上的万物起源之本，还是世间最智慧的和最美好的事物的本原，表达了最切实的哲学是“爱智慧的和谐”和“和谐的智慧”的美好追求。

西方哲学从其产生之初就是“爱智慧”的学问，毕达哥拉斯冥冥中于哲学“爱智”的源头处揭示了哲学智慧的真谛：哲学就是要以求真、求善、求美为准

① 阿尔克芒(Alcmaeon of Croton，约公元前6～公元前5世纪)，古希腊哲学家。

则，用全部的生命激情去热爱、追求真善美统一的“和谐的智慧”。带着对真善美的追求，哲学走上了寻找智慧之路。哲学力求在最深刻的意义上把握和解释整个世界，试图从总体上和深层结构上探明人与世界的内在的本质关系，奠定人类自身在世界中的安身立命之本，确认人在世界中的价值目标和最终根据。哲学的“爱智”本性促使它不断以“始基”或“本体”的概念对经验世界多样性之统一性和对世界万物“变化”之终极根据作出探究和解释。“哲学对‘本体’的寻求，是一种追本溯源式的意向性追求，是一种理论思维的无穷无尽的指向性，是一种指向无限性的终极关怀。本体论的终极关怀具有三重基本内涵：追寻作为世界统一性的终极存在；反思作为知识统一性的终极解释；体认作为意义统一性的终极价值。本体论是终极关怀意义上的存在论、知识论和价值论的统一。”①哲学通过探寻世界的终极根源或最深刻的基础来寻求世界的统一性，进而对终极存在作出逻辑论证，对认识对象作出解释说明，为人类自身的存在找到一个最稳固的支撑点，奠定人类生命价值和意义的根基。哲学的本体追求代表了哲学对智慧的追求，终极存在、终极解释和终极价值统一也就是真善美统一：真是一种理性之真，要求通过人的理性认识，消除万物的纷繁复杂性和神秘性，为宇宙和万物的存在寻找到阿基米德点，这个阿基米德点在毕达哥拉斯那里通过对“数”本原思想的科学论证所体现的求真之维逐渐发展成后来哲学的存在之维，而不断被确定为终极存在；善是一种理想之善，昭示了人的某种超越性本性——超越有限通达无限、超越生死面向永恒、超越必然寻求自由。在毕达哥拉斯对“数”本原思想的神学论证中所体现的求善之维不断彰显这种超越本性，是对终极价值和终极意义的追求；美是合理之美，是真之真理性、善之理想性的交流和融通，通过把对客观世界的认知过程变成主观世界的自足完满追求，在有限与无限、真与善、理想与现实中显现美、创造美。在毕达哥拉斯“数”本原思想的哲学论证中，不断体现着对真、善、美的理解，逐渐成为贯穿于西方哲学历史中对追求存在、寻求解释、体现价值的本体运思之中，也在对终极本体作出终极解释实现终极价值中实现真、寻找善、体会美，哲学在对本体的永恒追求中求证着真善美

① 孙正聿：《思想中的时代》，北京：北京师范大学出版社2004年版，第49页。

统一的"和谐的智慧"。西方哲学是对"爱智慧"的无限追求,是对真善美的无止境追求,这种追求才可称为"爱智慧"或"和谐的智慧"。它会随着历史的发展不断展现蓬勃的生机,为现时代的人们建构真善美的和谐支点,为人类的继续前行提供现实的阶梯。哲学是"和谐的智慧",人类需要"和谐的智慧","和谐的智慧"与"智慧的和谐"才是哲学的真正"爱智慧"。

二、命运的叩问

古希腊早期哲学家提出"人是什么"的问题,是出于对人的命运的深深忧虑。在巨大的宇宙时空的衬照下,宇宙苍远,人生短暂,人类心灵深处积淀着神秘、悲凉和迷茫的人生体验,渴望与企盼着对自我生命意义和灵魂归宿的认识,注解着哲学那古老而宿命般的起因。对这些问题以哲学的方式进行思考,成为古希腊早期哲学家的天职。所以,哲学自始至终在一种人文精神的关怀之中。这种人文精神的关怀最初是以关注人类命运为主题和内涵的。正是哲学家们进行着这样的哲学探索——"为求知而学术"才成为他们生命中一种激昂的生活方式。

"命运"在古希腊文化中有着较深刻的思想烙印。从俄狄浦斯能够解决斯芬克斯之谜却摆脱不了杀父娶母的命运开始,人们就以一种极端畏惧的心理看待凌驾于他们之上的"命运"。"命运是不可违抗的"几乎是古希腊人根深蒂固的观念。直面这种神秘的东西探其究竟并以生命强度的最大可能支撑表达人对命运的崇拜,表达人之命运不堪承受的命运之轻。希腊人怀着好奇心,带着特别的宿命感开启着命运的叩问。他们意识到生命之二律背反,正是存在于人类内心中生命自然力量的激荡,使得人类有着无法挥去的宿命感!这种宿命论恰恰展示了希腊人的困惑和抗争。他们不断地质问,人在事实上是无辜的,却为何要受罪和遭到命运的惩罚?这种必然的命运固然可以接受,但他们一定要问个明白。正如别林斯基①指出的,生活有其暧昧的、阴沉的一面,他们称之为命运,它

① 别林斯基(Belinsky,1811～1848),俄国哲学家。

像一种不可抗拒的力量似的,甚至要威胁诸神。可是高贵的、自由的希腊人没有低头屈服,没有跌倒在这可怕的幻影面前,却通过对命运进行英勇而骄傲的斗争找到出路,用这斗争的悲剧的壮伟照亮了生活的阴沉的一面;命运可以剥夺他的幸福和生命,却不能贬低他的精神;可以把他打倒,却不能把他征服。人应超出神为他设定的限制,获得比命运所折射出的限制性更坚强的意义。

古希腊早期哲学家表现出的这种对命运的寻求方式体现了那个时代人的生活所禀承的人文精神。他们不愿意仅仅停留在对生命的感性直观中,努力寻求感性世界的苦难解脱以及人性本身的根据。他们相信世间万物的一切都可以归结到一个原因,而人的价值只能实现在自己同外界的对象性关系中,因为人们总是受制于这样的对象性关系,而这一原因正是把握这种对象性关系的"根"和"本"。为了摆脱这种命运,从米利都学派开始的古希腊早期哲学一直在向世界发问:世界究竟是什么?万物的本原是什么?对此,早期的哲学家们基于自己对世界的观察与归纳、猜测与构想、惊异与思考提出了各种答案:水始基、火本原、数智慧、气命运、原子宇宙等。很显然,这些答案都以本原、始基的形式关涉着命运,表明本原、始基是人的心灵对人自身命运乃至整个世界的眷顾。因此,在这里,我们可以看到一种简约的心灵,他们所怀的单纯的内心世界使他们对人之为人的关切呈现出澄明的状态,这是现代人苦苦追寻却常常无法获得的,人的单纯性存在展示出了关于命运、关于生命的限度和关于世界的独特广度。命运是无言的,沉默的命运起先由神谕作报道,接着便是让哲学家们用他们的睿智去推度。一个自泰勒斯以来一直被认可的预设是,带给人以命运的宇宙自然是可以理解的,问题在于如何理解,命运遂成为某种可理解的必然性。最初的"始基"概念——在泰勒斯、阿那克西曼德①、阿那克西美尼②那里已经内隐着问题的可能性的张力:始基成为始基,必然有不增不减、永恒而确定的性质;始基成为始基,必然有从自身创生万物因而流变不滞的性质。毕达哥拉斯明确主张过:本原是一。毕达哥拉斯学派认为万物都是数。数不仅被看做万物的本原,而且被看

① 阿那克西曼德(Anaximander,约公元前610～公元前546),古希腊哲学家。
② 阿那克西美尼(Anaximenes,约公元前570～公元前526),古希腊哲学家。

做万物的原型、世界的本体。数的本质是“一”。同一事物既是“一”，也是“多”。而一是本质，多是现象。认识“一”必须脱离可变世界，把握真理。认识“一”，不是靠感觉，而是“用自己的纯粹理性”。只有这样“才能将灵魂从变化的世界转向真理的实在”①。学习数学，尤其是认识“一”时，就是“将灵魂向上拉，并迫使灵魂讨论纯数本身……迫使灵魂使用纯粹理性通向真理本身”②。然而无论毕达哥拉斯提出的“数”本原怎么特殊，怎么不同于前人提出的“水本原”、“气本原”，但它仍然还在感性世界中，所以它仍然是特殊的物，无法真正表达纯粹思维。凡是特殊的东西都有个从哪里来的问题。所以这个“第一因”仍然“第一”不了，还得追问它的前因。如此下去，永无了结，这样的本原归根到底还要依靠神谕和命运的眷顾。哲学家们决不甘于永远受到命运的限制，他们力图彰显人的价值和意义。

最先对此有所觉悟的是赫拉克利特③。海德格尔曾经指出，赫拉克利特所表现出来的名词命名着“遮蔽”——“永不消失者”就是“永不进入遮蔽”，以及如何“保持遮蔽”；而推动着的却是动词“解蔽”——“永不消失者”就是“始终持续的涌现”或“向来持续的解蔽”。因而，赫拉克利特思考的应是双重的东西：“遮蔽与解蔽”——“并不是作为两个不同的、仅仅被推到一起的事件，而是作为一和同一者(Eines und das Selbe)。”④这里的遮蔽和解蔽更多的意味则是从命运这一在人们看来永不消失的事物之中寻求一种人文的力量——将人从遮蔽中解救出来。因此当古希腊其他哲学家执迷于将自然看做“造物主”的恩赐，力图在某种自然物质与作为世界理性的造物主——命运之间设置某种必然的联系之时，赫拉克利特则走出了另一条道路。他看不起盲从以及归咎于自身的无知和宗教的虚伪，认为每个人都可以认识自己。赫拉克利特的这一思想大体说来应该是：他心目中的神是一种充满智慧并代表理智和“自然本性”的最高精神之神。神是无形的，那掌握了神的智慧并依照神的“自然本性”活动的人，就是神

① 柏拉图：《理想国》，郭斌和等译，北京：商务印书馆 1986 年版，第 288 页。

② 柏拉图：《理想国》，郭斌和等译，北京：商务印书馆 1986 年版，第 289 页。

③ 赫拉克利特(Heraclitus，约公元前 540～公元前 480)，古希腊哲学家。

④ 海德格尔：《演讲与论文集》，孙周兴译，北京：三联书店 2005 年版，第 294 页。

之有形的化身。基于这种神的观念，他认为人们所信奉的神在生命力上甚至连人都不如，故而都是虚假的，那些围绕神而展开的活动实乃愚蠢之举。他认为理智是人的宝贵财富，但却只有很少一部分得以应用。赫拉克利特批判那些懒于用思想去把握事物内在机理的人时说："凡是（在地上）爬行的东西，都被（神的）鞭子赶到牧场上去。"①意思就是说不善于用头脑去思考问题的人与动物无异。他谴责这些人"对于神圣的东西大都……没有信心"②，并称他们是那种"无论听了什么话都大惊小怪"的"浅薄的人"。③ 相反，对善于用头脑思考问题的人他则大加赞扬，称他们具备了一颗"神的心"。类似于神，因为他们总是能够获得与常人不同或超越常人的见解，而赫拉克利特就是力图运用理性思索世界和人生的人。

在赫拉克利特看来，命运和神并非单一的实体，而是一种基本的存在，这就是火。赫拉克利特将火称做神或者命运，"这个世界不是任何人创造的，它过去、现在和将来永远是一团永恒的活火，在一定分寸上燃烧和熄灭"④。在这里如果赫拉克利特看到了"火"与命运的同在或相互联系，那么也可以说赫拉克利特同时也看到了"火"与命运的区别：火是始终变化的，命运是始终不变的。火是一种过程，命运是定在。同理，火是过程，更是结果，那么火这种基本存在就与前人所指出的水、气和无限等本体有所区别，后者不能用来说明本原或者基本存在，是因为它们所代表的是一种结果。而火则不同，火首先代表着某种具体物的燃烧，它的生灭变化体现为过程，它不但代表物理学意义上的时间的变化，更是事物变化过程的一种直观表现，因此火不是一种实体，而是代表了一种物质的运动——物质性的火最能表达宇宙万物的动和变，因此赫拉克利特称"火"为"活火"。"活火"相对于前人提出的"水"、"气"不再仅仅是命运之神俯身于其中的

① 北京大学哲学系外国哲学史教研室编译：《古希腊罗马哲学》，北京：三联书店 1957 年版，第 11 页。

② 北京大学哲学系外国哲学史教研室编译：《古希腊罗马哲学》，北京：三联书店 1957 年版，第 86 页。

③ 北京大学哲学系外国哲学史教研室编译：《古希腊罗马哲学》，北京：三联书店 1957 年版，第 87 页。

④ 策勒尔：《古希腊哲学史纲》，翁绍军译，济南：山东人民出版社 1992 年版，第 48 页。

某种物，而是获得了一种向上的生命力量（逻各斯），这种生命力量代表着人类精神形而上追求的永恒力量。所以赫拉克利特才更加指出，人的灵魂就是神圣之火的一部分，人的灵魂也就是"逻各斯"，而"干燥的光辉是最智慧、最优秀的灵魂"①。因为干燥的灵魂具有火本原的智慧禀性。这样他将人自身存在的力量在同样作为一种向上力量的永恒的"活火"中表现出来。在这里，赫拉克利特虽然将本原仍然放在自然身上，但自然的力量或者说命运的力量当中也掺杂进了人的力量，神性开始向着人性还原，人性虽然以一种被遮蔽的状态呈现，人们总是想在与人息息相关的自然中找到人之根、人之本。因此我们也许可以认为赫拉克利特的"活火"渗透着一种对"命运"的关怀，单是这一份关怀、这一种对人的生命的主动的渴望，就可以辨别出它所具有的哲学品格。即对于他的自然之火可以理解为借着自然的话题，说人之命运之事。同时赫拉克利特赋予了作为世界本原的"活火"另外的含义——活火是生灭变化的，这在某种程度上自觉不自觉地影射了人的有限性，这样他把人的生命的终极性维度置于一个被拷问的向度，以显示人的有限性和价值。因为在事实层面上有限的意识才能展示一种生命的无限珍贵，才能使人珍惜作为当下存在的时间性。

赫拉克利特用永远变动不居的"火"作为万物的始基，同时把火视为"逻各斯"。海德格尔曾经说过："这也就确定了它们当时的解释空间……我们始终只能确定这些引文被置入其中的那个语境，而不能确定它们在赫拉克利特那里的语境。这些引文连同它们的出处流传给我们的恰恰不是本质性的东西，即，赫拉克利特著作的内在结构的那个分划和规范一切的统一体。"②由于我们现在看到的仅仅是赫拉克利特遗留下来的某些残篇，因此，我们仅仅能够从字里行间推断出某些端倪：火是生灭变化和不断运动的，体现为一个过程，而逻各斯则体现为宇宙万物运动、生灭、变化的必然法则；由于活火的生灭变化在某种程度上造就了万物的生灭变化，因此逻各斯与火在某种程度上具有一致性。因此赫拉克利

① 北京大学哲学系外国哲学史教研室编译：《古希腊罗马哲学》，北京：三联书店 1957 年版，第 29 页。

② 海德格尔：《演讲与论文集》，孙周兴译，北京：三联书店 2005 年版，第 280 页。

特将火看做逻各斯，一方面“逻各斯”作为过程、对立统一、变化的抽象形式，表征了“生命、时间”。为此赫拉克利特有如下名言：“一切皆流，无物常住”，“时间是纯粹的变化”，而一切事物也是在时间的转化中经历了生命。赫拉克利特赋予了他的本原以流变的存在形式——“逻各斯”作为时间、生命，就是对过程、对立统一和变化的抽象直观。另一方面赫拉克利特认为“这个‘逻各斯’虽然永恒地存在着”、“万物都根据”它“而产生”、是“指导一切的东西”，“也是人人共有的”、“顷刻不能离的……东西”和“每天都要遇到的……东西”，但是人们却完全不了解它，“即便听见了它”，也“像聋子一样”不予理会。因此，他指出：“逻各斯虽是人人共有的，多数人却不加理会地生活着，好像他们有一种独特的智慧似的。”①正如赫拉克利特自己说的那样：“一切都遵照命运而来，命运就是必然性。”而“命运的本质就是那贯穿宇宙实体的‘逻各斯’”②。因此即使人们不能认识逻各斯，逻各斯仍然作为一种命运而发生作用，人如果能认识灵魂的逻各斯，就能过上真正理智的生活。正是在这个意义上，叶秀山先生认为：他（赫拉克利特——作者注）的逻各斯突破、改造了古希腊传统的神控命运观……命运是一种自然物体动变的尺度，是一种人的思想、智慧可把握的自然的必然性。这样赫拉克利特就在神圣的命运之下，为人们确立了自然法则，“如果要理智地说话，就得将我们的力量依靠在这个人人共同的东西上，正像城邦依靠法律一样，甚至还要更强一些，因为所有人类的法律都是由一个神圣的法律所哺育的，只有它才能要怎样治理就怎样治理，才能满足一切，还能有所超越。”③在这里，我们可以清晰地看出，赫拉克利特的逻各斯不仅包含有必然的命运，更包含有自然法思想的萌芽，与其说他的逻各斯代表了一种必然的命运，不如说他想要假托一种必然性为现实的某种事物寻找根据。

---

① 北京大学哲学系外国哲学史教研室编译：《古希腊罗马哲学》，北京：三联书店 1957 年版，第 18 页。

② 北京大学哲学系外国哲学史教研室编译：《古希腊罗马哲学》，北京：三联书店 1957 年版，第 17 页。

③ 第尔斯、克兰茨：《苏格拉底以前的哲学家残篇》，希德对照本，柏林：魏德曼出版社 1974 年版，DK22B114。

不仅如此，赫拉克利特还认为逻各斯主要依靠思想来把握，古希腊德尔斐神庙上镌刻的“认识你自己”的格言似乎在他这里已经有了呈现。赫拉克利特认为逻各斯体现在人的主体当中，即作为认识主体的人只有清醒地认识自己才能把握逻各斯。这样赫拉克利特将作为客观理性的逻各斯与主体的思想和认识能力联系在一起，并将其作为把握逻各斯的重要因素。赫拉克利特以主体的思想和认识能力把握客体的思路不但在本体论的维度赋予作为宇宙本体的逻各斯以与人类的某种属性相关的特征，更是将西方哲学的发展逻辑贯穿于其中。“如果说，近代哲学的‘知识论转向’是从古代哲学离开对人类认识活动的反省而追寻世界统一性的本体论独断转向对‘人的认识何以可能’的知识论反思，那么，现代西方哲学的‘语言转向’则从近代哲学离开对语言意义的省察而探究思想的客观性的知识论追求转变为对语言意义的分析与理解”①，那么在赫拉克利特这里，知识论哲学寻求主客统一的问题也具有了一定程度的呈现。

赫拉克利特还努力探寻逻各斯的寓所——语言，认为那变动中的不变、统摄万物的东西存在于语言之中。赫拉克利特的逻各斯既是一种理性灵魂，也是一种哲学语言，在二者相关的意义上强调逻各斯具有“领会”与“发问”的关系，说明逻各斯所具有的语言张力。正如卡西尔②在《人论》中所说：“从物理上讲，语词可以被说成软弱无力的；但是，从逻辑上讲，它被提到了更高的甚至最高的地位：逻各斯成为宇宙的原则，并且成为了人类知识的首要原则。”③西方哲学的三大典型形态（本体论、知识论、语言学形态）在他这里都已经初见端倪。因赫拉克利特一方面是在追寻本原道路上向着“本体”的思想飞跃，另一方面则蕴涵着对以往本原问题的一种解构：赫拉克利特看到了解决问题必须走逻各斯（本体）之路，还必须同时走认识与语言之路。但他毕竟未在语言中找出纯粹的思想，而只是一味地使用“逻各斯”，这既不能真正实现对感性的、物质性的本原超越，也不能真正揭示“逻各斯”的本体论、知识论、语言学之真意，而只是使“逻各斯”具

---

① 韩秋红、庞立生、王艳华：《西方哲学的现代转向》，长春：吉林人民出版社2007年版，第150页。

② 恩斯特·卡西尔（Ernst Cassirer，1874～1945），德国哲学家。

③ 卡西尔：《人论》，甘阳译，上海：上海译文出版社1985年版，第143页。

有了语言的意义，逻各斯的本义是语言。这样，如何寻求一种方法来超越感性，以揭示现象界杂多的最基本的共同规定性，即拯救现象，寻求真正的本体，则成为后继哲学家思考的主题。

赫拉克利特火本原和逻各斯的思想中所具有的“命运”之思在策勒尔那里得到了说明：“在赫拉克利特那里，上帝（命运）采取了一种内在精神的形式，它从自身中创造了自然，历史，宗教，法律和道德。”①这就是说，赫拉克利特展开了在命运支配下对生命的质量的重视和享有尊严的限度，体现出希腊哲学在形而上学视阈内所达到的人的丰富性和人之为人的神圣根据。当然我们也承认赫拉克利特哲学思想中也有以“必然性”的“锁链”所表达的命运，具有这样那样的宗教情怀，即命运牵动着人弃取祸福夭寿的价值渴望，让人们祈福以避祸、趋生而远死。这原本是生命的一种本能，也是文明初萌时期人们最早的价值觉醒。赫拉克利特基于现象与存在相互蕴涵的层面来描述人的本体论地位以及人所寻求的存在的理想，把宇宙描述为整一的原则而充分表现了生命的有限性和必然的毁灭性。这正体现了希腊人对生命的基本看法：人的生命的本质从来都是不完全的，是光照的快乐和幽暗的焦虑的交织，是各种生命元素在追寻中显现出来的有限的乐天。人们在焦虑中延伸出人的自信，在神性的限度中寻求人的节制，在奥秘的神秘性中确立人文智慧。赫拉克利特表达了对人生之苦难的豁达和乐观的精神以及高贵的信心：要倾听宇宙永恒的运转和毁灭的喜悦，唯有毁灭才可能有真正的永生，这与现代西方哲学家海德格尔的“向死而生”具有异曲同工之妙。赫拉克利特的哲学体现了古希腊人对生命超越性的追求，揭示了希腊哲学人文精神以及从中萌生的无限思想张力。

这种探询注定是没有结果的，命运是一种他在的缘由，窥探这种神秘的缘由必然要使人的心灵向外寻求。然而他们探询命运并不是“为知而知”，归根到底是为了给自己的生命寻找生存之基。这种生命之基之本是人自身的，不是外在的，不能在外界的事物中找到，因而从苏格拉底开始，对命运的探究开始转变为对境界的追寻。境界的回归指示着心灵的一个全然不同的向度，它意味着人反

---

① 策勒尔：《古希腊哲学史纲》，翁绍军译，济南：山东人民出版社1992年版，第51页。

观自身去寻找人生的根据。这其中默许的理念在于:人的生命理由在于自己。所以,古希腊人问“人是什么”时,并不是在寻找自己的起源,而是在寻找自己的命运。人关心人是什么时,人所关注的其实是人如何摆脱“单纯的存在”,如何摆脱命运的安排,如何摆脱此在的有限性。人对人有死的命运的焦虑,寄托了人通过理性克服有死的命运的期盼,也奠定了古希腊早期哲学人文精神的底蕴。

三、真理的世界

古希腊早期哲学作为人文精神的最初萌芽,在一定意义上规约着人文精神的未来走向。人文精神在经历了启蒙时代的觉醒,主体意识的高扬,理性本体的确立而逐渐走向了顶峰。随着两次世界大战的到来,人文精神的理想被战争的炮火摧毁。战争撕破了理性表面的尊严、道德理想的装饰,使人们对在理性、科学和人文基础上建立的欧洲文明产生了深刻的怀疑。胡塞尔①在晚年的论著和演讲中,以“危机”为题揭示西方文明的“困境”,认为人类生存的危机就是哲学的危机,哲学的危机根源于科学和理性的危机,或曰“真理”的危机。所以后现代思想家们将真理理解为一种“大叙事”,这种“大叙事”将真理作为唯一的、绝对的存在,是总体性和统一性的标志,使真理具有了优先性、特权或曰霸权,真理的霸权最终将导致真理的毁灭。

在西方传统哲学的真理观中,真理作为人的本质的呈现,不仅是一切知识的根据,而且是一切价值的根据,是人生的终极尺度和可靠支点,人生的全部意义都建立在“真”这个绝对的支点上。由真理所支撑的人生的全部意义,在真理没有遭到动摇的时候,体现为一种绝对的确定性,而真理一旦被怀疑和拆解,就必然意味着全部价值整体性的坍塌。海德格尔曾经询问在现代社会人们是否还存在有精神家园,这种发问就是针对价值体系崩溃后人们精神上的痛苦,即它所表征的是人的一种无所寄托、无家可归的感受,如现代西方人所表现出的焦虑、烦

① 埃德蒙德·胡塞尔(Edmund Husserl,1859～1938),德国哲学家。

恼、精神分裂等等现实情态。真理的消解所导致的思想结局只能是“与虚无遭遇”。随着求真这一确定性框架的瓦解，人也成为一个支离破碎的存在物，人们陷入了“生命中不堪承受之轻”的悬浮状态，虚无主义是这一状态的结局。虚无主义像一个幽灵存在于当代社会中，它的侵袭使人感到自己就像奥地利作家卡夫卡在其小说中描写的那个主人公那样，因找不到自己的生存意义而产生深入骨髓的孤独感和疏离感。看来，拒斥真理的态度非但没有为解决当代人的意义问题提供可靠的答案，相反却使当代人的意义问题变得更加虚无，人的意义问题由此越发变得晦暗不明。

按照西方哲学的理解，确定的东西即由“是”本身和“是什么”所可能规范的知识，只有在确定性的意义上是在对“是”与“否”一方的确定中指向某物的“真”的问题，才是有意义的；反过来说，所谓“无意义”就是对所指向的某物的存在和存在状态说出“非是”。什么是“真”，如何确定“真”就成为哲学必须真正对待的问题和亟须解决的问题。从形而上学的逻辑看，只有人自己证明自己的人类理性认识能力，同时确证人类理性认识的可靠方法——演绎的、推理的、科学性和知识性的方法，才能说明“真”和“是否真”，也才能说明人能够评判“是否真”的问题。追求真理，实现人的价值成为西方人的最高追求，“不求真，毋宁死”，“追求真理的愿望必须优于其他一切愿望的原则”成为西方文化和西方精神的核心价值。真理问题不仅仅是知识论问题，更是本体论问题、生存论问题以及与人的问题无法分开的价值论问题。

这样的问题在一定意义上起源于古希腊哲学家巴门尼德①。西方哲学的发展历程虽然起源于泰勒斯对世界本原的追问，但在巴门尼德这里哲学才真正以自己的语言方式和构造体系的方式述说哲学的故事。因此，黑格尔认为巴门尼德的存在与非存在的论辩第一次道出了哲学的纯粹思维；海德格尔认为巴门尼德是伟大的思想者，他时刻牢记存在与非存在、存在与存在者之间的存在论区别，代表了一种智慧之爱。源此，在一定程度上说，巴门尼德可能才是西方哲学真正的开创者。当然巴门尼德面临的问题仍然是本原问题，但巴门尼德认为这

① 巴门尼德（Parmenides，约公元前570～公元前480），古希腊哲学家。

应该从寻求本原的方法开始，即从对虚假知识的拒斥开始，这就使对本体是什么的追求具有了明显的知识论痕迹。更加突出的是巴门尼德在某种程度上也开创了西方哲学"普遍怀疑"方法的先河。当然，这种方法后被法国哲学家笛卡尔[①]发扬光大。巴门尼德把感性直观知识作为虚假的知识与真理世界的知识泾渭分明地区别开来。正如现在大多数作品中都经常引用巴门尼德《论自然》开篇的说法——巴门尼德以优美典雅的诗句描述到，当智慧的马车带领他踏上博学的女神之路，通达女神之门时，女神曾经给予他神谕："你由不朽的向导伴同着，乘着高车驷马来到我们的门庭，十分欢迎！领你上这条路的不是恶煞（因为这条路离开人们的道路确实很远），而是公平正直之神。所以你应当经验一切：圆满真理的不可动摇的核心，以及不含任何可靠真理的凡人们的意见。意见虽然不含真理，你仍然要加以体验，因为必须通过全面的彻底研究，才能制伏那种虚幻之见。"[②]在这里巴门尼德告诉我们两层意思：其一是真理之路与意见之路是截然二分的，真理包含真实的信念，而意见则不包含真实的意见；其二真理之路的把握，要依靠对真理与意见的彻底考察，才能通达存在的东西。巴门尼德不但揭示了哲学的真正目的在于寻求意见背后的真理世界，更是昭示了哲学寻求真理的必然路径，即对诸多意见进行怀疑、反省、批判，才能真正把握真理。在这里，巴门尼德确立了反思的思维方式，即通过对人与世界关系的反思——"以思想为对象反过来而思之"（孙正聿语）——从而实现人类本质的自我意识。反思作为一种独有的思维方式具有永恒向上的内在张力，因此成为西方哲学能够绵延发展数千年的传统所在。

在赫拉克利特说"我们走下又不走下同一条河"，"我们存在又不存在"这一类话语之后，巴门尼德执意要在这微妙的不确定处作出一种边际的界定。古希腊本体论哲学的思辨化倾向在巴门尼德对于存在的论证中发展起来。海德格尔在《存在与时间》中强调："存在问题的目标不仅在于保障一种使科学成为可能

---

① 勒内·笛卡尔（René Descartes，1596～1650），法国哲学家。

② 北京大学哲学系外国哲学史教研室编译：《古希腊罗马哲学》，北京：三联书店 1957 年版，第 50 页。

的先天条件(科学对存在者之为如此这般的存在者进行考察,于是科学一向已经活动在某种存在之领会中),而且也在于保障那使先于任何研究者的科学且奠基这种科学的基础的存在论本身成为可能的条件。任何存在论,如果它不曾首先充分澄清存在的意义并把澄清存在的意义理解为自己的基本任务,那么,无论它具有多么丰富多么紧凑的范畴体系,归根到底它仍然是盲目的,并背离了它最本己的意图。"①而巴门尼德的存在则避免了这种盲目性,因为他始终在力图澄清存在的意义。在《论自然》开篇,巴门尼德指出:"来吧,我告诉你(你需要听我的话),只有哪些研究途径是可以设想的。第一条是:存在物是存在的,是不可能不存在的,这是确信的途径,因为它通向真理;另一条则是:存在物是不存在的,非存在必然存在,这一条路,我告诉你,是什么都学不到的。因为你既不能认识非存在(这确乎是办不到的),也不能把它说出来。"②这样他提出了关于认识存在的三条途径:"第一,存在者存在,它不可能不存在"③,"第二,存在者不存在,这个不存在必然存在"④,"第三,存在和不存在同一又不同一"⑤。通过缜密的逻辑论证,他得出结论,第一条是"确信的途径,因为它遵循真理"⑥,第二条是"根本不可能的",第三条是普通人因怯懦无能和茫然失措而提出的。他把第一条路看成为"真理之路",通过这条路哲学将走向世界的永恒真理;他把后两条路统称为"意见之路",它们只会使哲学沉迷于轻浮的现象世界,而触不到世界的本质。沿着"真理之路"所通达的"存在"是一个永恒的、唯一的、不动的存在,是世界的一个最普遍的肯定和最高度的抽象。凡一切肯定的东西,可以称为

① 海德格尔:《存在与时间》,陈嘉庆、王庆节译,北京:三联书店 2006 年版,第 49 页。

② 北京大学哲学系外国哲学史教研室编译:《古希腊罗马哲学》,北京:三联书店 1957 年版,第 51 页。

③ 北京大学哲学系外国哲学史教研室编译:《西方哲学原著选读》(上卷),北京:商务印书馆 1981 年版,第 31 页。

④ 北京大学哲学系外国哲学史教研室编译:《西方哲学原著选读》(上卷),北京:商务印书馆 1981 年版,第 31 页。

⑤ 北京大学哲学系外国哲学史教研室编译:《西方哲学原著选读》(上卷),北京:商务印书馆 1981 年版,第 32 页。

⑥ 北京大学哲学系外国哲学史教研室编译:《西方哲学原著选读》(上卷),北京:商务印书馆 1981 年版,第 31 页。

"是"的东西,都不是"非存在",而是"存在",它是既不生成也不变化的东西。海德格尔认为巴门尼德的"存在"有三种显现形态:涌现(physis)、去蔽(aletheia)、聚集(logos)。涌现就是说存在并非由非存在产生,它不是由非存在发展而来的,"它既非过去存在,亦非将来存在,因为它整个在现在,是个连续的一"①。因此存在只能是涌现的;存在总是处于非存在的遮蔽之下,这不但因为在通往非存在的意见之路上,"那些什么都不明白的凡人们两头彷徨。因为他们的心中不知所措,被摇摆不定的念头支配着,所以像聋子和瞎子一样无所适从。"②更是因为人们都喜欢遵循"大家所习惯的道路",以"茫然的眼睛、轰鸣的耳朵以及舌头为准绳"③来寻知的说法,就是这一根源的揭示。这就使得存在总是在非存在的遮蔽之下,通往存在的真理之路就是一个解蔽的过程;存在在巴门尼德这里是不动变、不生灭、永恒存在的全体的"一",它不是代表部分,而是代表整体,存在和非存在是紧紧相连的,存在代表了一种聚集。因此,巴门尼德的存在实际上是概括世界全体的普遍、必然的本质,它代表了宇宙万物的本性,而非存在则是"被称为不可言说的东西,只不过是不真实的、无理性的、仅仅意味着的东西"④。因此,巴门尼德不但真实地定义了自己心目中的存在与非存在,更是在存在与非存在之间划清了界限,因此黑格尔才说:"真正的哲学思想从巴门尼德起始了,在这里面可以看出哲学被提高到思想的领域。一个人使得他自己从一切的表象和意见里解放出来,否认它们有任何真理,并且宣称,只有必然性,只有'有'才是真的东西。"⑤

既然"存在"是思辨的"真理之路"的必然结果,"存在"在巴门尼德那里实际上就等同于真理,它作为最普遍的东西和最高度的抽象,只能是思维的对象;

① 北京大学哲学系外国哲学史教研室编译:《西方哲学原著选读》(上卷),北京:商务印书馆1981年版,第32页。

② 北京大学哲学系外国哲学史教研室编译:《西方哲学原著选读》(上卷),北京:商务印书馆1981年版,第32页。

③ 北京大学哲学系外国哲学史教研室编译:《西方哲学原著选读》(上卷),北京:商务印书馆1981年版,第31页。

④ 黑格尔:《精神现象学》(上卷),贺麟译,北京:商务印书馆1979年版,第72页。

⑤ 黑格尔:《哲学史讲演录》(第1卷),贺麟、王太庆等译,北京:商务印书馆1959年版,第267页。

而“意见”就是用经验性语言表达出来的“市井之见”或“街谈巷议”，没有真理性可言，是非真理性的非存在；只有凭借思维（思想）把握到的东西，才是真理。由于巴门尼德是将“意见”与“思维（思想）”对立起来看待的，所以才提出了这样一个命题：“思维与存在是同一的。”①这个命题是西方哲学史上对理性认识的本质的第一个规定，是哲学基本问题的命题化形式的第一次表达，所以人们后来把这一命题简化为“思维与存在的同一性”。巴门尼德关于存在的论证可谓是当时尚处在直观表象阶段的古希腊哲学的“空谷足音”，因为在思维能力上，他发展了理性认识与抽象认识等思辨哲学的思维方式；在逻辑形式上，他采用了选言推理、同一律等西方思辨哲学的主要方法，比以前思想家的那种单纯的直言判断式陈述大大地前进了一步。特别是通过爱利亚学派的后人芝诺②与麦里梭③对巴门尼德的存在论作出的维护与论证，理性认识和思辨方法在哲学中的地位越来越重要，到了柏拉图，发展到了思维高于存在、理念高于现象的境地。以拯救宇宙万物现象为己任，追求世界“终极之真理”为目的的巴门尼德终于通过对存在的探讨寻找到自己的真理之路。在巴门尼德这里存在论与知识论一致，真理性与思辨性同一，思想性与论辩性统一，巴门尼德奠定的西方哲学本体论的致思之路成为西方哲学的理论传统，成为以后哲学发展的思想基础。

现代人往往把真理理解为一种结论性的认识，是一种非过程性的结果。在巴门尼德看来，真理与其说是一种结论，毋宁说是一种通达存在的道路，因此他才有了真理之路的说法。真理在巴门尼德那里获得了更为生动和深刻的内容，真理不是现成的结论，也不是人的附庸，它是澄明的过程和绝对的超越，它始终处于意见的包围之中，人类要想走出知识的误区和认识的阴影，就必须动身去寻找进入存在的真理道路，真理是人类寻找存在的过程。因此在巴门尼德这里，人作为可以达到神圣之诉求的存在，可以通过追寻真理的过程通达真正的存在。通过追寻存在固定人的追求向度，是达到真理的唯一途径。遗憾的是在巴门尼

① 北京大学哲学系外国哲学史教研室编译：《古希腊罗马哲学》，北京：三联书店 1957 年版，第 51 页。

② 芝诺（Zenon Eleates，约公元前 490～公元前 436），古希腊哲学家。

③ 麦里梭（Melissus，鼎盛年约在公元前 441），古希腊哲学家。

德之后，真理不再仅仅与作为本体的存在相联系，而是更多地被人们赋予了一种知识论的意味，即真理就是人的终极性认识所达到的必然结果，违背了巴门尼德确立真理追求的本意。于是思维与存在的同一也转变了意味，思维作为纯粹活动成了思维规定、范畴的世界，“存在”就不纯然是对原发的、生成的、涌动的描述，“是”只能“是”着，存在对象化后便为“是者”了。难怪阿多诺①曾这样说过：“存在哲学的黑暗夜空中，不再有闪烁的星星，存在物应该具有的或受到制约的永恒观念，只剩下关于存在物的赤裸裸的证明：对权力的赞同。”②

古代人们焦虑于自己的死亡和命运，中世纪的人们主要是焦虑于犯罪感，而现代人的焦虑则主要来自于意义世界和终极价值的丧失。从人的发现到人的遮蔽是西方社会和文化在现代性意义上的人文精神的历史命运。古希腊早期哲学家的哲学所表现出的无限的生命力，是哲学在童稚岁月奉献给人类的值得称道的智慧。要解决当代人文精神的危机，还人以人的生命的意义和价值，回溯到古希腊早期哲学去寻找答案，也许是一个较有效的途径和方法。因而，这种充斥在古希腊早期哲学中的人文精神的更重要的意义在于给我们提供了重新理解哲学本体论或者本体论哲学的一种新的运思路径。以这种路径重新理解哲学或许才是真正理解哲学本性和解决当代哲学危机的良方。

为此，在一定意义上我们认为古希腊早期哲学的人文精神在本体论上，是要力求通过澄明现象以解救本质，而这个本质究竟是什么，或者存在是什么的本体论问题，不仅仅是本体论问题，还更是真理论、生存论问题，通过存在——真理把人的价值之追求精神彰显，应该是其人文精神所在吧！在思维方式上，古希腊早期哲学使用辩证的语言，使思想真实意义包含在语词之中，辩证法问题就与语言、实践相关联作为哲学难题进入人们的视野，辩证法所彰显的人的思辨能力和思辨精神应该是其人文精神所在吧！在价值论上，古希腊早期哲学以“命运”为主题对冥冥之中的必然性的叩问敞开了对人的生命意义和价值的追问，应该是其在宇宙观、自然观中表达出的更为真实的人文精神追求吧！

---

① 西奥多·阿多诺(Theodor W. Adorno，1903～1969)，德国哲学家。

② 阿多诺：《否定的辩证法》，张峰译，重庆：重庆出版社 1993 年版，第 131 页。

第二章　希腊古典哲学的思辨精神

古希腊早期自然哲学以追求和谐之智慧、叩问命运之必然、勇觅存在之真理的人文精神表征着哲学的爱智追求。希腊的古典哲学以拯救现象、追寻本体、探求意义的思辨精神彰显着哲学在古希腊时期的人文精神，使哲学呈现为“言必称希腊”的学问。

一、拯救现象与追寻本体

在古希腊早期哲人那里，虽然还没有明确的拯救现象、探求本体的观念，然而在他们的思想深处，他们敏感的哲学神经已经隐隐感悟到哲学追求的是智慧，而不是知识；知识能够由外界现象给予人们，而智慧似乎只有真正的本体才能告诉人们。因而古希腊早期自然哲学的智慧并不是体现在说某物是本体，而是体现在对某物何以将其作为本体来理解。在古希腊早期自然哲学中，为了把握真正的本体——“存在”，思想家们往往在现存可见的现象世界背后预设一个不可见的超验本体世界，把世界分为“可见的经验世界”与“可知的超验世界”两个对峙的世界。无论是毕达哥拉斯的“数”、赫拉克利特的“逻各斯”、巴门尼德的“存在”等，都属于这类超出感性世界的“本体”世界。在一定意义上，古希腊早期自然哲学以数、火、存在与“物”的形式来拯救自然现象、认识自然万千，并以此自觉不自觉地追问本体。难怪其后的一些大思想家如黑格尔、马克思都视早期哲学家为天才的预测者。当然两个世界既得以区分,就必然要能够统一,如何弥合现象世界与本质世界呢?毕达哥拉斯从比率与和谐的关系来说明差异性的数是本原,数的关系成了本原的基本规定性,这样数本原作为一种被理性抽象出来的特殊的存在,存在于现实世界当中;赫拉克利特的逻各斯实际上是一种理性灵魂,通过强调逻各斯与现实世界中的特殊物——火之间的内在关系,力图将两个世界的关系揭示出来;巴门尼德似乎走得更远些,他不但将现象世界和本质世界二分,更区分了真理之路和意见之路,这样的两个世界就是:真理之路不能通达非存在,意见之路不能通达存在,作为本体的存在与作为现象的非存在毫不相关。这就是巴门尼德留下的问题:存在与非存在的关系问题——世界的统一性问题——西方哲学之本体问题的最根本问题就是思维与存在的关系问题。这三位哲学家在本体问题上的探索给予后人以启示:现象世界就是现象世界,不能存在一种特殊的存在既是现象又是本体,因为本体的统一性、永恒性、抽象性无法在分散的、变化的、感性的万千现象中呈现出来,将某一现象作为本体不但是对本体世界的误解,更是对现象世界的责难;本体世界和现象世界必然存在着某种关联,借助于这种关联本体能够将其自身的属性延展到所有现象(请注意应该是所有现象,而不是某一现象或具体物)之上,能够使现象具有本体的一部分属性,现象和本体之间必须保持着一定的张力,本体与现象处于一种既相互勾连,又保持必要张力的境地。

在古希腊早期自然哲学那里,现象与本体是浑然为一的:本体存在于诸多现象之中,作为诸多现象中较为特殊的一种现象而存在;诸多现象也似乎作为本体的变种,不但将本体囊入其中,更是以千变万化的形态表现本体在世间的存在样态。这样带来的结果是:现象单纯是杂多的现象,本体也不仅仅是唯一的本体,而本体又常常因某些特殊的现象而成为其他现象的本体。现象与本体混为一谈,使得现象世界混杂不清,更使得本体丧失了其本质性、终极性、抽象性。古希腊早期自然哲学的人文精神命定了哲学的本意,即寻求现象之后的本体世界。然而辗转反侧、求之不得的感觉如此强烈,使得哲学家们逐渐认识到:本体本身不是现象,无法在日常事物的诸多现象中去寻找,无论水本原、火本原、气本原还是原子本原,它们给予人们的都是诸多现象中的一种——即使拥有本体的外形,也无法领悟本体的魂灵。这正如赵敦华先生所说,古希腊早期自然哲学在一与多、变与不变、现象与本质、存在与非存在的思想框架中思考本源问题已经穷尽了一切可能性。这样如命定般的古希腊哲学必然要从早期哲学对作为自然物存在的本体中超脱出来,把诸种现象从本体的幻想中拯救出来,通过孜孜不倦的追求把真正的智慧——本体的世界彰显出来。所以,希腊古典哲学出现了以普罗泰戈拉①为代表的智者学派,转变了先前哲学的思想框架,提出了这样的思想观点:"人是万物的尺度,是存在的事物存在的尺度,也是不存在的事物不存在的尺度。"②这就是说,人不再以现象背后的本体为准则而是以自己的感觉为准则。而感觉只是对杂多现象的把握,将感觉作为标准显然否定了对本体世界的寻求,仅仅耽于现象世界的杂多之中更无法追问本体。普罗泰戈拉之后的又一位哲人高尔吉亚③试图将这种耽于现象的本体论消解于自己对本体论问题本身的怀疑之中。以此他提出了著名的三段论式的命题:无物存在;如果有某物存在,人也无法认识它;即便可以认识它,也无法告诉别人。按照高尔吉亚的理解,本体不但在存在论上是不存在的,在知识论上是无法认识的,甚至不能符合语言的表述功能。首先高尔吉亚对古希腊传统的"存在"问题提出了新的挑战。传统的"存在论"以巴门尼德最为典型,但也是把"存在"作为存在论的结局,终止在存在本体本身之上。但是,高尔吉亚看到了即便是巴门尼德看似无坚不摧的存在也存在着本体论根基问题,即存在经不起对存在认识的确定性的推敲,也经不起语言逻辑的盘算。"无存在"就是通过对反命题的假设而达到对该命题的否定,从而证明"无物存在"。在整个证明的过程中,高尔吉亚假设"有某物",且论述了某物在对其理解上呈现出的三条道路,即"该物是非存在";"该物存在";"该物既存在又不存在"。对于第一种说法,既是在判断句意中肯定了该物"是"的状态,又是在认识上承认其"不存在",相互矛盾;而"该物存在"又会使人在认识上试图找寻永恒存在的起点,而这又使存在本身陷入两难;而第三种情况则更加无法

① 普罗泰戈拉(Protagoras,约公元前490~公元前410),希腊哲学家。

② 北京大学哲学系外国哲学史教研室编译:《古希腊罗马哲学》,北京:三联书店1957年版,第138页。

③ 高尔吉亚(Gorgias,约公元前483~公元前375),古希腊哲学家。

从认识和语言上达到一致。基于第一个论断，高尔吉亚接着怀疑——人类的思想与现象之间是否有着一种实在关系。从他的论断中可以看出，他所谓的认识是指人类思想存在与现象的实体化，也就是承认只有真实存在的东西才有被思考的可能。但是并不是所有我们思想的东西都是真实的，高尔吉亚把二者的关系认识成为一种完全的吻合，虽有失偏颇，但仍然在一定意义上说明了本体为一的困境。而关于“言说”存在的问题的思考，使得高尔吉亚走向了更为广阔的领域——开启了修辞学的探索空间。思想不等于语言，语言也不是存在物。高尔吉亚特别强调语言是和主体相异的东西，这一点认识直指普罗泰戈拉，把认识的真理从人群之中的杂多再次向其本身意义回拉。但是，需要看到的是，这一系列的怀疑乃至否定并不是意图把本体从哲学之中连根拔起，而是意在引发一场对本体问题的新思考。本体世界作为一种给予人们价值准则和评价标准的世界，作为赋予人们存在的价值和意义的世界，是任何哲学都不能拒斥的。如何拯救被无限夸大的现象，恢复本体对人生存的价值和意义，这是摆在苏格拉底、柏拉图和亚里士多德这三位思想巨人面前的问题。

开始这类问题探索的是苏格拉底。在苏格拉底哲学中，对本体的探求蕴涵在他所提出的主体性原则之中，即主体性原则的确立不能从智者所倡导的感觉经验入手，只能从理性思维入手，必须从理性出发通过逻辑概念的方式才能认识本体，这是理智把握世界方式的开端。苏格拉底认为，用理智把握世界就是要将“名”与“实”相符合，就是通过大量美的形式、善的表现、勇敢的展示，理性地说明什么是善，什么是美，什么是勇敢……即理性地说明善的本质、美的本性、自由的真谛，使概念与存在之间保持本质上的一致和符合。亚里士多德在《形而上学》中高度评价了苏格拉底的贡献：“苏格拉底专注于研究美德，与此相联地成为第一个提出普遍性定义的人……苏格拉底自然要研究本质，因为他正在探究演绎，而‘事物是什么’正是演绎的出发点……有两件事可以公正地归于苏格拉底，即归纳的论证和普遍性的定义，这两者都是知识的出发点。”①苏格拉底用理

① 《亚里士多德全集》(第7卷)，苗力田译，北京：中国人民大学出版社1993年版，第296—297页。

性思辨的逻辑方式力求对事物的本质与众多的现象加以澄明，在与诸多本质相关的现象中追究本质究竟是什么，这种本质不仅仅代表了事物之间的相似性，更多的反映了事物的本质特性，也就是后来亚里士多德所指出的“是其所是”意义上的本原，这种普遍定义就是本体、本质，就是哲学本体论意义上的本体，因此格思里①才认为苏格拉底的普遍定义在通向理念的完全本体化的道路上构成了一个重要的阶段。

作为苏格拉底学生的柏拉图继续沿着苏格拉底拯救现象这一现实道路前进。柏拉图是西方哲学史上最伟大的思想家之一，以至于人们评价柏拉图对西方哲学的影响时常常借用怀特海②的评论来表达，欧洲哲学传统最没有争议的普遍特征是：它包括对柏拉图的一系列注脚。这不是指学者们将信将疑地从他的作品中抽引出来的那种系统的思想脉络。而是指那些丰富的、散见于他作品中的普遍思想。柏拉图的独特禀赋，其在一个伟大的文明时期所拥有的丰富阅历，其所继承的那种尚未由于过度的系统化而变得僵化无力的思想传统，使他的作品成为用之不竭的思想宝库。我们可以认为这种说法从字义上讲是贴切的。柏拉图以后，西方哲学的一切论题、问题乃至许多评述，在很大程度上都蕴涵在柏拉图的作品及思想中。柏拉图之所以声名鹊起、影响深远，其很重要的原因就在于他构建了西方哲学史上第一个较为完备的本体论思想体系，并用其理念体系明晰地说明了现象世界与本体世界的关系。

柏拉图延续其老师苏格拉底的追求，通过对作为城邦公民的人的教化的探讨，找到了可以作为其形而上学前提的东西。他认为灵魂是高于或先于肉体而存在的，灵魂是高等的东西而身体是较次等的东西，灵魂原本高居于天上的理念世界，它追随神，无视我们现在称为存在的东西，只昂首于真正的存在。因而，在柏拉图看来，灵魂是不死的也是不朽的，因为它追随神，因而具备一切知识，但是由于它与肉体结合，受到了肉体的干扰和污染，因而它忘记了一切。“我们在出世前获得了知识，在出世时把他遗失了，后来由于使用我们的感观才恢复了自己

① 埃德温·格思里(Edwin Ray Guthrie，1886～1959)，美国哲学家。

② 阿尔弗雷德·诺斯·怀特海(Alfred North Whitehead，1861～1947)，英国哲学家。

原有的知识”①，所以，他认为只有通过学习的过程，才能使人回忆起曾经见过的东西，因而学习的过程也是回忆的过程。柏拉图在《国家篇》中曾经以一个没有学习过几何学的孩子在苏格拉底的诱导下解决了几何学的问题为例，说明在孩子的头脑里本来就有几何学的知识，只是被他遗忘了，学习就是回忆起来的过程。“学习就是回忆”就是理念世界的基本原则。这样，柏拉图认为要想实现人的教化必须净化人的灵魂，要想使人们的灵魂得到净化必须探讨灵魂居住于其中的本体世界的原则。

何为本体世界的原则？柏拉图还是从城邦公民入手解决问题，认为要想使城邦公民真正懂得什么是美，什么是善，就不能仅仅告诉他们什么是美的，什么是善的，而是要让他们真正明白什么是美本身和善本身，美本身和善本身必然是某种确定不变的东西。也就是说像赫拉克利特所说的火或者逻各斯那种时刻居于变动中的东西不适合作为本体的存在，因为本体世界给予人们的必然是知识，而变动性无法给人们带来知识；而巴门尼德的存在是纯思想的产物，代表着共性的原则，这种共性是每个作为这一类物所共有的特征，这类特征才能称得上是逃离了感性存在的存在，这一类存在，柏拉图将其称为“理念”。理念在柏拉图这里是指不变的、永恒的、作为其他物存在的本质和前提的存在，也就是说“当我们给众多的个别事物取同一个名字时，我们就假定有一个理念存在”②。柏拉图是这样论证理念世界的存在的。他认为，美、善等诸如此类的概念是真实存在的，它们每一个都是一，因为它们都呈现于各处。柏拉图在《会饮篇》中说道，我们通常是在一个特殊的事物或者人的身上领会到美。在这个有限的形态中发现美之后，我们也会很快发现另一种形态的美和这种形态的美是相似的。但是爱看美丽的景色和爱听悦耳的音乐的人们不能理解美的性质或者美本身，只有少部分人才能关照到美本身。于是就有了两类人：一类人喜欢美的事物；而另外一些人喜爱美的理念本身。前一类人只喜欢美的事物，根本不知道美本身的存在，即使人们告诉他，他也不能领悟到美本身的存在，而是始终处于一种梦幻之中，

① 柏拉图：《柏拉图对话集》，王太庆译，北京：商务印书馆2004年版，第233页。
② 策勒尔：《古希腊哲学史纲》，翁绍军译，济南：山东人民出版社1992年版，第138页。

在这种非清醒的状态中无法领悟美的真谛；而另一类人能够关照到美本身，也能够认识到美本身与具体美的事物之间的区别，这些人才是清醒的。只能认识美的事物的人，存在他内心的只是信念和意见；而能够把握美本身的人，才真正拥有美的理念和知识，这样的人才是真正的哲学家。由此柏拉图得出结论：仅仅能够认识美的事物的人生活在现象世界中，而能够领悟美本身的人则能够认识理念世界。基于两个世界的划分，柏拉图将世界依次划分为影像、具体事物、数学对象、理智，前两组属于现象世界，后两组属于本体世界也就是柏拉图所说的理念世界。这样，理念在柏拉图哲学这里就具有了三重意味：理念首先是本体论的存在。在本体论上，理念所表征的是真正的存在，其他具体存在所表征出来的是理念作用于具体事物时呈现出来的属性或者样式，这样理念与具体事物之间就有了一与多、本质与现象、主动与被动、原因与结果等诸多关系。其次，理念是目的论的存在。因为一些事物和现象都具有一定的目的，这些目的不是存在于具体的事物当中，而是存在于使该事物成为该事物的原始的、不变的范型当中，这就犹如一件艺术品的创造过程，总是在艺术家的头脑中先存在有其模型，后再将其附着于具体事物之上，这样具体事物作为承载理念的被动存在，就必然将理念作为原因和目的。最后，理念是知识论的存在。理念能够使得人们在纷繁复杂的诸多事物当中区别出与此事物同类的事物，在诸多事物中领悟与作为“一”而存在的理念。

如果柏拉图止步于此，那么柏拉图不过仅仅是在重复巴门尼德的思想，也就是说他仅仅告诉人们两个世界，即一世界是以另一世界为模型的，仅此而已。这就没有真正揭示何为本体世界的原则。然而柏拉图没有止步，他进一步探讨了两个世界的关系，试图将巴门尼德的与真正存在对立的现象世界拯救出来。巴门尼德认为现象世界就是和本体世界截然二分的世界，通达现象的是意见之路，通达本体世界的是真理之路。这样现象世界只能作为与存在相对立的非存在而存在。现象世界成为了非存在，那么如何定位我们真实生活于其中的现象世界呢？失落现象世界必然导致人的存在失去依托啊！柏拉图力图拯救现象，他不再把现象当做非存在，而是将其也看做存在。那么他所面临的问题就是作为现象的存在与作为理念的存在之间的关系究竟是怎样的？柏拉图从两个角度说明作为本体世界的理念世界和作为现象世界的现实世界的关系：分有和摹仿。分有是指共有。就是说世界上美的事物之所以是美的,就是由于分有了美的理念。接下来他要面临的问题就是具体事物如何分有理念?是所有具体事物分有同一个理念?还是每个具体事物分有部分理念?这是一个两难的问题:前者如果成立,那么作为一的理念怎么能被具体事物同时分有?后者如果成立,那么就违背了理念本身的整体性,况且部分理念不能代表整体理念的意义。柏拉图或许意识到了这一问题,他试图用摹仿说加以补充和完善:具体事物是理念的摹仿。也就是说理念是一种外在于头脑的存在物,具体事物由于摹仿了理念的形式,才能部分地具有理念的特性。柏拉图通过分有和摹仿力图说明现象世界和本体世界是具有内在关联的,现象世界之所以也是存在,而非非存在,就是因为它分有或摹仿了理念(本体)世界。这样柏拉图不但将现象从非存在的境遇中拯救出来,更力图彰显本体世界的价值和意义。他告诉人们,真实的存在是理念,因为理念是永恒的、完全实在的。转瞬即逝、变化万端的个别事物具有一种影像的实在性,其实在性来自于理念的实在性。作为本体的理念比作为现象的具体事物更为实在。柏拉图哲学赋予本体与现象以形而上意义,使得后世哲学不论是形而上学体系还是反形而上学体系都从中汲取营养,才有前面怀特海等思想家的评论,柏拉图的“理念本体”思想也因此超越早期自然哲学而成为西方哲学本体论的中心范畴。

如果说柏拉图哲学力图拯救现象,那么亚里士多德无疑将追寻本体作为自己哲学的重大使命。策勒尔在《希腊哲学发展史》中指出,“亚里士多德一贯设定苏格拉底—柏拉图的‘相的哲学’特征的总的观点,他的任务只是在这个总的路线上建立更完全的知识系统;他用更精确定义的指导原则,用更准确的方法,更广泛和日益增进的科学材料来建立这种系统。在他自己的著作中确实很少表现出同意他的老师,而是经常同柏拉图的观点进行争辩,可是实际上他对柏拉图是同意大于分歧。只有将他的整个体系看做是柏拉图体系的发展和进步,是由苏格拉底建立、由柏拉图推进的‘相的哲学’的完成,我们才能理解亚里士多德。”①按照策勒尔的理解,亚里士多德无疑是在探讨柏拉图遗留下来的问题,即

① Zeller, E. , *Aristotle and the Earlier Peripatetics*, Vol. 2, by Costelloe, B. F. C. and Muirhead, J. H. ,1987, p. 162.

研究与存在本身相关的问题。亚里士多德在《形而上学》中提出:有一门专门研究存在的学问,后来被称为"本体论",是西方哲学中的一个根本的方面。他认为,在认识事物之前,我们应该先把握它的本质,然后根据它的本质才能理解具体事物。亚里士多德确立了本质的两个标准:其一是"是其所是",是一物之所以获得其"是"的根本原因;其二是不能被述说。亚里士多德首先依据"是其所是"的原则排除了偶性作为本质的可能,接着又通过不能被述说的原则排除了范畴和范畴的复合物。接下来,按照"是其所是"、不能述说的原则,亚里士多德找到了第一本体——实体。实体直接理解为作为一物"是其所是"的原因和只能被述说而不能用来说其他事物,因此它才是最接近本体的。因而形而上学就是对本体,即对事物的本然性质的研究。亚里士多德的研究没有止步于此,他认为对实体的表述仅仅如此还是不够明确。因为按照被述说而不述说其他事物的标准,个体事物的质料应该是本体,但质料却不像形式有本体特有的独立性。就其独立性而言,形式应该是第一实体,那么质料呢?由于亚里士多德没有给出形式作为第一实体的标准是什么,而仅仅提到形式是第一实体。那么个体事物的质料与形式这一实体是何种关系?形式如是第一实体,质料可否也是呢?其实也可以说亚里士多德已经明确意识到了这一点,因而在《形而上学》一书中才有对实体的多重界定与理解,才有对形式、质料的特别论证。这一切可否说是亚里士多德既在本体论的意义上力求通过形式与质料的关系说明何为"是其所是"的本体,更在知识论的意义上努力提升形式与质料的关系,以表征一般与个别的关系问题,使本体具有超出个别的一般意义呢?

与柏拉图认为作为普遍性存在的"共相"才是真正的本体不同,亚里士多德认为普遍的不是本体。普遍的不能作为本体,是因为它可以说其他的事物。但如果普遍的能够作为本体、又不能说其他事物,是不是也会和质料一样因为没有独立性而不能成为本体呢?亚里士多德在《形而上学》中寻找第一本体的时候依据的一直是《范畴篇》中所提到的实体的特征,但每一次运用的侧重点都有所不同。而且他总是力图排除从普遍性上加以定义,但这一点也引起了麻烦——本体如不能定义,本体和本质间也就不再有关联。亚里士多德力图排除普遍性定义,并试图用很多问题填补它遗留下的空白。它被排除的理由,与其说是因为其不能作为本体被定义，毋宁说是因为它和亚里士多德所关注的个体相对。个体在亚里士多德那里获得了前所未有的重视，形式就是在以个体的标准找到质料，又以个体的独立标准将其否定后得到的。尽管亚里士多德常在"种"的含义上使用普遍性概念，但还不足以以此划定"普遍"的范围。对普遍问题的探讨也曾出现在《范畴篇》中，因为范畴即是关于普遍的，但在那里普遍并没有作为概念提出，并且其中后九大范畴的普遍只是偶性的，而第一范畴的作为本体的具体事物，在本体论上就是和普遍相对的。在《范畴篇》中亚里士多德似乎并没有意识到这一问题，作为本体的具体事物并没有和普遍发生冲突。显然，在讨论普遍问题的《范畴篇》中，"普遍"本身并未受到足够的重视。所以一旦在本体的意义上考察普遍时它就和具体之间有着这样的不平衡，即对个体我们可以用实体和独立性来理解，普遍则没有相应的标准：这一如此重要的传统概念竟未在"哲学辞典"中出现。

形式被赋予了个体的独立性，亚里士多德却并未说明独立性离开了个体如何可能。那种脱离个体的独立性只是和"普遍"一样，是当时的哲学家关注的却没有说明的范畴之一。亚里士多德因此强调个体，并认为形式乃至普遍的知识都必须在个体中实现。然而，独立形式是以和质料分离的方式得到的，这就使亚里士多德很多论述中的形式和个体在概念上相分离。在这种情况下，即使形式不是普遍的，形式却也不能是具体的。因为形式的意思是"这个"，至少在亚里士多德的语言逻辑中只要说到了"这个"，就必须有"这个"所指的对象，而对象必须能够作为主语。如果我们按照亚里士多德的观点认为语言的真假要以事实为参照，则这个对象哪怕在最纯粹的意义上也只能是个体甚至是质料，而不能是形式，因为亚里士多德并没有论证形式作为基质的合法性。这一矛盾在得出形式为第一本体的时候就已经由它和基质的脱离产生了。因此，"这个"不可能指向形式，当我们说它指向"对象的形式"时，它也仅仅能够指向对象。因此模糊的"普遍"不足以描画形式，形式也不是具体的。前者未经规定，后者只能属于个体。可见对于形式、具体与普遍在亚里士多德那里起什么样的作用是个需要悬置的问题。而形式、质料与普遍、具体的结合是必然的，还是那个时代的习惯造成的矛盾的巧合，对此我们不敢轻易作出解答。

亚里士多德的本体论尽管存在一些问题，但它在一定意义上解决了柏拉图“理念论”分有、摹仿的问题——亚里士多德的逻辑中纯粹的主体只能是具体的个体事物。柏拉图，尽管他说理念是更真实更实在的，但最初并不是在个体的意义上提及的，倒是对柏拉图理念论的批评出现之后，他才不得不在个体意义上反复解释其自身理念和分有的关系。但如果理念比个体的实在更实在，又怎么能用个体的实在观点去衡量理念呢？在柏拉图的世界中理念是高于数学的，正如幻想和信念的标准不能用来规定数学而数学却可以规约其他一样。叔本华①更是认为柏拉图的“相”接近于康德的自在之物，是不为经验世界的标准所评判的。亚里士多德的批判也正在于此。与其把亚里士多德看做是对柏拉图的反对，不如看做是经验标准（个体事物质料）对理念论的反对。后一种意图是人们的推断，因为如果亚里士多德对此有了明确而自觉的表述，那么他也就会进一步反对将自己提出的形式——也就是柏拉图的理念——看做是有着经验特征的具体或是普遍了。由此将出现的新的问题是：如果形式是完全高于经验的，又如何通过种加属差即通过本质来认识本体呢？种加属差显然与这种意义上的本体不相符合，叔本华通过世界意志的统一来达到对本体的认识，这显然是关注自然科学的亚里士多德所不能接受的方法。从康德的角度看或许更明白些：经验世界的知识不需要对本体的认识。而亚里士多德想通过科学的方法达到对本体的认识，就必然产生矛盾，除非我们脱离亚里士多德所处时代的古朴并认为他的本体不是后来本体论意义上的，而是以科学研究为目的的种加属差指定的一个概念。但这种理解却取消了形式和柏拉图的相之间的密切关联。再换个角度看，如果他的形式和柏拉图的非个体性的相是相近的，并要对这个形式有所指，他会指向什么呢？只能是具体的个体事物。因此亚里士多德所说的形式的具体性就被理解为既不具体也不普遍的形式在具体的事物中才能显现，“这个”在形式本体的意义上并不是能真正有所指的对象，而仅仅是一种指引，仅仅给出了一个方向。这个实现了的“这一个”，既可以是柏拉图对“理念”的“分有”，也可以是种加属差的体现。可见，如果去掉对具体和普遍的本体论理解，而把普遍看做是形式普

① 亚瑟·叔本华（Arthur Schopenhauer，1788～1860），德国哲学家。

遍的实现，把具体看做是形式在个体事物中的体现，对解决作为本质的形式、定义是普遍还是具体的问题会有所帮助，否则只会把本体和本质推到二律背反的尴尬境地中。亚里士多德为了得到第一本体而把个体分为形式和质料，却又不得不将两者重新结合。在这个意义上我们可以说亚里士多德在追求本体存在的本体论运思中，自觉不自觉地涉及知识论、逻辑学上的合理根据问题——一般与个别的关系问题：如果能够在概念、逻辑、思想的意义上述说一般、普遍、形式与全部、具体、质料的关系，本体问题可能也就解决了；如果能对质料、全部事物的“是其所是”述说出其“是”，认识到“是”，一般与全部的关系在知识论层面的解答才是对本体存在的本体追问。

无论如何，正如有些学者说的那样：哲学（形而上学）就该是这个样子的——依据强有力的论证，由理性的双翼托扶，屹立在纯存在的王国之中，心灵在那里独自挺立，不受不值得信赖的感觉的束缚，独享与永恒、不可改变的理性神交。亚里士多德的哲学就是这样的形而上学，对本体的追寻不再执著于如何将本体世界与现象世界统一的问题，而将对这一问题的致思之路转换为在实践上和理论上对待世界的一种态度：对真实存在的事物的认识和尊重。因此，从苏格拉底经柏拉图发展到亚里士多德的形而上学由其自身生发出了一种倾向，即将研究的对象从原处的、自然的、神秘的存在转化为对真实的、现实生活的关注。亚里士多德通过自己的研究验证了其哲学观——以往的哲学家都在寻求世界的本原，但都未达到形而上的高度。因为他们要么是在可感世界之外预设本体，要么是在可知世界之内探究根据，前者恰好是早期自然哲学，后者恰好是以柏拉图为代表的哲学，亚里士多德则是对这两者的批判超越，因此，亚里士多德作为古希腊哲学的集大成者的确当之无愧。

二、摆脱命运，追寻意义

亚里士多德作为古希腊哲学之集大成者，一方面完善了古希腊哲学本体论的基本形态和形而上学的致思之路，另一方面开启了希腊古典时期关注现实生活的伦理学和现存国家的政治学，直接导致了希腊化时期对人的世俗生活、对人类的国家制度及其形式探讨的滥觞。

德国哲学家雅斯贝尔斯①的“轴心期”理论集中表达了希腊哲学对自己民族的思想理论价值的自觉意识。他认为，希腊哲学与中国的儒道文化和印度的哲学文献《奥义书》共同构成了作为一种民族经久不息的文化传统的精髓。其中希腊的哲学贡献出了理性思辨的精神，即西方哲学一以贯之的人文精神。如果说古希腊早期自然哲学的人文精神开启了人类思想上的第一次启蒙，这种启蒙不仅体现在对本体的寻求中呈现出的对存在根据的追问上，更体现在它使得人们真正开始以人的目光打量周围的世界。以这样的思路看待希腊古典时期的人文精神，则可以发现它不仅将古希腊早期自然哲学中的本体论寻求继续下去，更在古希腊早期自然哲学对命运追问的基础上，呈现出面向人本身的向度，开始了对人自身存在意义的追求。

在古希腊早期自然哲学那里，“命运”始终是悬置于人们头上的一把利剑，表达了他们对自身命运的关注，也表达了生命个体对神灵庇护的渴望与诉求。命运为希腊人提供了一整套关于人生的意义和世界的未来走向等重大的世界观和人生观的现成答案，使他们在面临失望时得到慰藉，在面对不确定性时得到情感上的依恋。然而，命运必然是命运，是一种超越于人之上的必然力量，人们永远也不能违抗这一力量，只能处于命运的阴影和巨大威慑力之下，靠命运的恩赐和意志生活。人丧失了自由，只能在对命运的畏惧和遵从中找到自己卑微的位置。希腊古典时期的哲学改变了这一点，在他们看来哲学不是追问命运，而是追求生存的意义，因为“命运是一种他在的（或彼在）缘由，窥探这种神秘的缘由必然导致人的心灵孜孜于向外趋求。意义则意味着人反躬自问人自身的生命的理据，它的一个被默认的信念是：人的生命的理由在于人自己。”②对人生意义的追求向人们揭示了一个与命运追求全然不同的向度，即人作为人的依据，不能从人之外来寻找，而只能在人自身中寻觅。哲学必将摆脱这种外在的束缚，从人身上

① 卡尔·雅斯贝尔斯（Karl Jaspers，1883～1969），德国哲学家。

② 黄克剑：《心蕴——一种对西方哲学的解读》，北京：中国青年出版社 1999 年版，第 11 页。

找寻人作为人的意义和价值。追求生存意义的哲学是对凌驾于人之上的命运的破除，是还人以意义和价值的尝试，是人对人自己的救赎。自此，希腊古典哲学的世界观第一次作为探讨人的奥秘的学问出现在人类思想的舞台上。

“人类文化史上有过这样的时期，在这一时期里，那些在后来愈益显出其非凡生命力的民族开始找到了自己的价值归着，并对于这一归着有所自觉。”①而对于西方哲学乃至西方文明来说，其非凡的生命力和民族精神在很大程度上说是与人相关的。深层次看，西方哲学最初以本体论的形态承诺终极本体的存在，也规定了终极本体相对于现实生活世界的优先地位。现实生活世界作为终极本体的变体，需要通过终极本体来获得理解。现实生活世界必须以一种本体为价值取向，不断向终极本体趋近。这种终极本体正是人将自己的理想蕴涵于其中的理想性存在，对终极本体的接近，就是对人的现实生活世界的提升。终极本体作为现实生活世界的出发点和归宿，体现了人本身所具有的超越有限、通达无限的追求。因此，西方哲学最初的本体论形态必然要从研究宇宙自然的外在本体世界归结为研究人，归结到人不断完成人、成为人、兑现承诺、实现人的尊严的过程上来。古希腊早期哲学对自然的追问必然升华为对人是什么、能够成为什么的追问，发展到对人性和人的本质的理解上来。

在希腊哲学史上，最早把人的问题提到哲学层面上的不是苏格拉底，而是毕达哥拉斯学派。由于毕达哥拉斯学派的努力，灵魂和肉体二元论进入希腊哲学，对于灵魂问题的关注，使希腊人开始在新的层面上重新思考人的问题。继毕达哥拉斯学派之后，阿那克萨戈拉第一次提出了“心灵”——努斯，将一种无形的精神特质赋予了哲学的本体。即便如此，努斯还是因其作为一种在事物之外对事物起作用的能动力量而保留着命运的痕迹。这不能不说与毕达哥拉斯对人的关注立足在宗教层面上，通过确信获得一种灵魂上的拯救相关联。而智者则不同，他们主要从日常生活的角度关注城邦，关注人在城邦中的生活。他们基于感性世界关注人的价值，探讨人的善。实际上他们注重的问题是人在现实的生活世界中的生存状态问题。不仅如此，他们还开辟了一种全新的教化人的手

① 黄克剑:《心蕴——一种对西方哲学的解读》，北京:中国青年出版社1999年版，第12页。

段——正规教育。格思里曾十分中肯地告诫人们:“无论我们如何看待智者运动,都必须承认,没有任何一场运动能够像智者运动这样产生如此隽永的结果,时至今日,智者提出的问题依然是西方思想史不能规避的问题。”①智者对人的问题的关注超过了他们之前的古代任何思想家,也许正是由于他们成功地把人的视线从天上拉回人本身,希腊哲学才在一定意义上是人类历史上的第一次启蒙。因此,一些学者指出:在人类精神的发展史上,智者无论对苏格拉底还是对柏拉图,都是一类必不可少的现象。事实上,智者与此后的苏格拉底、柏拉图并非如他们语言中表现出来的针锋相对,而是具有事实上的前后相递的关系。如果我们赞同格思里的看法,也可以作出这样的推测,如果没有智者,伊奥尼亚自然主义之后的希腊文明和西方文明将是另外一种样子。

苏格拉底从来不认为自己是智者,更不愿意人们把他看成是老师,而更愿意把自己看成是思想的“接生婆”、“助产师”,甚至在很大程度上把自己视为“城邦的牛虻”,来拯救希腊的精神危机。所以,苏格拉底作为时代的早产儿,是一位超前的思想家,他生活在一个当时人们不能理解和接受他的时代。因此,在尼采看来,真正理解苏格拉底的思想就应该脱离苏格拉底所处的时代——雅典人对精神的自由丧失热情、不感兴趣,而只去追逐世俗的利益。但这样的时代正是历史选择苏格拉底的时刻,“有人觉得雅典的辉煌显赫,对于雅典人来说并非好事。雅典人已经变得消极、懒散、饶舌和贪婪。”②雅典的现状让苏格拉底意识到正是由于人们没有受到良好的道德教育,所以哲学对于苏格拉底来说不仅仅是思辨的私事或康德式的独白,更是他对城邦所尽的公民义务或哈贝马斯③式的对话。苏格拉底自称为针砭时弊的神圣牛虻。“他内心被一种他视若神明的呼声所驱策,又受到一个德尔斐神谕宣示所回答的鼓舞,他认识到自己一生的使命就是把他的同胞从无所用心的状态中唤醒,引导他们去思索生活的意义和他们自身最高的善。”④所以,苏格拉底宣布,未经审视的生活是没有价值的生活,我

① Guthrie, *A History of Greek Philosophy*, Vol. Ⅲ, Cambridge University Press, 1969, p. 3.

② 策勒尔:《古希腊哲学史纲》,翁绍军译,济南:山东人民出版社 1992 年版,第 101 页。

③ 尤尔根·哈贝马斯(Jürgen Habermas, 1929～),德国哲学家。

④ 策勒尔:《古希腊哲学史纲》,翁绍军译,济南:山东人民出版社 1992 年版,第 104 页。

们也许可以接着宣布,没有生命的生活是不值得审视的生活。

苏格拉底一开始,就将探讨什么是真、善、美等问题作为自己的问题。真、善、美诸如此类的德性问题应该通过认识自己的方式呈现。因为在他看来德性既然使得人的灵魂尽可能的善,那么我们首先应该知道的是何为善,什么使得灵魂“善”？为此,苏格拉底提出了著名的“德性即知识”的命题。为了践行这一命题,苏格拉底每天赤足披发游走于大街小巷,向一切自认为有知识的人诘问究竟什么是善、究竟何为美,而终究没有得到满意的答案。在他看来,真正的知识来源于对自我的认识,即苏格拉底的“德性即知识”和“认识你自己”这两个命题是内在联系在一起的。“认识你自己”首先要求研究人自身,审视人自己,使人的心灵不至盲目,这就要求心灵内部要存有内在原则,这个原则就是德性,即关于自我的认识也就是关于德性的知识。难怪苏格拉底反复强调“未经审视的生活是不值得过的生活”。也正如西塞罗[①]指出的:“是苏格拉底第一个将哲学从天空召唤下来,使它立足于城邦并将其引入家庭之中,促使它研究生活、伦理、善和恶。”[②]苏格拉底在诘问人们善是什么的同时,在对人们给他提供的关于“什么是善的”的答案进行反思后,提出“什么是善的”与“善是什么”是两个截然不同的命题,前一个命题是告诉人们善能够在何种事物中体现,它只是告诉人们善的事物的表象;而后一个命题才是真正对善本身的追问。苏格拉底在反思中得出结论:“善”是万事万物最高的普遍的本质,是一切事物最好的范型,也是一切事物追求的目的。善作为一种最高的理念不但包含有伦理学范畴的善的原则,也作为一种本体范畴而存在:它既作为一种最高的本体存在,也体现在以本体为目的的现象当中。在苏格拉底看来,人的知识最终都能够归结为善的知识,诸如勇敢、正义、果断等最终都能够归于善。苏格拉底眼中的善,并非仅仅是道德理性的要求,更是实践理性的要求,因为“善”与“行善”是合一的,不能想象已经清楚明白善的理念还去做违背善的理念的恶的行为的事情,因此恶是由无知所导致

---

① 马库斯·图留斯·西塞罗(Marcus Tullius Cicero,约公元前106～公元前43),古罗马哲学家。

② 西塞罗:《图斯库兰论辩》,转引自弗格逊编:《苏格拉底史料》,伦敦:开放大学出版社1970年版,第193页。

的。这样善的理念就高于其他一切理念,成为一种精神本体,它不但是一种目的论的存在,更作为宇宙秩序的最好和最为合理的安排。这样他就将本体意义上的善等同于理性神。理性神的说法赋予人追求知识、获得智慧、追求至善的有德性的生活以完全的合理性,突现了人自身的生命意义和价值。

苏格拉底用"美德即知识"的箴言,宣告了哲学必然要面对人的现实生活,所以诸如激情、正义、勇敢等美德就成为苏格拉底哲学引领人们关注社会生活的关键词。哲学就是来审察人生的,因而从苏格拉底开始,哲学已经开始了对人的生活、对人与社会关系的关注,也开始了对人的生命是否有意义的审察。哲学开始关注人的现实生存和个人的幸福。

我们可以这样说,苏格拉底把古希腊哲学的研究方向从自然哲学转向了人生哲学,开启了对人生存意义的追问。这种追问,"在中国是孔子,在印度是释迦牟尼,在希伯来人那里是耶稣,在古希腊是苏格拉底。对于整个西方世界来说,苏格拉底扮演的是这样一个角色。他在耶稣莅临人世前四百多年——命运中挣扎出来,把他体悟到了人生当有的'意义'以哲学的名义昭示给了人们。"① 苏格拉底哲学促使希腊人重新思考自己的命运,使人反省自己的行为从而思索人究竟该如何对自己的行为和命运负责。反思道德和善的问题,标志着希腊思想从稚嫩走向成熟。柏拉图提醒人们对自己的行为负责,意味着人的行为应该确立真正的善恶、是非的标准,这个标志不是法律,而是伦理道德。继苏格拉底提出哲学是"认识你自己"之后,柏拉图更是将善本身作为其哲学的最高理念,力图为世界确立一种统一性原则。这种"逻各斯"在代表一种世界的统一性原则时,更代表了一种精神——希腊哲学乃至整个西方哲学一以贯之的人文精神。

柏拉图这位雅典的名门望族子弟给哲学一种雍容华贵的贵族气,哲学在他的文字和学园里显得高雅、含蓄又富有苏格拉底那样的生命情调。柏拉图善于从毕达哥拉斯、巴门尼德、赫拉克利特那里汲取智慧,但在他那里苏格拉底的影响始终是根本性的。柏拉图进一步解决苏格拉底没有解决的问题,即在理性的基础上解决道德的共相,寻求最高的善,净化人的灵魂,使之不朽。这是苏格拉

① 黄克剑:《心蕴——一种对西方哲学的解读》,北京:中国青年出版社1999年版,第12页。

底和柏拉图献给希腊人也是献给全人类的最为宝贵的财富。在人是什么的问题上，柏拉图有一个潜在的含义，即人是理性动物，虽然他并没有十分明确地提出这一点，但在他对理念的论述中，还是不用太费力气便可找出这个含义。柏拉图认为理念世界只有灵魂才能通达，而灵魂原是居住于理念世界当中的，只是由于耽于肉体而将理念世界遗忘了。无论如何，灵魂也是距离理念世界最近的事物。在对灵魂作三重区分时，柏拉图认为灵魂分为欲望、激情和理性。欲望只是一味地追求对象，而从来不对对象加以思考，也不对对象的好坏、善恶加以判断和鉴别，因此它仅仅是一种本能的冲动。就欲望本身来说，人和其他动物并没有本质上的区别。柏拉图将激情定义为“我们因为它能够感觉到愤怒”的灵魂部分，激情既包括对荣誉和胜利的渴望，也包含愤怒、愧疚和歉意等情绪，激情已经部分地涉及自我意识，它既能够和善的事物相结合，提供一种进取的动力，也能够被恶的事物所利用，从而与欲望结合反对理性，因此激情是需要进行教育和引导的一种灵魂的力量。理性在柏拉图看来就是爱智慧，它是灵魂对整体的关注。理性能够通过对整体的善的知识，选择恰当的手段控制欲望、引导激情，它不但告诉我们想要达到的目标，更能根据自身确定自己的步骤并明确价值。作为整体性把握的理性是人的本质属性，理性能够控制欲望、节制激情，因此理性才是人的本质属性。

根据理性的要求，柏拉图定义了人的四主德，即智慧、勇敢、节制和正义。激情部分的美德是勇敢，因为勇敢代表了一种对何物应该恐惧、何物应该愤怒的一种稳定的信念，只有保持这种信念才能抵制快乐和痛苦等激情与欲望相结合；节制是针对欲望的，拥有节制这种美德才能使自身不为欲望所左右，才能不被欲望引导去做坏的行为；智慧是针对理性的，如果一个人的灵魂当中，理性能够起到首要的主导地位，能够明确灵魂的组成部分并了解这些组成部分对于灵魂所起的作用，那么这个人无疑是智慧的；正义则是针对整个灵魂的，灵魂的每个部分如果能够各司其职，按照自己的本性和自然的能力来行为，那就是正义。正义并非一种独立的美德，而是在节制、勇敢和智慧达到之后所自然而然形成的一种状态，它是灵魂各部分之间通过分工而达到的一种和谐统一的状态。正义是个人美德的最高状态，也是个人与他人之间交往的基石，个体能够对欲望有所节制，能够勇敢和智慧，自然能够在与他人之间的交往中获得和谐的关系，这样的人就是靠理性生活的人，就是有美德的人，就是大写的人（柏拉图有国家是大写的人的说法），就是灵魂不朽的人。据说西方伦理学有把灵魂不朽说作为道德生活必要前提的传统，柏拉图可以说是开启这一传统的先河者。

与柏拉图和苏格拉底哲学之间的默契相比，亚里士多德同他的老师柏拉图之间紧张感要大得多。亚里士多德哲学似乎可以看做是对柏拉图哲学的歧出，但是他们在对人生存意义的追问上的微妙相通也许更值得人们思考。与柏拉图关照美德不同，亚里士多德更多是将目光投入现世的生活当中，探讨人们庸常的幸福，而幸福的获得不但依靠理性和美德的倡扬，也应该将非理性的因素包含在其中。在西方思想文化传统中，有着理性主义和非理性主义交织发展的进路。前者突出理性，强调逻辑思维的严密以及理论的严谨；后者突出灵性，强调一种不受理性逻辑羁绊的神秘思维和浪漫精神。柏拉图哲学对理念世界的追寻在一定意义上已经开启了宗教的神思，体现了一种对神秘思维的探索以及对终极信念持有信心的浪漫精神。而亚里士多德可以说在这个意义上与柏拉图是"心意相通"的，他对幸福的探索表达了其理性与非理性相结合的试力，由此也在一定程度上显现出了一种非理性的精神境界。

亚里士多德指出："关于幸福是什么是一个有争议的问题，大多数人和哲人们所提出的看法并不一样。一般人把幸福看做某种实现的或显而易见的东西，例如，快乐、财富、荣誉等等。"①柏拉图和苏格拉底都认为幸福是和"善"的理念相关的，是需要通过对善的理念的玄思获得的。亚里士多德并不认为通过纯粹的思获得幸福是一条最佳的路径，因为在他看来追求幸福更应该被看做一种实践哲学，而实践哲学的目的与其说为了求知，毋宁说为了指导人们更好的生活。亚里士多德明确表示："'生活的好与行为的好'不是其他什么，恰是幸福。因此，是幸福存在于美好的生活中，而美好的生活又是在按照德性而生活。"②幸福在亚里士多德看来首先应该是行动。在他看来，不同身份的公民有不同的行为，

① 《亚里士多德全集》（第8卷），苗力田译，北京：中国人民大学出版社1992年版，第6页。

② 《亚里士多德全集》（第8卷），苗力田译，北京：中国人民大学出版社1992年版，第250页。

军官有军官的幸福，平民也有平民的幸福，军官通过作战勇敢的行为获得自己的幸福，平民通过辛勤的劳作获得自身的幸福。而如果不能从事符合自己身份的行为获得的将不是幸福而是痛苦。亚里士多德将人们的日常生活分为三种生活方式：政治的、哲学的和享乐的。政治的生活方式是政治家们关注高尚的行为，哲学家们关注智慧的思索，享乐的生活方式则关注于肉体的快乐。与柏拉图不同，亚里士多德并不认为只有哲学家的生活方式才是唯一幸福的生活方式，而是强调人类的一切活动都是为了寻求幸福。生活的目的——幸福在于生活本身，而非外在于生活之外，这种生活的目的是依靠人们的行动完成的。

在亚里士多德看来，“我们认为只有幸福才是人的目的。以前说过幸福不是品质而是现实活动，不然的话一个终生睡着像植物般的人也是幸福的了，但它却是最大的不幸。所以幸福是一种现实活动。而现实活动有两类：一类是必然的，是为了其他东西而被选择的；另一类则是为它自身而被选择的。幸福显然是因为它自身而不是为其他东西才被选择的，因为幸福并不缺少什么东西，它是自足的，除了活动以外别无所求。这样的活动就是合乎伦理品德的活动，是美好的、高尚的、由自身而被选择的行为。”①幸福要以行动为必要因素，但却不仅仅在于行动，因为并非所有的行动都能带来幸福，只有符合德性的行动，才能获得幸福。因此，亚里士多德认为并非所有的快乐都能够产生幸福，幸福的生活当然是快乐的生活，但快乐也分为欠缺的快乐和放纵的快乐，二者都不是幸福，只有二者的中道——节制的快乐才是幸福。但是对于大多数人来说，快乐的害处多于好处，大多数人都耽于肉体的快乐而忘记去寻找灵魂的幸福，因此幸福只能属于高尚的人，即每个人都选择符合他自己品质的活动，而只有高尚的人才能选择符合伦理品德的行为。亚里士多德认为幸福是合乎品德的活动，那么它一定符合最高的原则——善的原则，而这样的活动就是思辨的活动。亚里士多德证明了思辨活动是最幸福的活动：思辨的活动是最好的和最持久的，因为心灵是我们当中最好的，而由它认知的东西也一定是最好的，同时思辨的活动是最为长久的活动；幸福应该是快乐的，而追求智慧的快乐是所有快乐中最为快乐的事情，因

---

① 亚里士多德：《尼各马可伦理学》，廖申白译，北京：商务印书馆 2003 年版，第 302—303 页。

为它保持着纯净性和持久性;思辨的活动是自足的活动,其他的活动都是需要对象的,而思辨的活动仅仅依靠爱智慧的人本身就能进行,而且活动越纯粹,得到的智慧和幸福就越高;思辨的活动除了自身之外没有任何目的,而其他事物都是为着某一特定的目的的,因此思辨活动是最有价值的、纯粹的活动。

在亚里士多德看来,这样的活动是高于人的生活的,也就是说人的现世生活无法追求到这样的幸福,这些幸福只存在于神的活动中,"它的活动高于我们的组合体(指身体),也高于其他各种品德的活动。努斯和人相比就是神,按照它生活就是神圣的。不要轻信那些话,说作为人只要想人的事情,作为有死的东西便只要想有死的东西,还是要努力使自己不朽,尽力去做自身最后要的事情;即使它还微小,但它的能量和价值超过任何东西。这或许就是每个人自己,因为这才是他最有权威最好的部分。如果一个人不选择他自己的生活而去选择别的生活,那是奇怪的。已经说过,每个东西所自然固有的东西就是它最好和最快乐的东西,既然努斯比其他东西更好,所以按照努斯生活是最高的幸福。"①因此,当亚里士多德将神作为最高的善和最高的幸福,作为世界的最后原因和最终目的或价值时,亚里士多德又回到了苏格拉底,也回到了柏拉图。正像对于柏拉图——主要是晚年的柏拉图——来说,"善的理念"即是"神"的同义语一样,亚里士多德所说的"神"也可以理解为普遍而恒定的"善"的理念,神是为人所爱的,但是它并不强求人之所爱,也并不过问人世间的事情,神的"力"并不为人安排命运,它只是以其"至善的永生"为人开启为善的至高境界。亚里士多德与柏拉图在理性的逻辑上是殊异的,但这殊途的理性却同归于"至善"的"境界",尽管亚里士多德赋予"至善"的内涵偏重于幸福,而柏拉图则偏重于"美德"。

当希腊古典哲学家追问"有意义的生活是什么"的时候,面临的问题不是早期自然哲学力图通过确证人在世界的位置而获得生活的意义,也不是企图通过确定人是动物王的地位获得无上的权力,更不是如今人通过对自身力量的盲目崇拜而获得蔑视自然的地位,他们是努力想知道人的本质是什么,人性是什么,人是否有可能越过人与神最本质的分界线——人是有死的,神是不朽的,即人如

① 亚里士多德:《尼各马可伦理学》,廖申白译,北京:商务印书馆2003年版,第306—307页。

何能使自己也具有不朽性。那就要过更有意义的生活——摆脱动物性，摆脱“单纯的存在”，摆脱命运的安排，摆脱过分的欲望与快乐，真正理解何为事物，何为美德，何为至善，才能过有意义的生活，才能过有德性的生活，才有可能不朽！到此我们可否说，在古人那里是否已经意识到这样一个道理呢——人的生命是有限的，人的价值是无限的，人类从来就不用生命时间的长短衡量生命价值的永恒！苏格拉底、柏拉图和亚里士多德追问“人的生活意义”的问题对西方哲学产生的影响是无法用时间尺度去衡量的。

三、从个体的人到城邦的人

希腊古典哲学不但将寻求人的生活意义作为哲学的核心内容，更在实践上寻求一种作为真正的人的更好的生活方式。生活方式按照马克思的说法是人们的存在，是人的现实生活过程，人除了自己的现实生活外，再无其他。生活就是人存在的全部内容，不同的生活样式就是人的不同的存在方式。在希腊古典哲学那里，哲学首先是一种活动，而不是静态的知识；是一种生活方式，而不是一个在学院被教授的学问；是提升精神的一个方法，意味着个体存在方式的根本改变和转换。因此，在古希腊，哲学家不仅是指那些创造了哲学理论体系的人，而且包括那些实践某种哲学观念的人（哈道特[①]语）。希腊哲学注重从人的现实生活、从人的存在的困惑出发，追求人生幸福，通过这种生活方式达到对存在的切中而得到心灵的安定和自由。因此它不但将哲学看做是探讨理性形而上的学问，更将哲学作为一种探讨人生哲学的智慧；它不但对人生当中必然要面临的诸如生死、幸福、智慧等问题作出形而上的探讨，更是以逻辑思辨的方式对诸如公平、正义、民主、自由、博爱等西方文化的核心理念作出自我诠释。无论是苏格拉底对民主的诉求，还是亚里士多德对正义的探究；无论是柏拉图对自由的向往，还是亚里士多德对幸福的追寻，在希腊古典哲学对作为个体的人的人生问题进

① 皮埃尔·哈道特（Pierre Hadot，1922～　），法国哲学家。

行思索的同时,也将自身作为城邦文化中的一分子,自觉地思考群体性生活中的人如何相互协调的问题。正是这些问题,使得哲学从探讨个体的人走向探讨更为普遍的群体的人。

亚里士多德在《政治学》中曾经给予城邦以明确的定义:“我们见到的每一个城邦(城市)各是某一种类的社会团体,一切社会团体的建立,其目的总是为了完成某些善业——所有人类的每一种作为,在他们自己看来,其本意总是在求取某一种善果。既然一切社会团体都以善业为目的,那么我们也可以说社会团体中最高而包含最广的一种,它所求的善业也一定是最高而最广的:这种至高而广阔的社会团体就是所谓的城邦,即社会政治团体(城市社团)。”①那么城邦可以被定义为,为了完成最广阔的善业而结成的社会政治团体。如果按照摩尔根②对古代社会的研究,我们可以发现城邦是介于“以人身血缘关系为基础”的氏族社会和以“地域财产为基础”的市民国家之间的一种共同体存在方式。因此它的产生首先是打破原有的氏族社会而产生的。在希腊社会中,特洛伊战争打破了爱琴海的宁静,新的移民的到来破坏了原有依靠氏族血缘关系的纽带建立起来的社会关系。为了获得更好的生存空间和环境,新的移民结成了新的共同体形式——城邦。城邦的出现代表了一种新的文明形式,很快就以摧枯拉朽之势摧毁了原有的社会形态。因此在希腊人看来,“城邦国家的兴起意味着人们获得了除其私人生活之外的第二种生活……这样每一个公民都有了两个生存层次,在他的生活中,他自己的东西与公有的东西有了一个明确的区分。”③在希腊古典哲学时期,希腊的城邦文明特别是雅典的城邦文明获得了空前的发展,处于一个空前繁荣的时期。修昔底德在④《伯罗奔尼撒战争史》中,曾经对雅典城邦文明有过如此的描述:公民都能够直接参政、参加投票、选举和参与决策;公民大会和五百人议事会、陪审团、十将军委员会有严格的权力制衡;庄严绝伦的神殿耸立于卫城之巅,各种有精美雕刻和绘画的神庙、剧院、画廊、竞技场等公共建

① 亚里士多德:《政治学》,吴寿彭译,北京:商务印书馆1965年版,第3页。

② 路易斯·亨利·摩尔根(Lewis Henry Morgan,1818～1881),美国哲学家。

③ 阿伦特:《人的条件》,竺干威等译,上海:上海人民出版社1999年版,第19页。

④ 修昔底德(Thucydides,公元前460～公元前395),古希腊历史学家。

筑纷纷建立；知识精英荟萃雅典，各路智者和哲学家、文学大师、艺术大师们各领风骚。在如此开放和文明的环境下，有关城邦文明和城邦中的人的生活的探讨也逐渐形成，人类最初的文明形态中自由、民主、正义等政治原则开始初步形成。城邦文明造就了伟大的哲学家，而哲学家们又在某些方面推动了城邦文明的发展、繁荣与衰落。

苏格拉底的一生，虽然没有在理论上探讨城邦的自由和正义问题，但他却始终以自己的行为践行作为城邦公民的职责。柏拉图曾经在《苏格拉底的申辩》中，以苏格拉底之口说出过这样一番话，"我一生未尝宁息，不像众人只顾家人生产，积蓄钱财，不求物，不发政论，不做官，不参与国内阴谋与党派之争，自知过于刚直，与世争逐难于保全性命，便避开了对自己和你们都不成有益之事的繁华之域，专去那每个私人都能得到我所认为最大益处的地方。对个体的德与智之求先于身外之物，对国当求立国之本先于谋国之利，对其他事业要先本后末的方法。"①苏格拉底明确地看到了雅典城邦中存在的危机：人人都谋自己的私利，却没有考虑整个城邦的大义。即便如此，他也未尝放弃城邦文明。苏格拉底是城邦文明的忠实拥护者，为此他生于城邦文明，却也死于城邦文明。作为神圣者赐予雅典城邦的"牛虻"，苏格拉底毕生都以拯救在他看来已经面临危机的雅典城邦。如果说苏格拉底对城邦文明最大的贡献在于"苏格拉底之死"，这样的说法没有力图贬损或者对这位西方哲学上最为伟大的思想家有丝毫的不敬。相反，这也许才是真正懂得苏格拉底，懂得苏格拉底的智慧与尊严，他不但以其思想更以其行为捍卫了城邦文明的尊严。我们且从苏格拉底对城邦所犯下的"累累罪行"说起：一曰不敬神；二曰教唆犯。不敬神是因为他想要通过理性神而取代原有的神，其目的正在于为作为人的共同体的城邦确立新的原则，即追求至善，只有善的才能是最终有益于城邦和城邦公民的；教唆犯则更多的是因为他以特有的教化方式引导年轻人思考关于事物本质的问题，这本身正是苏格拉底对城邦的贡献。苏格拉底信仰城邦的正义，他没有选择逃避而是选择面对，他为了他所信奉的民主制度甘愿牺牲自己的生命，因为他认为遵循城邦的规定是公民的职

① 参见柏拉图：《苏格拉底的申辩》，北京：商务印书馆 1983 年版，第 74 页。

责和义务,即便知晓城邦犯了错,但他仍然甘愿履行自己的义务。苏格拉底的行动告诉世人:私人生活从属于公共事务和共同利益,这是每个雅典城邦公民所必需遵守的准则。

苏格拉底之死,使苏格拉底最为优秀的弟子柏拉图产生最深刻的疑问:自诩为最为民主和正义的雅典城邦却对最为忠诚的苏格拉底犯下了如此罪行,那么城邦的民主和正义如何体现?正义和不正义又如何区分?为什么在事实上总是正义受损,而非正义得利呢?柏拉图认为正义总是吃亏,是因为法律法规总是通过非正义的行为即某些人受到侵害才得以确立的;而此后遵守法律就被确定为正义的,与之相反就是非正义的,因此正义并非人的天性如此,而只是不得已的行为。一旦某些人拥有了权力就可以违背正义原则,作出非正义的事情。与苏格拉底出身相比较,柏拉图出身更显赫些,但是他却曾在著名的第七封信中这样说到:他曾经认为自己会像所有的年轻贵族一样,等到成年后就参与政治活动。但是他生活中经历的一切使得他看到,无论是极端民主派还是温和民主派,无论是寡头派还是三十僭主,他们一旦得势都是如此劣迹斑斑,正义在这些统治者心中只是装饰门面而没有丝毫分量的东西。

柏拉图借用苏格拉底之口反复说明和反复强调的问题是正义和非正义本身应该是什么。柏拉图认为城邦是由许多个体的人组成的,单个的个人不能生活,而只有许多人生活在一起城邦才能形成。按照柏拉图的说法城邦就是放大的个人,城邦的正义必然要通过智慧、勇敢和节制达到。柏拉图在"正义即强者利益"的基础上逐步推导出"正义就是只做自己的事而不兼做别人的事,原则就是每个人必须在国家里执行适合他天性的职务"。因此,柏拉图认为理想国就应该由三个阶层组成:统治者、军人和普通人民。柏拉图指出:"他们虽然一土所生,彼此都是兄弟,但是老天铸造他们的时候,在有些人身上加入了黄金,这些人因而是最可贵的,是统治者。在辅助者(军人)身上加入了白银,在农民以及其他技工身上加入了铁和铜。"①但是,柏拉图也指出,这种天生的划分也有改变的

① 北京大学哲学系外国哲学史教研室编译:《古希腊罗马哲学》,北京:三联书店 1957 年版,第 232—233 页。

情况，“但是又由于同属一类，虽则父子天赋相承，有时不免金父生银子，银父生金子，错综变化，不一而足……如果他们的孩子的心灵里混入了一些废铜烂铁，他们决不能稍存姑息，应该把他们放到恰如其分的位置上去，安置于农民工人之间；如果农民工人的后辈中间发现其天赋有金有银者，他们就要重视他，把他提升到护卫者或辅助者中间去。”①这样柏拉图就用金、银、铜、铁定义了各个阶层人的社会属性。他还认为，统治者、军人和普通人与灵魂的三种特性（即理性、激情和欲望）相联系。统治者是以理性控制灵魂的人，因此他是在节制和勇敢之上达到智慧的人；军人勇敢作战依靠的是激情；普通人民是被欲望控制了的人，他们只需要节制欲望。柏拉图认为城邦要实现正义就应达到人民节制欲望、军人作战勇敢、统治者充满智慧，这样的城邦就是正义的，否则就是非正义的。柏拉图还用此理论分析了贵族政体、寡头政体、民主政体等形式，认为贵族政体最为符合理想国的要求。具备这些还不够，理想国要想真正实现，“除非哲学家变成了我们国家中的国王，或者我们叫做国王或统治者的那些人能够用严肃认真的态度去研究哲学，使哲学和政治这两件事情能够结合起来，而把那些现在只搞政治而不研究哲学或者只研究哲学而不搞政治的人排斥出去，否则我们的国家就永远不会得到安宁，全人类也不会免于灾难。”②因为哲学家是最能够理解国家的“理念”的，也就是说哲学家是真正热爱智慧的人，他永远孜孜不倦地求取各种知识，永远不会满足，永远酷爱那些能让他们看到永恒的不受产生和灭亡过程影响的知识。

柏拉图还提出通过公民的教育来实现理想国的途径。“那么我们不仅必须对诗人进行监督，强迫他们在诗篇中培育具有良好品格的形象，否则我们宁可不要诗歌，而且必须监督其他艺人。禁止他们在绘画、雕塑、建筑，或其他任何艺术作品里描绘邪恶、放荡、卑鄙、龌龊的形象。如果不服从，那我们就要惩罚他们，不让他们在我们中间施展他们的技艺，否则我们的卫士从小就接触罪恶的形象，

---

① 柏拉图：《理想国》，郭斌和、张竹明译，北京：商务印书馆1997年版，第128—129页。

② 北京大学哲学系外国哲学史教研室编译：《古希腊罗马哲学》，北京：三联书店1957年版，第231页。

耳濡目染,好比牛羊卧于毒草之中,咀嚼反刍,日积月累,不知不觉便在心灵中铸成大错。我们必须寻找这样一些艺人,凭着优良的天赋,他们能够追随真正的美和善的踪迹,使我们的年轻人也能循此道路前进,进入健康之乡,那里的美好作品能给他们带来益处,他们的眼睛看到的和他们的耳朵听到的都是美好的东西,这样一来,就好比春风化雨,潜移默化,使他们不知不觉地受到熏陶,从童年起就与美好的理智融合为一。……这就是对他们最好的教育。”[①]柏拉图认为,教育的目的就是净化人的灵魂,使人的灵魂不断回忆起与神一起时的情景,从而剔除尘世中各种各样的物欲干扰,使理性得以发展、情感得以培养、欲望得以节制、正义得以实现。教育的最终目标就是培养全体国民的理性,各司其职,各安其位,君主行使君主的职责,臣民履行臣民的义务,这就是城邦的公平和正义。这样柏拉图就基于个人正义,讨论了城邦的正义以及如何实现城邦正义等问题。城邦正义更多是以柏拉图的理念论为基础,“理念”本为终极目的之意义,如何能在现实生活中实现,是需要划上问号的,这一点也被亚里士多德所诟病。

亚里士多德的城邦学说在很大程度上是基于现实主义维度的,马克思在《资本论》中曾经说过:“亚里士多德在商品的价值表现中发现了等同关系,正是在这里闪耀出他的天才的光辉。”[②]亚里士多德不同于柏拉图,他始终为柏拉图所诟病的现实的政治生活辩护,但也反对阿里斯托芬[③]对哲学的嘲讽。他的目标就是要建立一种既不同于柏拉图的“纯粹理想中的”政治生活,也不同于阿里斯托芬一直所维护的传统的政治生活的新城邦政治生活。政治对于亚里士多德而言就是作为人本真的一种存在方式和生活方式,因此在《政治学》开篇不久,他就明确指出人类从本然性上来说就是政治动物或者说是城邦生活的动物。“城邦自然的生成出于人类共同生活的需要,而其实际存在却是为了优良的生活。人天生是政治的动物,有过优良生活的愿望。城邦是人类最高的善业,人类在城邦中才能实现自给自足。一句话,城邦意味着人类的完善、完成。”[④]亚里士

---

① 柏拉图:《柏拉图全集》(第2卷),王晓朝译,北京:人民出版社2003年版,第368页。

② 《马克思恩格斯文集》(第5卷),北京:人民出版社1960年版,第75页。

③ 阿里斯托芬(Aristophanes,约公元前446~公元前385),古希腊哲学家。

④ 亚里士多德:《政治学》,吴寿彭译,北京:商务印书馆1965年版,第7页。

多德在《尼各马可伦理学》中也指出："人是政治的存在者，因此必定要过共同的生活。"①政治生活作为人的三种最为主要的生活——最为流行的享乐生活、公民大会的或政治的生活及沉思的生活之一是处在庸俗的生活和神圣的生活的中介的现世的真实生活，就是人们组成一定的公民集团用于维持自身生活的需要，从自然和神明那里获取充足的资源而形成的生活方式，"凡隔离而自外于城邦的人——或是为世俗所鄙弃而无法获得人类社会组合的便利或因高傲自满而鄙弃世俗的组合的人——他如果不是一只野兽，那就是一位神祇。"②政治生活具有众多的功能，即为了满足人类生存而进行的军事和经济生活、为了满足群居人们的自然状况的经济社会生活以及通过教化形成道德规范的德性生活。在政治生活的多重功能中，亚里士多德认为政治生活的目的不能仅仅是满足生理、保全及各种日常生活的需要，这些仅仅是人过政治生活的基本要求，政治生活存在的根本目的是"善业"，即在于公民的幸福与城邦的繁荣。因此亚里士多德才说："人类所不同于其他动物的特性就在于他对善恶和是否合乎正义以及其他类似的观念的辨认，而家庭和城邦的结合正是这类义理的结合。"③政治生活具有高尚的伦理目的，并且这种目的是"最完善的"，因为在人世中它"始终因其自身而从不因他物而值得欲求"。因此亚里士多德所谓的城邦社团，不是单单希望共存的团体，而是向着美、善渐进的那种"优良的生活"。

城邦生活能够让个人获得最高的善——幸福。在亚里士多德看来，使得人区别于其他动物能够过上这种政治生活的根本就在于"逻各斯"，它能够使人超越自然给予人的限定，使人具有自主选择的能力从而具有无限的可能性。"逻各斯"的理性原则必然使得人整体结合为城邦的正义。"以为城邦仅仅由其成员对外在利益的分享而构成是错误的。城邦是这样一种合作关系，它构成的一个关键方面是人们分享某种有关善或正义的生活方式的概念。人是最优秀的政治动物，因为他是理性的和道德的动物。"④不是城邦选择了人民而是人民理性

① 亚里士多德：《尼各马可伦理学》，廖申白译，北京：商务印书馆2003年版，第278页。
② 亚里士多德：《政治学》，吴寿彭译，北京：商务印书馆1965年版，第9页。
③ 亚里士多德：《政治学》，吴寿彭译，北京：商务印书馆1965年版，第8页。
④ 亚里士多德：《政治学》，吴寿彭译，北京：商务印书馆1965年版，第151页。

地结合成城邦。正是因为"逻各斯"是在动物性之上的人的真正特性，才使得结成城邦的理性能力体现为正义、友爱，远远高于动物欲望的力量。因此，亚里士多德认为幸福并非指某种具体欲望的满足，而更为重要的是人能够驾驭自然生活中必然性的束缚，过上更为自由的生活。突破这些束缚的最佳方式就是要结成一定的共同体，只有这样人才能突破自然生命的界限，获得属于人的生活；只有具有政治性，才能摆脱肉体需要的束缚和压迫，达到作为最高善的幸福。

城邦生活能让作为群体的人过上理想的生活。亚里士多德认为："城邦以正义为原则。由正义衍生的礼法，可凭此判断（人间的）是非曲直，正义恰恰是树立社会秩序的基础。"①那何种政体才是正义的呢？亚里士多德考察了现实生活中的君主政治、贵族政体和共和政体，三种政体相应地发展出僭主政体、寡头政体和平民政体。亚里士多德认为城邦生活应该以建立社会的善德为最高宗旨，因此城邦的政体从表面上看是城邦的统治形式，而其实质则不是为了统治而统治，而是为了营造理想的生活，如果统治是以公民的共同利益为目的的，就是正确的政体，而以统治者个人私利为目的则是非正义的政体。与柏拉图提出的正义要依靠节制、勇敢、智慧的人各司其职来获得不同，亚里士多德认为城邦的正义要依靠平等来获得，但由于不同的政体对平等原则理解的不同而产生了分歧：民主政体认为在同等阶级地位上的人应该是平等的，符合这样平等的原则就是正义的；寡头政体则认为财富的不平等是正义，因为财富不平等，其他一切也应该不平等。亚里士多德则认为，"按照一般的认识，正义是某些事物的'平等'观念。在这方面，这种世俗之见恰好和我们在伦理学上作哲学研究时所得的结论相同。简而言之，正义包含两个因素——事物和应该接受事物的人；大家认为相等的人就该配给到相等的事物。"②城邦生活应该考虑整个城邦的利益和公民共同的善，也就是说城邦生活的平等原则应该首先考虑城邦的目的——美好的生活。城邦并不只是地域上的共同体，也不仅仅是为了防御或贸易往来而结成

① 亚里士多德：《政治学》，吴寿彭译，北京：商务印书馆 1965 年版，第 9 页。
② 亚里士多德：《政治学》，吴寿彭译，北京：商务印书馆 1965 年版，第 148 页。

的共同体，而是若干家庭和部落结合起来保障美好生活的共同体，始终以完美自足的生活为目的。在此基础上，亚里士多德谈论了理想的城邦应该由何人执政的问题。在他看来多数人执政要比少数人执政要好，虽然他们也可能将城邦引向错误，虽然他们也不是人人都好，但是他们集合在一起往往能够超过少数人。因此，亚里士多德认为平等和正义并不能依靠民主政体或寡头政体等所谓的对平等的理解来获得，而应该向着城邦的最终目的，即真正的平等原则应该是政治权力的分配以对城邦贡献大小为依据。不仅如此，亚里士多德还指出以上原则所构成的城邦应该就是正义的城邦，但如果想要达到美好的生活，则应该依靠教育和教化——良好的城邦是建立在每个公民都具备良好的品质基础上的，因此从婴幼儿开始就必须采取各种方法保证他们身体的健康发展并使他们的灵魂趋于高尚。

如果说城邦文明之于希腊人与共和国之于罗马人有着同等意义的话，那么城邦文明对于希腊人的意义在于为希腊人提供了保有个体生命之意义的场所，在这一场所中，个体之于宇宙的卑微、个体生命之于生命长河的渺小因投射到群体的城邦中才得以保存和放大。从这个角度来说，城邦不但是希腊古典时期人们的生活空间和生活世界基础，更是人作为群体动物的生命意义的承载，因此城邦文化本身就是人文精神的重大表现形式。亚里士多德的百科全书体系的出现，宣告了希腊古典哲学这一伟大时代的终结，与此同时，世俗希腊的文明之光也因亚历山大的崛起而带着被征服的屈辱走向世界。正如文德尔班①所说："在柏拉图和亚里士多德那里，到最后达到的伦理社会的、理想的崇高境界对他们的时代来说，完全是一首陌生的赞歌，是希腊因之而成为伟大国家的赞歌。此种民族意识已经失掉了对人的心灵的控制力量。"②在晚期希腊哲学这里，哲学的世俗化也已成为必然，哲学的核心变为伦理学，即探讨在动荡不安的年代，人们如何保持现世的幸福和心灵的宁静，以关怀个人心灵健康和幸福生活为中心的个体道德成为时代最强音。在城邦的自足性和安全感逐渐丧失殆尽的条件下，生

---

① 威廉·文德尔班（Wilhelm Windelband，1848～1915），德国哲学家。

② 文德尔班：《哲学史教程》（上卷），罗达仁译，北京：商务印书馆1987年版，第221页。

活的目的与其说是追求积极向上的善，不如说是逃避种种不幸、恐惧和悲观，特别是死亡成了时代的典型病症，哲学的功能也就随之由纯粹形而上学的思辨转换为医治心灵疾患，保持人格健全，求得恬适宁静的精神治疗术。

第三章　晚期希腊哲学的生命精神

无论是伴随马其顿王国的军事征服所进行的希腊哲学的文化扩张，还是罗马王国在拉丁世界对希腊哲学的语言表达，都殊途同归地表征了一个事实，在古代地中海世界，只有希腊人才有独创的哲学思想，希腊哲学所点燃的文明火种是始终不灭的。即使罗马人以强大的武力征服了希腊，但它只能作为希腊的政治领袖，无缘作为其精神导师，精神上的胜利永远属于希腊文明。因此，包括希腊化时代和罗马时期的整个晚期希腊哲学延续了早期希腊哲学及希腊古典哲学时代的人文精神，并将这一精神继续发扬光大。

晚期希腊哲学具有独特的世界图景。经济形态上，战争消耗了城邦文化中积聚下来的巨额财富；政治形态上，长年的征战使得社会政治极度动荡不安；文化形态上，东西方文化之间的碰撞和融合时时发生；社会形态上，横跨奴隶社会和封建社会两种社会形态，社会转型给人们带来迅速和激烈的变化和挑战。伴随着罗马帝国取代亚历山大帝国成为统治的中心，以往城邦时代的民主政体已经是明日黄花，得自于城邦的自由已被绝对化为封建时代的平民自由。因此这一时期的主题已由柏拉图、亚里士多德时代百科全书式的综合体系建构转而变为退守自己的精神家园，致力于摆脱时代苦难与治疗心中痛苦的人生哲学。这样的人生哲学不是提出什么新型的理论，几乎大都以灵魂安宁、生活幸福这样的伦理问题为主要目标，因此文德尔班才把这一时期称为“伦理学时期”，并精辟地概括道：“由于希腊生活的理想世界已分崩离析，由于民族的宗教日益淹没在客观世界的习俗中，由于被剥夺了独立性和破碎的政治生活不再唤起虔诚，每个人在心灵深处深深感到只有依靠自己，因此更迫切需要人生目的的科学理论，更迫切需要保证个人幸福的智慧了。”①而这种智慧的具体体现就是生命精神的生死问题。

生死问题成为晚期希腊哲学的主要问题，可以从二重原因上进行分析。其一是晚期希腊哲人生活的年代是直面生死问题的时代，是城邦衰落、东西文化融合的时代。从马其顿至罗马时期，公民与城邦关系解体，公民成为失去传统纽带的个体；希腊人与外邦人的界限逐渐消失，公民身份从城邦人中游离出来，人与人的关系、人与社会的关系发生了重大变化。即以往的公民与城邦的关系转化为个体与世界的关系。如何把握好个人在世界中的地位，求得个人在捉摸不定的变化面前的平静和安宁，是晚期希腊人所要解决的首要问题。面对这一问题，晚期希腊哲人们不再去追求智慧，而是去追求幸福。当以“不动心”或“激情快乐”的方式追问幸福时，生死问题便凸显出来。其二是晚期希腊哲学作为古希腊文明的延续，必然将形而上的精神追求、人文精神的探讨作为自己的根本任务。在晚期希腊哲学中，原本属于哲学思辨对象的形而上的东西，由于实际的需要，从哲学中分化出去，并逐渐成为形而下的东西。这一时期的学术研究向着其他方面发展，几何学、天文学、力学、地理学、历史学和文学艺术等学科都有一定的发展，构成了学术上的“黄金时代”。与此同时，希腊古典哲学开启的从探讨自然的奥秘，到认识人自身的第一次知识论转向（普罗泰戈拉意义上）的直接后果就是将人作为哲学探讨的重要主题，由此产生的伦理学和城邦学说等关于人的学问，使哲学在一定意义上直面人的问题。关注人世、关注人身、关注现实人的生存境遇与发展，成为晚期希腊哲学的主题。

一、生死与命运

事实上，从“命运”一词的本意来说，它代表着“无法抗拒”的力量：三位命运

① 文德尔班：《哲学史教程》（上卷），罗达仁译，北京：商务印书馆 1987 年版，第 211 页。

女神甚至比宙斯还要强大,宙斯也逃不了注定的命运。这种强加于自由主体的外在力量,就是命运的力量。正如前文所说,在早期希腊哲学那里,命运是人们心存畏惧却又无法逾越的无形界限,人们只能匍匐于其下小心翼翼地探求生命的意义。到晚期希腊哲学的时代,由于现实生活世界的变迁与人们对自然认识能力的提升,“命运”不再仅仅是无法抗拒的“神谕”和无法参透的神秘,它也受到人自身条件的限制,因而也应成为人们所面对的真实生活世界的一部分,而且是那唯一无法改变的部分,例如人的生死。因此,对“命运”的探讨在晚期希腊哲学这里就演变为对生死问题的探究。

晚期希腊哲学与早期希腊哲学在命运观上的一致性在于,始终将命运观念等同于必然性和逻各斯。哲学(包括科学)智慧虽然为人们开辟了人通往世界的道路,但这并不表示人就丧失了现实的命运感,必然性就不再是对人的一种威胁。阿那克西曼德说万物的产生和复归都是按照必然性而发生的,这是西方哲学史上最早提出必然性的概念。赫拉克利特提出逻各斯的思想,并强调其重要性,提醒人们倾听它、认识它。柏拉图强调,连神祇思辨也不会与必然性作对,人更无力撼动必然性的决定地位。亚里士多德更清醒地认识到只有不变和永恒之物(即神)才能免受必然性的强制和痛苦,因为不变而永恒的事物,由于其单一之故,没有外界力量可以加以强迫,也没有什么东西能够抑制它的本性。必然性既不理会信念,同时又不可阻挡,它使人们的一切观念都必然在它的决定和束缚之下。而对于人来说最大的必然性莫过于人的生死,因为人是有死的存在,生存和死亡的区别注定了他是非永恒之物。人为了逃避死亡,只有服从必然性;人为了生存,只有服从命运。

以服从必然性为前提探讨命运问题,当属斯多葛学派最为典型。他们的学说以严格的决定论著称:神的意志就是世界的必然性,对人来说就是“不可抗拒的”。虽然在斯多葛学派这里,必然性是绝对的、无可置疑的,但并非意味着人完全丧失自由。斯多葛学派是在必然性和命运中寻找自由,在整体中寻找部分的位置,寻找的途径就是人心与神性的相互连通。具体来说,首先必然性是严格的因果链条,自由则是现实世界因果序列的断裂。必然性与自由二者如何能够同时存在于人的生活之中呢?斯多葛学派认为神就是命运,就是必然性,神的意志就是对人而言的命运或必然性,也就是"逻各斯"本身。"神"在宇宙论的意义上是一个可以与"命运"相替换的术语。当斯多葛学派将"神"与"逻各斯"等同时,就是将逻各斯作为一个遵循因果链条的法则,一个有秩序的发展法则。神不仅以对结果的预见计划世界,而且在其能力之内按照内在于一切事物的因果原则实现这个计划。因此,从纯粹神的角度来说,斯多葛学派甚至将那些在我们权力范围之内的东西也看做是来自外部的命令,人只是实现在命运引导下的一切。其次,斯多葛学派的神不但包括整体性原则,也包括个体性原则,是两者的辩证统一。从神的角度来看,世界是必然的,是神意预先规定的;从人的角度来看,世界就有了区别:一方面,统观一切事物的整体性和相互连贯性是必须存在的,没有一种整体性的观念是无所谓世界的;另一方面,必须对这个整体的特殊部分(逻各斯和理性)加以注意,人只能部分地把握逻各斯和理性并按照善的目的来决定自己(神意)。由于人在整体上顺应神意,在部分上或个体上顺应逻各斯或理性,那么人对必然性的态度就只能是顺应。因而,斯多葛学派认为对于人最大的必然性——死亡也应该是顺应自然的。既然人受到必然性的制约,最好的方式就是以宁静的态度来对待死亡。因为,无论你怎么做死亡始终都会到来——顺应命运,命运拖着你走;不顺应命运,命运拽着你走。

斯多葛学派的决定论在晚期希腊时期引起了众多学派的批判。克吕西普①是斯多葛学派的领导成员,他定义的命运是一个永恒的且不可避免的系列和事物的链条,通过永恒的和规则的系列完成自身。但是其他学派的哲人对这个定义并不认同。认为如果一切事物都被命运所推动和控制,人的行为就是先在决定的而不由人控制,那么人的错误和恶行就不应该归诸他们自身以及他们的意志,也就不应该受到谴责和惩罚,而应归诸一种来自命运的必然性的强迫。必然性既然是万物的主宰,因此通过它的作用引起那些以往发生或将发生的事情就也是必然的。那么由于对罪行进行惩罚而产生的法律就是不公正的——如果人不是自愿完成某种行为而是被命运强迫完成的话,那么人就不应该为这些罪行负责。既然世界是被必然性严格地决定着的,那么道德责任如何可能?自由意

---

① 克吕西普(Chrysippus,约公元前280~公元前207),古罗马哲学家。

志如何可能？人的尊严和幸福又如何可能？对斯多葛学派命运决定论的非议与质疑由此产生。

其实在斯多葛学派之前，伊壁鸠鲁学派是最具反抗必然性精神的学派。他们论证了原子式的个人有自由的本性，为晚期希腊哲学中道德主体的确立作出积极努力。如伊壁鸠鲁学派认为，并非一切事物都是出自于必然性的：有些事情的发生是必然的，另一些则出于偶然，还有一些则出自于我们自己的行为。他们看到必然性取消了责任，而由于人的行动是自由的，这种自由应该是人承受褒贬的依据。人即便就是听从那些关于神灵的对话，也比自然哲学家所主张做命运的奴隶要好得多。神话毕竟可给予人一点希望，可以由于敬拜神灵得到恩惠；命运的必然性则只能让人服从或顺从而无法逃避。伊壁鸠鲁批评把命运视为人的最高主宰的观点，批判以斯多葛学派为代表的"人要成为命运的奴隶"的自然哲学家。在对命运的必然性加以反抗的前提下，认为死亡无非就是感觉的丧失。如果一个人说他怕死，不是因为死在目前使他痛苦，而是因为将来可能要经历死亡而感到痛苦，那么他就是个傻瓜。事物现在不引起痛苦，却在期待中产生无限的痛苦，这是荒谬的。因此，所有烦恼中最可怕的死亡与我们毫不相干，"死对于生者和死者都不相干；因为对于生者说，死是不存在的，而死者本身根本就不存在了"①。死亡与生者和死者都没有干系，人毫无理由惧怕神和死。这样伊壁鸠鲁学派解除了神和死对人的巨大威慑作用，把人从对神和死亡这一最大的恐惧之中解脱出来，使人关注人的现世存在和现实生活。这样从神和死亡之中解脱出来的人就成为个体的和自由的人，自由地去寻求和享受人间的快乐和幸福生活，而非异己地生活在世界上。卢克莱修曾称赞伊壁鸠鲁敢于反抗宗教迷信，是希腊人的荣光。马克思和恩格斯也称赞伊壁鸠鲁为古代真正激进的启蒙者。

在晚期希腊哲学对命运以及生死意义的寻求中，哲人不再为真理而真理，追求真理乃是为了解决生存中的困惑，探寻命运和死亡也是为了追求人生的意义与幸福。同样在对于死亡之于生存的意义探讨中，伊壁鸠鲁学派通过正视死亡

---

① 北京大学哲学系外国哲学史教研室编译：《古希腊罗马哲学》，北京：三联书店 1957 年版，第 366 页。

恐惧达到心灵的宁静和安详，力图在有限的生命中实现个体的幸福和快乐；斯多葛学派则希望通过一系列道德伦理规范的设定，为人们实现理想中的善和幸福的生活，从而实现人存在的意义。虽然他们所采取的方式有所差异，但却同时体现了在力图摆脱命运的同时，追求现世的幸福。这种有限的“乐天”是晚期希腊哲学人文精神的真实写照。

二、生死与幸福

亚里士多德以后的晚期希腊哲学的四大派别犬儒派、伊壁鸠鲁学派、斯多葛学派和怀疑派，都视幸福和至善为理智活动的终极目标和人类生存的最高境界。与环境抗争，与命运抗争，战胜自我，超越必然，独立于世界之外，最终达到“幸福的”自由境界，是亚里士多德以后晚期希腊哲学的共同主题。这种价值的转换既产生了犬儒学派以“自律”定义幸福的主张；又体现在伊壁鸠鲁学派的哲人理想——那种肉体的无痛苦，灵魂的无烦扰，超脱世俗，与世无争，退守内心，充满花园般温馨惬意的沉静的快乐；同时也锻铸了斯多葛学派哲人克制自我、恪守理性，保持人格在任何条件下不相悖反的冷漠和刚毅。“与自然和谐一致”成为神圣职责的理想境界，人格、责任、自由意志这些崭新的概念通过斯多葛学派哲人的形象展示出来。另外，这一转换还造就了怀疑派的哲人理想，即皮浪①式的那种对所有遮蔽心灵的独断信念悬置判断，不受任何形而上学影响的生活方式——荣辱生死皆忘，高低贵贱无别，面对惊涛骇浪也能心如止水，以船角一头悠闲进食的猪为例调侃劝喻学生以“不动心”为境界。面对时代的苦难和不幸，犬儒学派以禁欲和自律逃逸于它，伊壁鸠鲁学派以快乐和微笑化解它，斯多葛学派以冷漠坚定的品格直视它，怀疑派以“不动心”的心态漠视它，这是晚期希腊哲人的生活状态和思想状态。

犬儒派的主要特色是禁欲主义乃至苦行主义。他们宣扬一种弃绝一切财

---

① 皮浪（Pyrrhon，约公元前360～公元前270），古希腊哲学家。

富、荣誉、婚姻、家庭乃至整个文明而回到“自然”状态去的生活方式。犬儒派把善设定为普遍目的，把不受制于自然的最高限度的独立性设定为善的内容。也就是说，把最低限度的欲望定为善的内容，这是逃避享乐、逃避感觉的愉快。他们已丧失对世俗生活的热情，唯一使他们觉得可靠的、信任的、重视的、渴望拥有的是德行。在他们的世界里，德行和幸福是内在一致的。犬儒派否认苏格拉底的外在的（即神的）道德行为准则，认为人的幸福就在于人格的自律，即不依赖于周围的世界。摆脱外界的束缚，实现人格的独立和自律，就是犬儒派最大的幸福。与之相似的态度是怀疑派的态度，怀疑派成为一种学说最初是由皮浪提倡的。皮浪认为：“最高的善就是不作任何判断。”①随着这种态度而来的就是灵魂的安宁，就像影子随着形体一样。因此，真正的幸福就是灵魂的宁静，而灵魂的宁静就要保持不动心。灵魂的纷扰、现实的烦恼和不幸都来源于人总是力图去分辨事物的真假，只有摆脱外界事物的缠绕从而否定客观事物的存在，只有改变追求事物真与假的方式从而消除真理性追求，才能真正使人处于灵魂无纷扰的宁静状态，这就是人的幸福。正因为如此，有人将怀疑派哲学看做是一种消极的逃避哲学，但在当时的历史条件下，这种哲学对人们追求现实的幸福的确具有推动作用。

伊壁鸠鲁学派一直将追求幸福作为自己的哲学任务，“因为我们认为幸福生活是我们天生的最高的善……我们的最终目的乃是得到快乐”②，所以真正的幸福就是肉体的无痛苦和灵魂的无纷扰。怎样才能真正达到两者呢？伊壁鸠鲁学派认为学习哲学是最好的方式，哲学的学习一方面能让人们正视死亡的存在，真实的理解死亡之于生存的意义，揭示死亡的本质，这样才能从对死亡的恐惧中摆脱出来；另一方面，学习哲学也能够治疗人们心灵上的创伤和疾病。心灵上的痛苦只能依靠自我心灵的抚慰——学习哲学才能真正治愈，达到幸福的状态。伊壁鸠鲁认为幸福就是快乐，是评判一切的标准，是人生的基本原则。因此，伊

---

① 北京大学哲学系外国哲学史教研室编译：《古希腊罗马哲学》，北京：三联书店 1957 年版，第 342 页。

② 北京大学哲学系外国哲学史教研室编译：《古希腊罗马哲学》，北京：三联书店 1957 年版，第 367 页。

壁鸠鲁学派的理想是:快乐地活着。之所以要快乐的活着,是因为快乐可以获得价值或者说快乐本身就是一种价值。这种价值最终指向善,人只有在快乐中才能得到幸福,得到最高的善。这样伊壁鸠鲁的快乐主义,一方面主张要实现现世的幸福,这就要反对禁欲主义而去享受生活;另一方面又反对纵欲主义的无节制,因为纵欲是无法达到灵魂的无纷扰和肉体的无痛苦的。"纵欲"与"禁欲"都不是快乐的生活。所以,"肉体的健康和灵魂的平静是幸福生活的目的,就是为了达到这个目的,我们才竭力以求避免痛苦和恐惧。我们一旦达到这种境地,灵魂的骚动就消失了。"①伊壁鸠鲁学派在把肉体的健康当做生活原则的同时,也把福祉、精神、友谊和创作的需要与快乐和幸福相关联。他们认为真正的快乐在于灵魂的宁静和痛苦的缺失。灵魂的快乐高于肉体的快乐,只有通过理性才能真正取得灵魂的福祉。第欧根尼②也认为:"尊崇理性而不走运,比不遵从理性而走运还要好,因为凡是被判定为最好的行为,都是遵从理性正当地做成的。"③伊壁鸿鲁学派的快乐是有节制的,淡泊的。他们追求心境宁静,放弃许许多多一方面使人快乐却又在另一方面支配人的东西,自由、轻快、恬静、没有不安、没有欲望地生活。为了达到这种幸福,首先要"知足"。所以,伊壁鸠鲁学派认为快乐并非没有限度的追求,"知足是最大的善",快乐也要遵循知足的规则。所得到的快乐的限度应该在于消除痛苦,而肉体上的痛苦只要是不干扰灵魂的安宁都是可以承受的。其次,快乐的达到也要克服对死亡的恐惧,如果一直生活于对死亡的恐惧当中,灵魂就永远沉沦于纷扰和痛苦当中,也就无所谓快乐。伊壁鸠鲁学派认为死亡是无须恐惧的,因为当死亡真正来临时,人们已经毫无感觉,也就没有恐惧了;而死亡没有来到时的恐惧只是庸人自扰而已。所以人们应该摆脱对死亡的恐惧,追求快乐,达到幸福。伊壁鸠鲁学派的幸福学说通过对人生外在价值的实现,自觉地由身体转向心灵,洁身自好,与命运抗争,依靠清醒的理

---

① 北京大学哲学系外国哲学史教研室编译:《古希腊罗马哲学》,北京:三联书店 1957 年版,第 367 页。

② 第欧根尼(Diogenes,约公元前 412～公元前 323),古希腊哲学家。

③ 北京大学哲学系外国哲学史教研室编译:《古希腊罗马哲学》,北京:三联书店 1957 年版,第 369 页。

智，达到所向往的幸福理想。

斯多葛学派的幸福观是把幸福预设为最高的善或道德。要想得到幸福，就需要人们自觉地向着善、道德的道路前进。这种幸福不是外在于人的，而是内在的，是通过理性的完善从而获得的真正满足。在他们看来，健康、生命、快乐、幸福也不一定是善，只有德性才是有价值的、令人幸福的。即人应该依靠本性生活，依靠道德生活，因为本性引领我们走向道德。这才是最高的善，更是一切活动的目的。这种善既不是外在的，也不仅仅在自我意识之内，而是指一个人既是道德的又是幸福的——善的完善即道德。因此，善、道德和幸福是内在统一的。斯多葛学派也同犬儒派一样认为感官上的快乐是不值得追求的。道德本身就可以直接给人们带来理性的幸福，而无须借助感官作用于人们的生活。所以感官上的快乐是可有可无的。道德上的幸福才是真正的幸福。在这种幸福的情况下，即使感官上有相反的体验，也无损真实幸福的存在。这样斯多葛学派就为人们现实状况寻找到了合理性说明：战乱与纷争虽然带给人们感官上的不幸和痛苦，但只要过道德的理性生活，就是快乐和幸福的。所以，他们对感官上的快乐毫不关心，只是追求道德上的幸福。这一方面使他们对自身所选择的生活给予了合理性说明，而另一方面又将幸福归结为理性或抽象的道德，所以幸福的实现就失去了现实性而变成了抽象性。但他们对于幸福的探讨从根本上说体现了对人格尊严和内心高贵的不懈追求——人只有在自身之内才能寻找到幸福和快乐，这种幸福和快乐无须借助外物的存在予以表达。所以幸福就是与自身保持一致。在当时的社会条件下，斯多葛学派保持心灵的独立和与自身同一的理想是注定难以实现的。

三、生死与灵魂

死亡一直是人无法逃避的宿命，然而人却有追求永恒和不朽的倾向，如何才能在两者之间获得相对平衡呢？肉体的死亡是每个人都能直观到的，唯一的可能性在于灵魂的不朽。早期希腊哲人创造了灵魂观念，更多的目的是希望通过灵魂之不朽达到永生。如果我们能够超脱作为自然意义上的生死概念的话，就会发现灵魂的不朽具有更高的形而上意义：灵魂不朽代表了我们思想意识的深处、我们精神观念的核心部分中那些渴望超越肉体约束、超越世俗生活局限的纯粹精神性的追求。因此，无论是早期希腊哲人还是晚期希腊哲人对灵魂不朽的探究并非仅仅想获得生命的延续，更多地是为生命寻找一种更高的存在形式和意义。

尼采曾经形象地将从荷马开始的希腊文化称之为“希腊的乐天”，之所以有这样的理解是因为这一时期的希腊文化丝毫不关心人的灵魂问题，也不探讨死亡和来世的问题，人们只关心眼前的利益，只注重现世的幸福。但这一“希腊的乐天”毕竟是一种“有限的乐天”，当人们渐渐意识到死亡一直威胁着人们的生活，人们希望能获得超越死亡的力量，获得永生。通过奥菲斯教的兴起，这种永生的观念为人们所接受。奥菲斯教主张身心二元论：人是由有死的肉体和不朽的灵魂组成。灵魂被禁锢在肉体之中，肉体是灵魂的枷锁。灵魂在尘世必须经过数千年的轮回，经历植物、动物和人体阶段，方可得到净化。此后，灵魂观念和灵魂学说经过毕达哥拉斯、智者学派、苏格拉底、柏拉图等人的发展，到了晚期希腊哲学已经发展到相对成熟的状态。

这一时期对死亡与灵魂问题的研究集中体现在伊壁鸠鲁学派和新柏拉图主义的观点中。伊壁鸠鲁学派以原子论思想为理论基础反对灵魂不死说，主张神、灵魂及肉体等都是由原子构成的，相信灵魂是物质的东西，灵魂依赖于肉体，一旦肉体死亡灵魂就随之灭亡，用原子的运动变化来解释一切现象，以求把人从对神、对未来和对死亡的恐惧中解救出来。人们愿意把伊壁鸠鲁学派的思想，特别是面对生死所体现出的快乐主义、幸福主义等思想用伊壁鸠鲁学派的三句话来表达：哲学是“治疗思想的药剂”、“死亡是一件和我们不相干的事情”、“贤者既不畏惧死亡，也不厌恶生存”。显然，第一句话与我们前面说到的生死与命运、生死与幸福相关；第二、三句话则直接澄明了人和事物一样都是由原子构成的，原子相聚为生，原子相散为死。伊壁鸠鲁学派认为引起思想不安的有二大观念：天象不朽观念和死亡观念。天象是由原子构成的，何来不朽？思想也是由原子构成的，何来不朽？而人们只是从日月星辰、山河大地的存在中联想自己生命的短暂，造成对天象自然的恐惧和对生命的恐惧，使得灵魂不安。所以死亡是和我们人本身不相干的东西。人当然就可追求快乐啦！伊壁鸠鲁学派所说的快乐既不是指放纵，也不是指肉体的享受，而是指身体的无痛苦和思想的无烦恼。因此在伊壁鸠鲁学派看来，拥有哲学智慧，贤人才“既不畏惧死亡，也不厌恶生存”。换句话说，伊壁鸠鲁学派强调，当命运中的必然之死尚未来临时要“好好活着”乃是快乐、幸福；当死亡来临时“好好地去死”乃是思想无烦恼。相信死亡和我们不相干——死之前，我们活着；死来临，我们不存在。可见，在伊壁鸠鲁学派这里对生死与思想的表达所呈现出的豁达与自然大有贝多芬“命运交响曲”的味道，也是对当时社会普遍流行的悲观主义思想的一种回应。

新柏拉图主义是晚期希腊哲学向中世纪哲学转变的重要环节，也是古代后期哲学理性的最后一点光亮。这一光亮不是纯粹理性的光亮，而是理性和信仰的混合物，是宗教的神秘主义与哲学的理性主义的混合物。新柏拉图主义认为灵魂是某种直接性的融合、契合，自持于神之中，是一种出神的状态。“上帝只有通过灵魂的眼睛才能直观到……他把这个称为出神，与上帝契合为一。……要达到这种境界，灵魂必须摆脱肉体的羁绊，抛弃感性的存在，上升到纯粹的思想对象，在那里接近上帝、直观上帝。”①新柏拉图主义者柏罗丁②对此有更系统的理论说明。他认为，灵魂是从理智（心智、精神）中流溢出来的，理智高于灵魂，理智是纯粹理性的，灵魂是与肉体结合的，人必定生活于这个世界之中，而诸恶存在于此世就必然地在这个世界上萦回。灵魂本身从愿望上说必然会追求较高的东西而脱离较低的东西，即摆脱诸恶，因而灵魂的本真愿望是脱离此世，变得与“神”相似。柏罗丁的这一观点来自于柏拉图哲学的启发——恶是不可消灭的，因为善是和恶相对立而存在的。但是超越于此世界，即在众神中，恶是没有地位的，那里是至善的境地。所以，向往彼岸世界是摆脱诸恶的唯一途径。对于此岸世界的人要达到彼岸世界来说，就要努力变得与神相似。何以才能与神相似，就需要让人具备虔诚、公正和聪明节制等德性。灵魂不听从肉体而单独行

① 周辅成：《西方伦理学名著选辑》（上卷），北京：商务印书馆1964年版，第279页。

② 柏罗丁（Plotinus，204～269），罗马帝国时代的希腊哲学家。

动，这就是有智慧的，就成为了精神的知觉。所谓节制，就是不与肉体一样被动；所谓刚毅或勇敢，就是灵魂勇于同肉体分开，摆脱屈从于世俗的肉体感受的状态。这样，人的灵魂就能让精神和理性来领导，才是公正。这种灵魂较之于同肉体混在一起的灵魂，就变得善良了，就具有了德性，就有了向善的趋向，即逐渐地趋向于神。由于神本身是至善，神自身就是同一的最高善，它没有趋向，向善的趋向只能属于灵魂。

新柏拉图主义将灵魂与神相连，为基督教的产生奠定了这样那样的思想基础。人们既然不能在尘世中寻找到摆脱死亡的力量，寻找到永恒的幸福，只能求助于尘世之外的力量，这就是神。晚期希腊哲人的生死观念、灵魂不朽学说和追求神的信仰合为一体，虽然带有神秘主义、虚无主义、宿命论等倾向，但他们所主张审慎的快乐主义生活态度、理性的和谐学说、温和的节制主义生活方式、有德有识的人生理想等给人们提供了对待死亡的方式与力量。也有一部分哲人不甘心哲学被神学替代的命运，希望能在尘世生活中寻找到力量，为人们的生活寻找到一种秩序和安宁，这自然不是个人的力量所能够达到的。故此，晚期希腊哲人也将自己的目光放大到国家和社会，希望通过整体的力量，还人们生活以希腊社会原初的自由和安宁。

四、生死与社会

晚期希腊哲学的生死问题代表了该时代的人们对当时命运多艰、动荡离析的希腊社会现实的一种感觉，一种想象，一种记忆。人们试图寻求排解导致人不安、困顿、恐惧的玄秘的力量，而那种由社会历史变革所带来的侵袭人本性并使之丧失自制力的错乱情绪又加深了这种力量。他们希望排解这种情绪，战胜这种恐惧。晚期希腊哲人渐渐认识到社会历史同人的生命和死亡一样，有着衰亡与新生的特有节奏，主宰人的生死的是神，主宰历史节奏的同样也是一种神秘的力量，神对人类的捉弄不但使人面临着生老病死的困惑，也使社会历史产生了跌宕起伏的节奏而不可捉摸。同人的抗争一样，历史的进步也是通过英雄们对正义的维护和生与死的搏斗来实现，展示了历史主体用精神观照社会变革的起步和远见。

在古希腊早期，人类还停留在对自然现象的认识上，顾不上关问社会变迁，即便探究，也只是采取了与对待自然同样的态度——宿命论。如能对这种态度实现翻转，是很重要的。因为如想以人的力量对抗命运的力量，人的力量就必须以合力的方式予以呈现。在人的集合体中探讨社会发展和社会变革的内在规律是具有重要意义的——即便是命运的力量总是打翻一切事物，使社会的发展不一定按照人们的设想前行，但无论如何这种探讨是具有"垂训后世"的作用的。因为历史"它那变化节奏很可能重复，类似的前因会导致类似的后果"①。它不是可证明的但却是可能的，它不是说明将要发生什么而是可能会发生什么，并指出节奏中现在正在进行着的危险之点。人们寻求历史规律的更为深刻的原因是为了寻求命运打击不到的领域。在晚期希腊哲人看来，社会变革中之所以有人会成为悲剧式的人物，是由于他们太盲目地判析自己与社会的关系，缺乏对于社会变化知识的把握，只有建立并拥有这种知识和观念，才能把自己放在命运的打击的范围之外。

我们知道，斯多葛学派的形成与发展，同晚期希腊时代城邦危机深重、亚历山大帝国的出现、东西方民族交融、文化激荡相撞的大背景有关。由于自然科学的发展，早期斯多葛学派宇宙观曾显露出某些唯物论的光彩。他们继承了古代自然哲学家关于宇宙本原的思想，特别是按照赫拉克利特的物理学构成了自己的哲学体系。在斯多葛学派哲人看来，宇宙万物生于"原始之火"，又复归于火。世界被预定时间，被一场大火所焚，然后再生万物，世界重又经历火焚、新生，循环不已，周而复始。每一个再生的世界只不过重现了前一世界而已。逻各斯作为理性，也就是自然或自然规律，它是整个宇宙的主宰，是世界的普遍规律和统治力量。斯多葛学派根据逻各斯的规定进一步找到了世界的两个本原——能动的本原和被动的本原。被动的本原就是不具有任何形体的实体存在，类似于亚里士多德所说的质料，它是不动不变的，需要依靠外界的力量使其形成或运动；

---

① 柯林武德：《历史的观念》，何兆武、张文杰译，北京：商务印书馆 1986 年版，第 13 页。

而能动的本原是将被动的本原结合为万物的力量，斯多葛学派称之为“普纽玛”，认为这是世界的基础。普纽玛首先是一种气流，这种气流更类似于一种“气场”，在这一气场中存在一种能够使事物之间相互结合的张力；普纽玛其次也是一种理性，理性代表着一种赋予不变不动的质料以能动性的力量；普纽玛更是一种逻各斯，它之所以是世界的基础就在于它代表一种必然性，能够给予万物的存在以必然性法则，在某种程度上它就是命运的代名词；在前三者的意义上，普纽玛也就具有了神的意味，因为一旦其代表了一种张力、能动的力量和必然性，那么至少说明它是一种至善和至美，这种至善和至美带有终极的意味——最仁慈和最博爱，那么它只能是“神”。神也就是自然、命运和物质世界的最终推动力量。

因此自然与理性是斯多葛学派的主要观念。斯多葛学派的创始者芝诺认为，普遍的规律就是正当的理性，它渗透于事物之中，与宇宙的最高首脑宙斯同一，也就是说，在斯多葛学派的思想中，逻各斯、命运、理性具有等同的意味。当它作为一种推动物质形成的能动力量时，就以“命运”或“天意”的形式存在；当它赋予宇宙万物以必然性存在之时，就以“逻各斯”的面目出现；当它与人的生活相互结合之时，即当要求人们按照自然或按照理性要求生活之时，它就成了理性。所以命运、逻各斯与理性就由在“世界理性中”寻求统一过渡到了伦理行为中寻求统一。这种统一要依靠合乎德性的生活达到——合乎德性的生活才是幸福的生活，而合乎德性的生活就是自然而然的、遵循自身本性和宇宙本性的生活。从根本上来说，人的本性与宇宙的本性是相同的，所以顺应宇宙的本性和人的本性的生活就是合乎自然的生活——有德性的生活。基本的德性在希腊就是智慧、勇敢、节制和正义，顺应这一要求的生活就是自然而然的生活。如果违反了德性的基本要求就是非理性的生活，这会导致激情主宰人们的生活，人们就会陷入欲望、痛苦、恐惧等情绪中无力自拔。所以哲人就应该过有德性的生活，以理性节制欲望，以智慧驱散盲目，以勇敢摒除胆怯，以德性的生活获得幸福和快乐。理性在这里成为主宰一切的灵魂。理性最根本的作用就在于此。于是，这时的学者不再像古典全盛时期的先哲那样，专注于世界本原的探究，而是冥思苦想，刻意追寻个人的幸福，觅取摆脱人生痛苦的途径。斯多葛学派伦理观的核心是“顺从自然”、“顺从本性”。在他们看来,个人的本性是宇宙普遍本性的一部分,宇宙普遍本性与个人的本性二者是同一的。宇宙间的一切矛盾终究要转化为终极的善,恶总是相对的。他们主张,人应当追求一种顺乎自然、顺乎本性的生活,才能达到幸福。

从自然而然的基本要求出发,不仅德性的生活应该是自然而然的,德性生活的共同体——国家也应该是自然而然的。真正的、以德性生活为基础的国家就不应该是地域性的和有限的,而应该是遍及整个世界的。因此在斯多葛学派的学说中就包含了一种“世界主义”的政治理想,也就是说依据斯多葛学派的学说必然要建立起合乎理性的世界性“国家”。这一思想在芝诺对“理想国”阐述中所提出的“世界城邦”设想中表达得最为淋漓尽致:人们都遵循着同样的理性和同样的逻各斯,在同一宇宙下生存,必定要体现共同的命运,走向“世界城邦”,成为“世界公民”。这也为亚历山大建立世界性大帝国提供了理论上的支持。“世界主义”成为斯多葛学派在城邦哲学领域中最为重要的思想。由于古代的思想方式都具有排他性和局限于本民族的特点:犹太人认为只有亚伯拉罕的后裔才是上帝的百姓,希腊人也认为只有希腊人才是真正的人,也就是说只有希腊人才有被称为人的完备资格,就连像柏拉图和亚里士多德那样的哲学家都不能完全摆脱民族偏见。从人类都有理性官能的共同性推出人类基本相似,并且相互联系,斯多葛学派是哲学史上的“第一人”。他们将所有的人都看做是一个伟大共和国的公民,这个共和国的每一个州对于全国的关系,就像一个城镇的各所房屋与全城镇的关系一样,这样的共和国就像一个生活于共同的理性法令之下的家庭一样。不仅如此,首先说出“四海之内皆兄弟”这句话的,也是斯多葛学派。

晚期希腊哲人通过社会学说的研究,想要获得一种超越个人力量的力量,用这种力量来对抗尘世中一切不合理的现象,对抗死亡的阴影。然而,无论是个体的人还是以社会形式出现的人的结合体都无法获得对抗死亡的力量。但是尽管晚期希腊哲人们这种直接的目的归于失败,但他们为西方文化设立社会价值目标的工作却取得了巨大成功,他们设立的“至善”目标,后来经过古罗马哲学的积淀,最终在基督教文明那里找到了最为普遍和广泛的表达方式——至善即是神。且不论至善当中所包含的终极性和无法企及性,单单从其为人类提供的价值性引导使人们不断向人类本质进发的趋向性力量来说,它对人类的存在就具有无上的价值——人们总是生活在“应然”和“实然”的二律背反当中,挣脱“实然”走向“应然”是人类固有的形而上追求。在这一过程中,人们想要不被“恶”的力量摧毁,就需要不断地向“至善”迈进。即使终不能至,但追求的过程就已经表征了人存在的价值和意义。

晚期希腊哲学将生死问题作为这一时期人文精神的典型问题清晰地提了出来,具有重大的价值和意义:首先对生死问题的回答改变了过去的自然本体而以人的灵魂作为万物之本建构了新的本体论,将对生死问题等伦理性问题的体悟灌输进了哲学当中;在知识论上,晚期希腊哲人们都希望通过自己的理性灵魂来把握世界,有的希望通过灵魂对肉体的超脱来达到,有的却希望通过灵魂的不动心来达到,无论如何他们都希望能够摆脱纷争的俗世生活和即将来临的死亡,希望通过某种方式达到一种超脱的境界,这种对生死的态度也贯穿他们认识世界的方式之中;在价值论上,晚期希腊哲人们毕生追求的都是超脱生死,达到一种心灵的宁静状态,希望通过自己的思想来拯救现象,追求一种至高的生存境界——平静地面对生活、面对死亡。正是晚期希腊哲学在本体论、知识论和价值论上对生死问题的展开,呈现了生死问题的真实性,将生死问题作为人文精神的典型问题呈现在哲学的殿堂之上。

晚期希腊哲学向我们敞开了生死问题的真实性,在命运和幸福的错落处,在个体灵魂和社会和谐的结合点上加深了我们对生死问题的认识。晚期希腊哲学为生死问题展开了其最根本的规定性:与早期哲学对自然的绝对化理解从而遮蔽了人的生存不同,晚期希腊哲学从人本身所具有的生死特性来理解人,将人的世俗生活看做哲学问题来加以研究;与早期哲学对生死问题的前定性理解不同,晚期希腊哲学把生死问题理解成为人的有意义的生命活动本身;与早期希腊哲学对生死问题的超验理解不同,晚期希腊哲学将生死问题作为人生命的一部分,将其作为伦理化的人的根本问题。晚期希腊哲学通过生死问题敞开了人的真实的生活世界,展开了人作为真实存在本体的形而上价值,他们通过对生死等伦理问题的探讨,希望为人的生存找到终极价值和终极意义。

晚期希腊哲学从人的命运、灵魂、幸福和人生存于其中的社会等角度从伦理学的维度真实地回答了“人是什么”的问题，形成了西方伦理学的源头。伴随着晚期希腊哲学的传播，也形成了以殉道意识和世俗英雄主义为主要内容的超越的浪漫精神，这种精神后来又走向了另一个极端——基督教文化。苏格拉底的思想成了基督教福音的基础，他的殉道壮举则成了基督蒙难的历史原型。从而，希腊人和受其文化影响的西方人的生死意识蒙上了基督教的神秘色彩，迷狂地追求彼岸世界中的一种抽象的“绝对精神”自由，因而形成了与中国“乐生忘死”不同的死亡审美传统：生死对立。要么乐生恶死，要么乐死恶生，这种传统一直影响了西方社会数千年。

小结：希腊哲学奠定的西方哲学特质

黑格尔认为，哲学史的真正发源地是古希腊。“一提到希腊这个名字，在有教养的欧洲人心中，尤其在我们德国人心中，自然会引起一种家园之感。”[①]海德格尔则告诉我们：“φιλοσφια 这个词告诉我们，哲学是某种最初决定着希腊人的生存的东西。不止于此——也决定着我们西方——欧洲历史的最内在的基本特征。……因为‘哲学’本质上就是希腊的；‘希腊的’在此意味着：哲学在其本质的起源中就首先占用了希腊人，而且仅仅占用了希腊人，从而才得以展开自己。”[②]也许海德格尔所说的“哲学在本质上就是希腊的”与恩格斯的说法不谋而合：“……在希腊哲学的多种多样的形式中，几乎可以发现以后的所有观点的胚胎、萌芽。”[③]这也正如法国当代哲学家利科[④]所说：古希腊文化与犹太文化

---

① 黑格尔：《哲学史讲演录》（第1卷），贺麟、王太庆译，北京：商务印书馆1959年版，第157页。

② 海德格尔：《什么是哲学》，孙周兴译，载《海德格尔选集》，上海：三联书店1997年版，第591页。

③ 《马克思恩格斯文集》（第9卷），北京：人民出版社2009年版，第439页。

④ 保罗·利科（Paul Ricoeur，1913～2005），法国哲学家。

“这两个乍看起来可能没有什么特别优越之处的文化构成了我们哲学记忆的第一层……产生那遭遇的玄虚难解的偶然事实正是我们西方文化实存的命运”①，而他所指的哲学的记忆的第一层无疑是指古希腊哲学。

按照经典思想家的经典表述，哲学就是“言必称希腊的学问”，哲学家也无不对希腊充满着“家园感”。如果我们可以说“哲学史就是哲学”，如何从哲学史的源头看待西方哲学的特质？在我们看来，古希腊哲学是西方哲学之源，奠定了西方哲学与文化的传统，是在各个历史阶段激发活力的西方文化研究的重要领域，至今仍在深刻影响着西方哲学的演进。它那富有活力、博大精深的思想内容，是全人类的重要的思想财富。西方哲学所昭示的理性的、思辨的、终极的追求在它的起源处得到了典型的彰显。正是西方哲学的这种追求催生了西方哲学本身或哲学本身，也正是西方哲学的诞生催生了哲学所具有的人类精神的崇高追求。这种崇高追求通过古希腊哲学呈现为城邦的女儿、思辨的女儿和神话的女儿，体现出哲学史就是哲学，哲学就是哲学史的哲学特质。那么，为什么西方哲学最早发源于古希腊并在这里得到繁荣并成为以后各种哲学的胚胎和萌芽呢？

（一）希腊哲学的哲学特质

古希腊哲学首先是城邦的女儿。

古希腊哲学的大部分哲学家都属于其所在的城邦，其哲学思想都具有其城邦的城邦特点。古希腊哲学的米利都学派隶属于米利都城邦，其后的以赫拉克利特为代表的爱菲斯学派以爱菲斯城邦而得名，黑格尔称其为“真正哲学开端”的哲学家巴门尼德也以其爱利亚城邦而命名为爱利亚学派，至于苏格拉底、柏拉图、亚里士多德等古希腊哲学最为著名的经典哲学家都和雅典城邦齐名。“他们把城邦视为一个有机整体，自己是其中的一个组成部分。他的财产、家庭、利益、价值、荣誉、希望，他整个的生活，肉体的生命与精神的生命，甚至死后的魂灵

① Paul Ricoeur, *The Symbolism of Evil*, Beacon Press, Boston, p. 20. 参见保罗·利科：《恶的象征》，公车译，上海：上海人民出版社2003年版，第21页。

都属于城邦,系于城邦。在城邦中,有他的一切,失去城邦,便失去一切……沦为奴隶或外邦人,往往还遭到屠杀。城邦繁盛,首先得益的也是他们。他们最珍爱的自由是唯有在自己的城邦里才能得到的。"①古希腊以城邦的方式进入文明社会,分工与商品经济的形成发展在其中起着巨大的历史推动作用,加速了个人与家庭同氏族公社及自然血缘关系分离且独立的过程,导致氏族制度全部瓦解和新的国家政治制度的确立,所造成的独特的奴隶制也充分、成熟地经历了各发展阶段。而这里的宗教也相对宽松,没有与政权紧密结合形成对人们的一种专制势力,从而使古希腊城邦赋予人们以经济、政治、文化上的自主权利,使哲学家得以发挥巨大的文化创造力。哲学家带着这种追求自由、敢于冒险、勤于求知、乐于思考的城邦特点,使哲学的诞生有了得天独厚的优越条件,使哲学既脱胎于神话母体,也脱胎于氏族社会的母体。上述马克思关于西欧古典文明的论述是很精辟的,表明古希腊哲学的发展有着深刻的社会历史基础——城邦基础和城邦文明,这正如德国历史哲学家雅斯贝尔斯明确指出的那样:"希腊城邦奠定了西方所有自由的意识、自由的思想和自由的现实基础。"②城邦文化催生了希腊人的思想张力,催生了古希腊哲学。古希腊哲学禀赋着这种自由的民族特质、城邦的启蒙精神和哲学的精神追求,使哲学家选择了通过城邦的自由获得思想的自由之路。哲学家的哲学使命体现为一种典型的城邦式的生活方式。说"哲学史就是哲学"在古希腊莫不如说"哲学史就是哲学家的生活方式",古希腊哲学家用自己这种超脱的生活方式,代表着西方哲学的民族特质——哲学的民族性、世界性。

古希腊哲学也是思辨的女儿。

哲学从产生之日起就是以思辨的方式讲述自己对世界和人生的理解,思辨的方式催生了哲学,而哲学又将思辨划入自己的专属范围,将这种思辨精神发扬光大,古希腊哲学在一定程度上说是"思辨的女儿"。因为按照希腊人的思想观

① 引自丛日云:《西方政治文化传统》,大连:大连出版社1996年版,第158页。

② 卡尔·雅斯贝尔斯:《历史的起源与目标》,魏楚雄、俞新天译,北京:华夏出版社1989年版,第74页。

念，人间的一切都是诸神争吵和友好的结果，而诸神即使宙斯也无法逃避命运的支配。所以在宗教神话中这种必然性被归结为没有道理可讲的命运。在命运面前，宗教神话停步不前了，而哲学家则开始了理性的思考，他们要为世界寻找原因和根据。当希腊人开始最初的哲学思考时，他们没有现成的概念和普遍的原则可以使用，只能依靠日常生活中的感性认识，如泰勒斯说，世界是水；赫拉克利特说，世界是火；毕达哥拉斯说，世界是数；德谟克利特①说，世界是以原子等日常的感性事物来表示某种普遍一般的东西。自从赫拉克利特把“逻各斯”引入哲学，尽管“逻各斯”这个概念含义多重，但主要还是指世界万物必须依存和遵循的尺度，普遍原则或相当于我们今天说的规律。以“逻各斯”的标准来看，早期哲学所提出的“水本原”、“火本原”、“数本原”毫无疑问作为一种感性的事物而无法达到普遍原则的高度，如何在感性事物的背后寻求到万物的普遍原则即世界多样性背后的统一性，古希腊哲学家经过艰苦卓绝的思想努力提出了“存在”这一概念进行论辩，形成了古希腊哲学典型的思辨性的存在论。巴门尼德认为“存在”不生不灭、唯一不动，是具有真实性和现实性的世界，是判定一切存在的根据、尺度、普遍原则，所以，存在是存在的，非存在是不存在的，只有存在能够被思想和述说，非存在不能被思想也不能被述说。既然如此，凡是能够被思想和述说的就一定是存在的，所以，结论就是思想和存在同一。巴门尼德通过“存在”与“非存在”的思辨，把泰勒斯开创的探索世界本原的思想转化为鲜明的哲学意识，明确了哲学研究的对象，开创了哲学的基本理论形态——存在论，确立了哲学理论思维或思辨思维的基本形式。巴门尼德为西方哲学奠定的基本的思维方式就是通过理性认识的方式、思辨的方式把握世界多样性的统一性本质的方式。毫无疑问，思辨方式所具有的哲学理性精神代表着哲学更具深刻的反思性特点，这种反思性与深刻性才将万物的起源和始基这样对于古希腊哲学家而言是根本性的问题的问题以显性的方式呈现出来。在巴门尼德稍后出现的高尔吉亚将这种理性思辨的方式继续发展到一定的程度，使理性思辨得到再次彰显。高尔吉亚在其《论非存在或论自然》一书中，提出了以下三个原则：“第一个是：

① 德谟克利特（Democritus，约公元前460～公元前370或公元前356），古希腊哲学家。

无物存在;第二个是:如果有物存在,人也无法认识它;第三个是:即便可以认识它,也无法把它告诉别人。"①巴门尼德肯定终极之物的真实性,认为"存在者存在",高尔吉亚则从巴门尼德的这个观点出发,合乎逻辑地得出了"无物存在"的结论。巴门尼德肯定存在的可知性,认为"存在只能是被思维着的存在",高尔吉亚的看法则相反,因为"我们所想的东西并不因此而存在,我们便思想不到存在"②。巴门尼德把他对存在的体验公之于众,在他的眼中,存在是一个不动、唯一、永恒的球状物。高尔吉亚的观点却认为,既然"我们告诉别人的并不是存在的东西,而是语言,语言是异于给予的东西的"③,我们就不可能分享认识,因此存在也好,非存在也好,都是不可言说的。巴门尼德与高尔吉亚的观点可谓针锋相对,他们都依靠高超的理性思辨能力,证明了自己的观点。高尔吉亚命题的本意是为了展示智者相对主义的立场,是为了验证"任何事物都有两种正相反对的说法"这一相对主义原则。然而,透过他与巴门尼德的论争,我们却看到了古希腊哲学的理性思辨的精神:对终极存在的强烈渴望与达到终极渴望的不同路径。理性的思辨的精神作为希腊精神的民族性典型地呈现于希腊哲学之中并随着西方哲学的不断发展将这种思辨精神融于西方哲学发展的历史始终。

古希腊哲学还是神话的女儿。

古希腊哲学也是神话的女儿。正如马克思关于"蛹"和"蝴蝶"的比喻一样,神话作为哲学诞生的母体之"蛹",孕育了古希腊文明,也培育了整个西方文明。在古希腊哲学之前的原始神话世界中,已逐渐积累了一些人类早期对自然认识的经验,早期人类凭借这些经验进一步加以想象和幻化,使得"蛹"渐渐长出了翅膀,翅膀中的思想原理、行为的准则、激情的源泉、道德的效准、人际关系和社会秩序等方面渲染了翅膀的美丽。美丽的翅膀依靠神的旨意来支撑,使任何

---

① 北京大学哲学系外国哲学史教研室编译:《古希腊罗马哲学》,北京:三联书店 1957 年版,第 138 页。

② 北京大学哲学系外国哲学史教研室编译:《古希腊罗马哲学》,北京:三联书店 1957 年版,第 141 页。

③ 北京大学哲学系外国哲学史教研室编译:《古希腊罗马哲学》,北京:三联书店 1957 年版,第 142—143 页。

“神系”都建立在当时人们对生命、对宇宙认识的基础之上。这种宗教神话的影响渐渐凝练成为一种宗教神话的思维方式——原始、素朴、幻想、直观的思维方式。这种思维方式萌发于一种人的独特的生活关系之中,它一方面强调人对神的信仰,神灵观念是当时的人们所能设想出来的最伟大、最崇高的一种存在,它集中了早期人类的智慧,寄托着他们对美好生活的期待以及对自身命运的关注,人只能依靠神,相信神。因此,信仰意味着忠实、依赖、效忠和服从。另一方面,神话思维又具有意义追寻的特征。宗教神话作为对生命的“关怀”和关照,以及对人类生存的一种承诺和负责,是人类的精神家园和价值的终极寄托。宗教神话价值就建立在这样的命题之中:生命的所有其他价值都是和生命总体的意义联系在一起的。它为人们提供了一整套关于人生的意义和世界的未来走向等重大问题的现成答案,使他们在面临失望时得到慰藉,而这种慰藉是一种虚幻的、幻想的或充其量是盲目信仰的。正如马克思所说:“宗教只是虚幻的太阳,当人没有围绕自身转动的时候,它总是围绕着人转动。”①但是,这种神话的思维方式毕竟无法使人真正认识自己,而是将人置身于神的巨大威慑力之下,人只能匍匐于神的脚下,靠神的恩赐和意志生活。在宗教神话的世界中一切都被归结为必然性,而必然性则被归结为没有道理可讲的命运。在命运面前,宗教神话止步不前了,而哲学家则开始了思考,他们要寻求合乎道理的原因,世界的普遍规则,人的命运的根据,原始宗教神话的“蛹”内在地呼唤着破茧而出的哲学的“蝴蝶”。当人们开始质疑这个神创的世界,提出了世界的本原是什么的问题的时候,才真正作为人而不是神的附属品而存在。人们面对的是蒙昧的自然和人,人必须要对这种蒙昧的状态“祛魅”。人类开始寻找生活和生存的根基,人不愿做神的奴仆,人要做人自己,要获得自己生存的意义和根基,神性开始向着人性还原,哲学的思维方式开始取代了神学的思维方式,哲学的思维方式以否定性的形式对原始宗教神话思维方式加以反思。如果借用马克思的关于“蛹”和“蝴蝶”的说法,我们不妨这样说:哲学的思维方式正是蝴蝶的翅膀,使得宗教神学的“蛹”不再停留于虚幻的世界中,转而在真实的世界中飞翔。这种哲学的思维方式一经取

① 《马克思恩格斯文集》(第1卷),北京:人民出版社2009年版,第4页。

代原始宗教神话的思维方式,其所具有的哲学对世界的存在、对人的命运的追求的形而上性便凸显在人们面前。

古希腊哲学第一次将哲学所具有的民族性、时代性、世界性、人类性、反思性、形而上性等特点以人和世界的关系的方式呈现在人们面前,古希腊哲学因而成为西方哲学的最初形态和典型形态,成为西方哲学的源头和滋润以后西方哲学的活水,引领着西方哲学的发展。

(二)希腊哲学奠定西方哲学的哲学特质

希腊哲学以城邦的女儿、思辨的女儿、神话的女儿的特点,表征了西方哲学自发源之处起,就带有浓重的地缘性特征、理论化特征和理想性特征。“城邦的女儿”解答了为何西方哲学是“言必称希腊”的学问,因为古希腊哲学为西方哲学奠定了民族性的气质,而“思辨的女儿”则为西方哲学奠定了思想性的质地,“神话的女儿”则说明了西方哲学自诞生之日起,就带有浪漫的形而上色彩。这些哲学特质在人类文明的早期时代汇聚在古希腊,尽管这些哲学特质在希腊哲学处并未以特别明显和稳固的形态呈现,但是经由历史的锤炼和思想的锻造,最终凝练成为西方哲学特有的理论品格。

首先,希腊哲学奠定了西方哲学反思时代问题的“时代性”特质。这一特质集中体现在两个方面:

其一是希腊哲学的“时代性”特征表现在其“时代的融涵性”上。希腊哲学从原始神话中挣脱出来,就在于它以哲学的方式提炼时代性的问题,将时代性问题转化为思想性内容,用思想来把握时代,用时代来诠释思想。这种“时代的容涵性”体现在某一时代哲学的核心问题往往代表着该时代人类所面临的所有问题中最根本、最核心和最为基础性的问题,所以黑格尔才说“哲学是思想中所把握的时代”,马克思也说“哲学是人类精神的精华”,“是人类文明活的灵魂”。当我们说古希腊哲学是“城邦的女儿”、“神话的女儿”,在一定意义上不仅是在说古希腊哲学把握了为人的生存寻找现实途径和终极意义的时代性的问题,同时我们也认为古希腊哲学在对以往的民族生活的生活方式、宗教神话的思想方式进行反思与超越的基础上,展开了哲学的历史和思想的历史,开启了一个新的思想的时代。希腊哲学所体现出来的这种“时代的融涵性”在后来西方哲学史上的任何一个时期都有所呈现。其二，古希腊哲学的“时代性”特质还集中表现在其“历史展开性”当中。如同马克思所说的原始宗教神话与古希腊哲学的关系是“蛹”和“蝴蝶”的关系一样，古希腊哲学的出现一方面是对古代神话的超越和革新，另一方面却也继承了古代神话中诸多宝贵的传统和品质。所以说真正的哲学的成长一定是破旧立新、继往开来的产物。割裂历史的延承性而单纯强调革命的哲学，必将由于失去传统的给养而夭折，不会获得持久的生命力。这在整个西方哲学史中都非常典型。因此如果我们反复强调哲学史就是哲学、哲学史就是人类认识的历史的话，西方哲学的时代性特征也就是哲学的历史性特征，是人类认识史的积淀、结晶和升华，是一种“建立在通晓思维的历史和成就的基础上的理论思维”（孙正聿语）。这就是说，哲学就是历史性的哲学，而哲学史就是历史性的思想，哲学与哲学史的密不可分正体现于思想的历史与历史的思想的融会贯通之中。离开了历史性，哲学的思想性就会失去丰富的理论内容和至关重要的历史感。西方哲学作为思想的历史具有无限的张力，这种张力通过思想的承继性和批判性，生成了历史的无限包容性，形成了不断超越和反思的思想方式。作为思想性的历史和作为历史性的思想统一的无限张力，将作为思想把握当前的“时代的融涵性”特征而最终凝练在“历史的展开性”当中。因而，西方哲学的时代性特征也就是西方哲学把握时代问题以及凝练成思想性问题的历史。无疑，这种思想的特质在古希腊时期就已初见端倪。

其次，希腊哲学奠定了西方哲学理性思辨的“民族性”特质。这一“民族性”特质也呈现在两个方面：

其一是“概念的思辨性”所形成的主客二分、二元对立的思维方式；其二是由“概念的思辨性”建构起来的“体系的严密性”所追求的客观世界的绝对真理。正如上文中所指出的那样，从古希腊哲学开端的西方哲学所具有的理性思辨精神成为西方哲学的典型形式——通过概念范畴进行逻辑推理。从巴门尼德“真理”和“意见”之分推演出“存在”与“非存在”的概念，再到柏拉图“理念”与“事物”的关系，直至亚里士多德的“形式、质料”与“实体”的关系的概念思辨成为西方哲学长久以来占据主流话语的真理霸权方式，将世界一分为二而后又求合二为一的思想方法逐渐形成了西方哲学所特有的主客二分、二元对立的思维方式。这种主客二分、二元对立的思维方式在黑格尔哲学处以“体系的严密性”达到了西方哲学思辨性、逻辑化、体系化的顶峰，看似追求到了终极的、绝对的真理，但这样的真理却只具有概念的思辨性而不具有客观的现实性，只具有理性的体系性却脱离了现实生活的真实根基。黑格尔曾经说过：“这个方法的概念早已包含在我们上面讲过的东西里了，而真正对这个方法的陈述则是属于逻辑的事情，或甚至于可以说就是逻辑自身。因为方法不是别的，正是全体的结构之展示在它自己的纯粹本质里。不过，谈到这点至今流行的意见，我们必须意识到，就连与哲学方法有关的那些观念所构成的体系，也只是一种已成过去的文化。”①黑格尔将概念的思辨发展为一种思维方式，并以这种思维方式实现概念的联系、转化，从而将思维在概念中的运动的过程理解为“在否定的东西中把握肯定的东西”，也就是通过否定形成先前概念的对立物，从而使概念变得更为丰富并包含先前的概念，而概念的推理最终会形成概念自身的发展过程或发展逻辑，成为西方哲学由古希腊哲学的民族性、思辨性特点发展而来的西方哲学思想理论特质的重要呈现：体系的严密性。体系化特征是古希腊哲学思辨特点在后来哲学中通过概念化、思辨化的方式真实再现出来的；而概念的思辨运动过程又是体系的严密性特征的表征，概念的思辨运动过程正是借着体系化的形式才能演绎出宇宙万物及人类社会的一切，并在人的思维领域显示为一种概念思辨的哲学体系，可以说这就是黑格尔哲学。概念的推演、体系的严密一方面是古希腊哲学历史的融涵性所具有的反思性特点的不断深化，另一方面又是西方哲学为人类精神寻求世界统一性的精神家园而始终不懈作出的终极解释。在这个意义上说古希腊哲学是民族的，更可以说西方哲学是世界的；古希腊哲学属于它那个时代，更属于它未来的时代。

最后，希腊哲学奠定了西方哲学自我否定与自我超越的“人类性”特质。这一特质也表现在如下两个方面：

其一是自希腊时期开始西方哲学所具有的“自我否定的思想传统”；其二则

① 黑格尔：《精神现象学》（上卷），贺麟、王玖兴译，北京：商务印书馆1979年版，第31页。

是自希腊哲学开始的西方哲学所蕴涵的“自我超越的形而上追求”。西方哲学从其产生之初就具有自我否定的思维特质,古希腊哲学采用“静观”、“思辨”、“论辩”的方式思考万物本原问题,水本原、火本原、数本原、原子本原等思想无不是西方哲学家以哲学的生活方式在思考本原问题,也在思考世界本身。这种思维方式逐渐凝固为对世界进行普遍怀疑的怀疑方法,并基于此方法进而形成对主体自身进行怀疑的自我否定的思想传统。正如黑格尔所言,整个西方哲学就是一个“厮杀的战场”。“全部哲学史这样就成了一个战场,堆满着死人的骨骼。它是一个死人的王国,这个王国不仅充满着肉体死亡了的个人,而且充满着已经推翻了的和精神上死亡了的系统,在这里面,每一个杀死了另一个,并且埋葬了另一个。”①因此,后面的人总是站在前人或巨人的肩膀上,对前人的思想加以批判继承,形成了西方哲学家继承前人、超越前人的宏图壮志,也形成了西方哲学自我否定的思想传统。人类之所以不断地自我否定,在于渴望不断实现自我超越,这就使西方哲学通过“自我否定的思想传统”而不断达到“自我超越的形而上追求”。西方哲学家总是依靠自己的想象构筑出一个包括人的完整形象在内的可能性空间即可能的世界来,然后又以柏拉图式的“善的理念”去衡量当下世界即事实世界的意义。他们总是想要为自己构造一个精神的家园,这个家园中充满了人类的形而上的、精神的、心灵的追求。它为人类提供了关于人的生存意义的关怀,提供了一个超越性的、精神性的理想境界,人们正是在无限的接近它的过程中不断地充实自己,完善自己,发展自己。这个家园就是人类精神追求的形而上家园,以一种形而上的至善至美的精神引导着人们追求永恒无限的人类精神的理想境界,促进和推动人类社会不断发展。

古希腊哲学所具有的民族性、时代性、世界性、人类性、反思性、形而上性等特点,在一定程度上表征了西方哲学所具有的时代性、民族性和人类性的哲学特质,形成了西方哲学历史性与逻辑性的统一,概念性与体系性的一致,民族性与世界性的一体,并呈现为对形而上精神的永恒追求。这是西方哲学对终极存在、

---

① 黑格尔:《哲学史讲演录》(第1卷),贺麟、王太庆等译,北京:商务印书馆1959年版,第21—22页。

终极解释和终极价值探寻的集中体现。

（三）希腊哲学表征的西方哲学特质是形而上精神的集中体现

孙正聿先生在他的《哲学通论》中曾经说过这样一段话："追寻世界统一性和终极存在是人类实践和人类思维作为对象化活动所无法逃避的终极指向性，这促使人类百折不挠的求索世界的奥秘，不断的更新人类的世界图景和思维方式；追寻作为知识统一性的终极解释是人类思维在对终极存在的反思性思考中所构建的终极指向性，对终极解释的关怀就是对思维规律能否与存在规律相统一的关怀，也就是对人类理性的关怀，这种关怀促使人类不断地反思'思维和存在的关系问题'，引导人类进入更深层的哲学思考。"①在我们看来，对终极存在的追求就是从西方哲学开端处所开启的一种对世界统一性的存在根据的探索，这种探索是西方哲学形成和发展的根基。终极解释在一定程度上可以概括为想要用一个观念和知识的体系表征万物，以科学的解释达到认识世界的目的，而作为一种意义统一性的终极价值表达的是人对自己生存意义和价值的形而上追求。如果我们可以这样界定哲学特别是西方哲学的终极性追求，那么在某种程度上，西方哲学在历史发展过程中所把握的思想离不开对终极存在的探讨，它所形成的独特的概念推演所建构的体系也是为了达到解释世界的目的，对形而上精神的不懈追求正是其终极价值或曰终极意义上的明确昭示。

如果可以对西方哲学作这样的理解的话，那么西方哲学对人与世界关系问题所做的终极存在的追求和终极解释就集中体现在思维和存在的关系问题上。自巴门尼德首次提出了"思维和存在具有同一性"开始，这样的问题在一定意义上就已经不是思维对于存在具有优先性，还是存在对于思维具有优先性的问题，而是如何认识和解释思维与存在的关系问题。正是在这个意义上，我们把西方哲学关于对人与世界关系问题的追问形成的世界统一性称为终极存在，而对终极存在的解释和述说称为终极解释，对终极存在和终极解释的思考则概括为"能否思想"。"能否思想"本质上是终极存在与终极解释交织在一起的命题，它

---

① 孙正聿：《哲学通论》，沈阳：辽宁人民出版社 1998 年版，第 240 页。

的隐喻是在指:哲学思想的基本趋势是要让“存在”(世界的本原、宇宙的最高实体)在我们面前彰显。至于如何实现这一希望,则取决于我们对自身理性认识能力的探究。西方哲学作为一种追本溯源式的理性追求,它力图达到的目标,并不是它所追求的“本”或“源”,“实体”或“存在”,它的真实意义也不在于它是否能够达到传统哲学家所热爱的知识,而是在寻找一种统一的观念。这种“统一”的观念不仅是长存于万事万物中的永恒秩序,而且也是人类生命意义的根基。西方哲学就是以探求对象之外和之上的“超验”的永恒秩序的这种方式,来表达人对生命意义的诉求。从根本上说,当“能否思想”作为一个本体论命题力图找寻世界的“本原”、宇宙的最高实体时,并不完全是为了获得世界的统一性,实质上人是要为自己找到“精神之乡”与“安身立命之本”,找到万物及人自身的最后归宿。即哲学家们以“思想”把握世界“本原”的目标不仅只是为了解释与说明世界,更重要的是试图以此实现自己的目的,认识自己的本性,为人的生命寻找“意义”,为人自身设定“活着”的意义。在我们看来,终极存在与终极解释的问题外化为“能否思想”的问题,而终极价值的问题内化为西方哲学的“有无意义”。这双重维度自西方哲学产生之日起,就以相互缠绕的方式内在地交织在一起,构成了西方哲学的基本精神和基本特质。

西方哲学在其古希腊哲学开端处以城邦的女儿、思辨的女儿和神话的女儿的形式出现,典型地彰显了西方哲学作为哲学所具有的时代性的问题、民族性的特质和人类性的追求,这种时代性、民族性和人类性与哲学作为对人与世界关系的终极存在、终极意义和终极解释内在相关。以这样的观点来理解西方哲学就会形成与以往截然不同的理解方式,就会更为真实和深刻地理解“哲学就是哲学史”、“哲学史就是哲学”的思想实质。

第二篇

中世纪哲学的信仰精神

第四章　托马斯·阿奎那哲学的神学精神

希腊哲学家努力的结果并没有完成对世界统一性的本质把握——因为古希腊哲学虽然认识到了哲学的本性在于对人的本性的理解，但无论是早期自然哲学认识外物的存在，还是希腊古典哲学的“认识你(人)自己”，无疑都将认识人的方式作客体化的理解——区别仅仅在于后一种方式中，人独自承担认识的主体和客体双重意义而已——依旧造成了以物性遮蔽人性的后果，这就使得人想要获得的关于存在的认识无法达到，人类所企及的永恒也无法得到满足。中世纪托马斯·阿奎那在众多思想家中脱颖而出的独特之处在于，他以确立终极的信仰为目标，力图建立神学哲学而使得神学哲学化。这样他将存在从古希腊哲学的物性认识中拯救出来，将上帝作为形而上学的本体和世界的统一性本质的存在。托马斯·阿奎那用上帝解释一切，不但人的存在本身能够从上帝中获得说明，人类生存的意义和生活的幸福问题同样也可以在这一独到的神学哲学思想中获得有价值的启示。

一、信仰与理性

如果恰如吉尔松①所说的那样，托马斯·阿奎那的确完成了形而上学历史

① 爱迪安·吉尔松(Etienne Gilson,1884～1978)，法国哲学家。

上的一场革命，那么这场革命是否也如康德的“哥白尼式革命”一样具有颠覆性呢？答案应该是肯定的。这场革命的颠覆性就在于使上帝作为“是其所是”的本质存在，让上帝以信念信仰的方式通向了人的内心。如果说在康德之前经验论、唯理论已在认识问题上做了大量工作，但康德认为最为重要的事情——认识之前提尚需变革是其必须要做的事情。同理，在托马斯·阿奎那之前，奥古斯丁等神学家已对神学信仰作出了事实方面的完好论证，但托马斯·阿奎那认为最为重要的事情——信仰的理性与理性的信仰的关系问题则更需要证明。

在托马斯·阿奎那之前，中世纪早期哲学在论证基督教教义、辩护基督教思想时，主要借助古希腊时期的柏拉图哲学，特别是后来盛行的新柏拉图主义。因此，教父们和中世纪早期哲学家都把神圣的启示置于知识之上，把爱与信作为人的首选价值——神学为一切学问之最，神学支配和判断一切学问。中世纪最为著名的教父哲学家奥古斯丁虽不排斥物质世界和贬低理性认识，但也认为哲学只有服务于神学才具有价值。总之，无论在原始基督教时期或者中世纪早期哲学那里，其基本观点都是：信仰即一切，一切为了信仰，否则就无存在的价值。查士丁①、克莱门②、奥里根③、德尔图良④和奥古斯丁等历代教父，虽然都花了许多精力研究古希腊哲学，可是又都认为仅仅凭借理性来探究真理是必然失败的，而这种失败从另一个侧面证明了必须接受信仰所启示的真理。他们无不宣扬信仰上帝是真正的真理，神学是真正的哲学。这方面以奥古斯丁的表述最为典型。他断言，人的理智充其量只能获得一些本性的和自然界的知识，而不能用于把握上帝的存在，因为人的理性总是相对的、有缺陷的，而上帝则是绝对的和完满的。用有缺陷的事物把握完满的事物则无法得到对于完满事物的确切认识。人只有通过信仰才能获得智慧和真理。所以有了信仰，真理也就昭然若揭了。在中世纪早期哲学那里出现了这样的现象：哲学不是引导人们面对客观实际认真思索，哲学同自然和人类不发生关系，哲学主要是论证上帝。这样奥古斯丁等人为我

---

① 查士丁（Justinus，约100～166），希腊哲学家。

② 克莱门（Clemens，约150～211），希腊哲学家。

③ 奥里根（Origenes，约185～254），埃及哲学家兼神学家。

④ 德尔图良（Tertullianus，约160～240），希腊神学家和哲学家。

们提供了除了理性之外的另一条通向上帝本体的路径——信仰之路。

以奥古斯丁为代表的教父哲学家们从柏拉图哲学的理念出发，以理念是最接近神的观点为起点，力求对上帝的能力予以说明。奥古斯丁认为，上帝造人之际，赋予人理性能力，人的理性和人一样是上帝的作品。理性的作用是双重的：一是向外认识世界的能力。人凭借理性能力认识被造世界。然而在这之前，人必须先解决信仰问题。否则，人在世俗世界生存就不可能高于其他被造物；二是向内把灵魂拖到"得见世界本体的高度"。"理性提挈我的思想清除积习的牵缠，摆脱了彼此矛盾的种种想象，找到理性所以能毫不迟疑肯定不变优于可变，是受哪一种光明的照耀？——因为除非对于不变有一些认识，否则不会肯定不变优于可变的——最后在惊心动魄的一瞥中，得见'存在本体'。这时我才懂得'你形而上的神性，如何能凭所造之物而辨认洞见'。"①只有内省才能瞥见存在本体。与以往的教父哲学家继续从柏拉图的理念中寻找"上帝"影子有所不同的托马斯·阿奎那则把亚里士多德哲学作为理论权威，认为天国、上帝并不完全是灵魂内部的事情，也不完全是信仰问题，它同时更是认识问题。"对于理性进行深入的研究，不仅是人的权利，而且是人应有的责任。"②"上帝只赐福给努力实现自己自然禀赋的人"③，上帝的默示就存在于被他创造的事物之中。人不能凭空获得上帝的默示，只能在上帝的作品中窥见。因此认识上帝的作品是人得以窥见本体的必经之路。而认识被造物不是认识它的现象，而是要认识它的本质，这种认识必须在哲学中获得。因此，以奥古斯丁为代表的中世纪早期教父哲学家和托马斯·阿奎那神学哲学思维方式的不同便立刻显现出来：前者目光向内，认为进入人的本质才能"得见世界本体"；后者目光向外，认为只有进入世界的本质才能认识上帝。

托马斯·阿奎那跳出奥古斯丁纯粹信仰主义的思维方式，认为理性和信仰二者都不可偏废。他将知识分为两类：一类是自然的知识；一类是超自然的知

---

① 奥古斯丁：《忏悔录》，周士良译，北京：商务印书馆 1981 年版，第 131 页。
② 托马斯·阿奎那：《神学大全》(*Summa Theological*)，第 84 题第 3 条。
③ 托马斯·阿奎那：《神学大全》(*Summa Theological*)，第 84 题第 3 条。

识，两种知识对于人来说同样重要。自然知识依靠人的理性获得；超自然的知识，超越人的本性之外，非人的自然理性理解能力所能获得。因此，超自然知识之获得不同于理性自然知识之获得，它需要依靠上帝的启示，即通过信仰来获得。这就说明，理性知识与信仰知识有各自的领域和各自的求证方法，二者是不同的。即便如此，由于上帝是自然界和超自然界的共同根源以及上帝本身不可能反对自己的原则，即不可能反对自然界的知识和超自然界的知识，所以说，理性获得的真理和信仰获得的真理是不可能矛盾的。即使从表面上看它们是不相同的，但从本质上看则是同一的。正因为如此，理性在自然的领域内以正确的方法求得的真理，对信仰不可能产生任何损害，甚至在某种程度上可以佐证信仰的真理，对信仰作出有益的贡献；信仰通过上帝的启示而获得的真理，对理性也不可能有任何损害，它只会增强理性认识的确切性。之所以能产生这样的结果是因为无论是理性或是信仰都是由上帝权威的绝对性、可靠性保障的。上帝本身就是真理的存在，因而上帝决不会犯错误。相反，人的理性是有局限的，即当人的认识能力（理性）认识万物，追求真理时常常会犯错误，常常不能获得真理，只有以上帝的启示真理辅助，才可以弥补理性的局限性，纠正理性认识的错误。按照托马斯·阿奎那的原话来说："根据上帝的启示建立起来的权威是绝对可靠的，根据人的理性建立起来的权威是极其软弱的。"①理性认识无不需要信仰的帮助，"以保证其确切性"②。也就是说，信仰协助理性是名正言顺的，理性认识由此得以完善。理性可以是真理，上帝更是作为绝对真理存在以保证理性的真理，理性的真理只有在上帝辅助之下才得以作为真理的形式而呈现。因此，托马斯·阿奎那的理性真理和天启真理统一于上帝真理，理性真理最终归结为上帝真理。

托马斯·阿奎那没有像以往的教父哲学家那样蔑视理性真理，而是将其作为上帝真理的一部分，也认为对理性真理的认识可以通达上帝真理。因此他认为哲学是人们在经验事实的基础上企图彻底了解事物存在的学问，哲学家通过

---

① 托马斯·阿奎那：《神学大全》（*Summa Theological*），第 1 集第 1 题第 8 条。

② 托马斯·阿奎那：《神学大全》（*Summa Theological*），第 2 集上册第 56 题第 3 条。

理性思维会发现有限事物的存在背后必然隐藏着一个完满无缺的能成为有限事物存在根据的“最高实体”。这“最高实体”自身必定具有非有限事物所能比拟的特性，如超越性、完满性、无限性等。它不是任何经验事实，而只能是纯粹的、无形的“上帝”。信仰虽然是上帝赐给人的一种神恩，但并不削弱或取消人的自然本性，而只是成全人的自然本性。“神恩如此附加在人的本性上，不仅不破坏人的本性，而且使人的本性更为完善。所以，上帝赐给我们的信仰之光并不破坏我们所拥有的自然理性的光辉。”①由此可见，理性与信仰虽有各自的领域和方法，但并不是两个互相对立的范畴。理性与信仰所认识的真理，并不是互相排斥，而是互相印证的。理性在追求真理时，可以从信仰中得到证实。同样，理性也能对信仰作出贡献，例如说明和论证信仰的真理。所以，理性和信仰在保持各自的立场、范围和方法的同时完全可以协调工作。理性可以成为信仰的忠实伙伴，信仰能够充分发展理性的视野，理性知识和信仰知识在一定意义上可以相辅相成。正因为如此，人认识的过程归结起来不外乎有以下两个途径：“人的理性通过自然的受造物上升到认识上帝；信仰则相反，是人们通过上帝的启示去认识上帝。前者是上升法，后者是下降法。就其认识上帝来说，二者是相同的。其实，无论是由超越理性而获得的信仰，或者是通过理性而获得对上帝的认识，不过是殊途同归。”②

不难发现，托马斯·阿奎那关于理性与信仰的协调论点，以上帝是一切事物最终根源为前提，因此他毫无疑问是一位神学家；但他同时也是一位哲学家，总是力图通过给理性划出一定的范围，肯定理性在其自身范围内的作用，确认理性的内在价值和意义；他更作为一名神学哲学家而存在，理性与信仰之间的一致、神学与哲学之间的互补就是他所希望达到的：哲学就是神学，神学就是哲学，都是对“上帝”这个最高真理和最高智慧的认识和把握。如果要区分，就是从获得这个最高真理的方法和途径上进行区分，即分别从理性和信仰的角度获得。托马斯·阿奎那面对理性和信仰之间关系时采取了与前辈不同的态度，即对理性

① 托马斯·阿奎那：《神学大全》(*Summa Theological*)，第1集第1题第8条。

② 托马斯·阿奎那：《反异教大全》(*Summa Contra Gentiles*)，第4卷第1章。

的肯定构成了他神学的哲学根基,又因为对信仰的尊崇决定其必然要对哲学进行合乎目的的改造,形成其独特的理性信仰。托马斯·阿奎那把理性渗入信仰,使信仰呈现出独特的时代性特质,并通过这些特质揭示了理性信仰的基本内涵,也更加印证了托马斯·阿奎那独特的理性信仰观对传统宗教信仰观的突破及其存在的价值。

二、理性的信仰

托马斯·阿奎那指出:"存在理解为最高的完善性,因为活动总比潜在更完善,形式若无具体存在,将不会被理解为任何现实的东西……显然,我们在这里所理解的存在是一切活动的现实性,因此是一切完善的完善性。"①上帝就是这种最完善的存在,上帝的存在是毫无疑问的。他坚持以自己的"理性"把握信仰中的"上帝",他坚信哲学是哲学,神学是神学,神学高于哲学。并提出:"除了哲学科学之外,是否需要其他学问?"他也作出了回答,哲学和神学都以上帝、创世、天使、拯救等为研究的对象,不同只在于方法。在肯定神学存在的必然性前提下,神圣的学问也可以是一门科学,神圣的学问与科学一样使用演绎推理,区别仅仅是演绎推理的前提不同,即路径的不同。也就是说当神学已经将上帝作为信仰事实的存在时,如何在这一前提下进一步运用理性推理和逻辑演绎证明上帝是本质存在呢?托马斯·阿奎那坚持哲学是哲学之特质就在于理性推理、逻辑演绎的理论,哲学之特质只有如此才能为神学作出既是宇宙论、存在论、本体论的证明,也能为神学作出目的论证明。所以他的目标不只是为了解释与说明世界,更重要的是通过目的论的证明为人的生命寻找"意义",为人自身设定"活着"的意义。

那么托马斯·阿奎那是如何为理性信仰确立前提——即如何证明上帝的存在呢?在他看来,这个问题需从以下三个方面来证明:一是上帝的存在是否是自

① 托马斯·阿奎那:《论上帝的力量》,第7题第2条。

明的,因为自明的事物是无须证明的;二是上帝的存在是否是可以证明的;三是上帝的存在是如何证明的。对于第一个方面,托马斯·阿奎那认为:“一种东西自明,只有两种可能,一种与我们无关而自明,一种是与我们相关而自明。”①如果宾词包含在主词之中就是自明的,而上帝存在就是自明的,因为托马斯·阿奎那认为:“宾词与主词是同一的:因为上帝即是其自己的存在。”②关于第二个方面,他认为存在两种证明:“一种是根据原因进行的证明,称为‘因此之故的证明’。这无疑就是一种从在先原理出发的先验证明。另一种是根据结果进行的证明,称为‘既然有某物的证明’。这就是后天的证明。”③而上帝的存在就可以用后验性证明,“上帝的存在,虽然对我们而言是不证自明的,但是根据我们熟知的结果却是可以证明的”④。现在只剩下第三个方面,如何在理性的意义上证明上帝的绝对存在,即上帝是人类理性不证自明的绝对存在。为此,托马斯·阿奎那将奥古斯丁开启的对神学信仰进行“体悟”的方式变成了以逻辑演绎与概念体系作为信念信仰方式的“论证之路”。在一定程度上,古希腊的理性精神也一直影响着托马斯·阿奎那。因为他认为应该先获得一些关于上帝的知识,这些知识先于一切信条而构成信仰的前提,才使对上帝存在的证明呈现为一个系统的理论论证。

托马斯·阿奎那在《神学大全》中说道:“关于上帝存在,可以有五种证明方法。第一种很明了的方法(道路)就是从运动出发的方法:因为在这个世界里,有些事物在运动,这是确切无疑的,可被感性知觉所确定。”⑤在托马斯·阿奎那看来,“凡事物运动,总是受其他事物推动;但是,一件事物如果没有被推向一处的潜能性,也是不可能动的。而一件事物,只要是现实的,它就在运动。因为运动不外是事物从潜能性转为现实性。一件事物,除了受某一个现实事物的影响,决不能从潜能性变为现实性。例如用火烧柴,使柴发生变化,这就是以现实的热

① 托马斯·阿奎那:《神学大全》(*Summa Theological*),第1集第2题第1条。
② 托马斯·阿奎那:《神学大全》(*Summa Theological*),第1集第2题第1条。
③ 托马斯·阿奎那:《神学大全》(*Summa Theological*),第1集第2题第2条。
④ 托马斯·阿奎那:《神学大全》(*Summa Theological*),第1集第2题第2条。
⑤ 托马斯·阿奎那:《神学大全》(*Summa Theological*),第1集第2题第3条。

使潜在的热变为现实的热。但是，现实性和潜能性都不是一个东西，二者也不同时并存，虽然二者也可以在不同方面并存。因为既成为现实的热就不能同时是潜在的热；它只可以作为潜在的冷。因此一件事物不可能在同一方面、同一方向上说是推动的，又是被推动的。如果一件事物本身在动，而又必受其他事物推动，那么其他事物又必定受另一其他事物推动，但我们在此决不能一个一个地推到无限。因为，这样就会既没有第一推动者，因此也会没有第二、第三推动者。因为第一推动者是其后的推动者产生的原因，正如手杖动只是因为我们的手推动。所以，最后追到有一个不受其他事物推动的第一推动者，这是必然的。每个人都知道这个第一推动者就是上帝。"①这样，托马斯·阿奎那从运动的第一推动者推出了上帝的存在。

托马斯·阿奎那接着说道："第二种方法（道路）是从有效因概念出发的方法。因为我们发现，在感性可感知的事物里，存在一种会产生效果（结果）的原因秩序。但是，找不到自己是产生自己的效果因的事物，也不可能存在这样的事物，因为自己先于自己而存在，这是不可能的。但是，效果因也不可能无限地推下去，因为在整个有序的因果关系中，第一者是中间者的原因，而中间者（不管是多还是一）则是最后者的原因。如果去掉原因，也就去掉了结果。所以，在因果关系里，如果没有第一者，也就不会有最后者和中间者。而如果把因果关系无限地递推下去，那么也就没有第一因，因而既不会有最后结果，也不会有中间的因果关系。而这显然是错误的。所以，必定要承认有一个第一效果因存在，人们称之为上帝。"②

第三条道路是从可能性与必然性出发的方法。托马斯·阿奎那指出："我们发现，事物中有些事物可能存在，也可能不存在，因为它们处在产生和消逝当中。因而，它们可能存在，也可能不存在。而所有这类事物不可能是永恒的，因

① 托马斯·阿奎那：《神学大全》（*Summa Theological*），第1集第2题第3条；参见北京大学哲学系外国哲学史教研室编译：《西方哲学原著选读》（上卷），北京：商务印书馆1981年版，第261—262页。

② 托马斯·阿奎那：《神学大全》（*Summa Theological*），第1集第2题第3条；参见北京大学哲学系外国哲学史教研室编译：《西方哲学原著选读》（上卷），北京：商务印书馆1981年版，第262页。

为可能不存在的事物总会在某个时候不存在。所以，如果所有事物都可能不存在，那么，它们在某个时候就会曾是无。而如果这是真的，那么现在就会什么也没有，因为不存在的东西只有通过存在的东西才开始存在。所以，如果（在某个时候）不曾有存在者存在，而某物却开始存在，这是不可能的，而说现在什么也不存在，这显然也是错的。所以，所有存在者不仅是可能的，而且其中有些存在者必定是必然的。而凡必然的事物，或者是从别的地方获得其必然性的原因，或者不是。在必然的事物当中，其必然性的原因显然不可能无限递推下去，这点就像上面已证明的效果因的情形一样。所以，必然要承认，有存在者（存在）是必然的，它的必然性的原因不是来自别的地方，它倒是其他一切事物之必然性的原因，它就是大家所说的上帝。”①

托马斯·阿奎那又从存在于事物当中的等级出发继续论证道：“在事物中存在着诸如善、真和贵的差别。但是，事物在善、真、贵这些方面的差别之大小是由不同事物就它们接近那最高等级者的程度来体现的。比如，较热的事物更接近最热的事物。所以，存在着最真实、最美好、最尊贵的事物，也就是至高无上的存在着的事物，因为正如亚里士多德在《形而上学》第1卷第2章里所说的那样，最真实（最高程度的真）的东西也就是至高无上的存在着的东西。在同一种类中被称为最高级者，是所有同一类事物的原因。如火是最热的事物，它就是一切热的事物的原因。所以，必定存在一个最完善的存在者，它是一切存在者存在、善和其他完满性的原因，我们称之为上帝。”②

托马斯·阿奎那还从事物受目的引导出发进行论证。“我们看到，有些没有思维的东西，比如，自然物体却是有目的地活动着：它们总是或者经常按同一种方式活动，以便达到最好的结果。由此可见，它们达到其目的并不是出于偶然，而是出于意图。但是，如同箭是由箭手来引导一样，那些没有思维的事物除

---

① 托马斯·阿奎那：《神学大全》（*Summa Theological*），第1集第2题第3条；参见北京大学哲学系外国哲学史教研室编译：《西方哲学原著选读》（上卷），北京：商务印书馆1981年版，第261—262页。

② 托马斯·阿奎那：《神学大全》（*Summa Theological*），第1集第2题第3条；参见北京大学哲学系外国哲学史教研室编译：《西方哲学原著选读》（上卷），北京：商务印书馆1981年版，第263页。

非它们受一个思维者和理性认识者的引导，否则，它们就不会去追求目的。所以，存在一个有理性的认识者，一切自然事物因为它而有序地追求目的，这就是我们所说的上帝。”①

康德曾对托马斯·阿奎那上帝存在的五大证明作出概括，认为五大证明的前四个证明是宇宙论证明，最后一个证明是目的论证明。所谓宇宙论证明就是把世界当做一个因果链条，可以从较低级的可感事物出发，追溯它们的最初原因或终极原因上帝。康德指出：“这个证明是这样说的：如果有某事物实存，那么也必定有一个绝对必然的存在者实存。现在至少我自己实存着，所以一个绝对必然的存在者实存。”②这一证明立足于“一切事物皆有原因”，而作为原因系列总体的世界亦必有一绝对原因这一经验原理，因而带给人一种“经验哲学”的假象。康德指出，这是完全经不起批判的，因为它想从一个在经验中给予的有限之物的存在中，引申出没有在经验中给予的无条件的无限总体，它最终要以目的论证明为真正的根据。这就是说，托马斯·阿奎那不仅在宇宙论、存在论、本体论的意义上论证了上帝的存在，更将上帝存在置于目的论的意义之上。如托马斯·阿奎那认为我们用来表达上帝的称谓，如存在、真、善、贵、智慧、力量、仁慈等，既不是单义的，也不是多义的。“事物的任何卓越性都是存在的卓越性；正如没有人的实践智慧，就不会有智慧的美德，同理也不会有其他美德。”③上帝为人们设定了活动的目的性和齐一性目标，上帝不仅具有万物本原的性质，更承载了人具有的生存意义和目的。这正如著名哲学家吉尔松指出的那样：“作为一种哲学，托马斯主义实质上是一种形而上学，他对第一原则，即存在的解释是形而上学历史上的一场革命。”④

这样，托马斯·阿奎那在哲学存在论的意义上证明了上帝的存在。就神学哲学本身来说，他也变革了中世纪早期哲学的理论体系，在绝对信仰的原则中注

① 托马斯·阿奎那：《神学大全》（*Summa Theological*），第1集第2题第3条；参见北京大学哲学系外国哲学史教研室编译：《西方哲学原著选读》（上卷），北京：商务印书馆1981年版，第264页。

② 康德：《纯粹理性批判》，邓晓芒译，北京：人民出版社2004年版，第480页。

③ 托马斯·阿奎那：《反异教大全》（*Summa Contra Gentiles*），第1卷第28题。

④ Gilson, *History of Christian Philosophy in Middle Ages*, Random House, New York, 1954, p. 365.

入了一定成分的理性思维和自我意识的因素,并使之协调一致。这就是说,托马斯·阿奎那在坚持上帝启示的先天知识前提下,又加进人类自身获得的后天知识,并认为它们不是互相排斥,而是互为补充的,调和了宗教信仰与人类理性之间的矛盾,为神学哲学建立了一个新的理论体系。同时托马斯·阿奎那在论述理性思维和自我意识时,采用了容易为一般人们所接受的调和的态度。他决不否定先验性或超越性,但也不排除感性经验或理性如识,人们才称其理论为“温和的实在论”。从理论结构来说,托马斯·阿奎那确实同亚里士多德学说建立了血缘关系,撇开亚里士多德学说,就没有托马斯·阿奎那的神学哲学。但是,托马斯·阿奎那的哲学体系不无其创新且独到之处——不仅最为系统地利用了亚里士多德学说,而且尤为突出而成功地根据基督教思想对其进行加工,才使得神学哲学体系既有亚里士多德哲学的理论形式,又有基督教思想的基本内核。正是这种新的哲学体系挽救了当时的基督教信仰危机,免除了经院哲学的崩溃,使经院哲学出现新的生机。总之,托马斯·阿奎那这种新的哲学体系对神学哲学作出了不可磨灭的贡献,成为神学哲学的重要转折点。多少世纪以来,托马斯·阿奎那哲学仍被称为神学哲学的典范,为许多神学家和哲学家所推崇。

三、理性信仰的本体精神

托马斯·阿奎那通过神学哲学以理性的方式证明了上帝存在,使上帝既是理性存在,更是本体存在,也成为形而上学研究的对象。上帝 = being,这是神学和哲学之间内在契合的关键点,神学和哲学就由两个分离的学科变成了一个统一的学科:being 是对存在的研究,也是对上帝本身的探讨。理性与信仰获得了其本体论存在的根据,才彰显为本体论追求、生存论意蕴和目的论价值的共同依据,成为托马斯·阿奎那神学哲学的人文精神之呈现。

托马斯·阿奎那哲学的本体论追求。从托马斯·阿奎那推导上帝存在的证明过程来看,他利用了亚里士多德的理论,也为了神学的需要改造了亚里士多德的思想。此外在其学说中也能找到柏拉图哲学的身影——最高的理念等同于上帝。托马斯·阿奎那放弃了安瑟尔谟①的"因此之故"的论证，强调从经验事实出发，运用理性推论，从结论推出原因。这种证明方法表现了其承认物质世界，尊重客观规律，主张知识从自然界开始，由感性形象的起点上升到抽象的普遍性概念的基本思路。这样，上帝存在的绝对性和神圣性就有了逻辑证明在形式上的必然性来显明和担保。在这个意义上，托马斯·阿奎那的上帝不是真正现实中的上帝，而是逻辑中的上帝，是由逻辑演绎给出的概念化的上帝。

如果我们可以这样理解其上帝，那么托马斯·阿奎那对于上帝的证明就是"本体论"证明，而且是一种"伪装的本体论证明"（康德语）。因为这五大证明都存在着从有限的原因到终极因的跨越，这种跨越只有对于纯粹的理性来说才是必然的。作为理性存在者，我们不得不承认存在一个终极的自由因，不得不承认理性存在者期盼着对终极自由因的认识，但终极自由因的存在也是一种理性存在，是理性存在者对它进行理性玄设、预设的存在，因此它只存在于我们的思想中。如果我们只能根据托马斯·阿奎那的五大证明去确认上帝存在，那么也就意味着，我们只是作为认识主体，作为概念（知性）存在者，才能理解和确认上帝存在。这样，托马斯·阿奎那对上帝的证明其实质是对本体的证明，是对理性本体的追求，是对人作为理性存在者的证明，也是对上帝作为客体的证明，即托马斯·阿奎那从本体的意义上努力证明上帝的主体性与客体性存在，只不过其证明方式是神学信仰的方式而已。因此，如何转变这样的方式，变神学本体论为哲学本体论，就只能采取将上帝人化、上帝自然化两种方式了。显然这是托马斯·阿奎那之后近代哲学的主要任务。概念运动是我们显示上帝存在的唯一途径。换个角度说，上帝只对认识主体，只对概念的演绎者显明它的存在；对于感性（并非动物）的人，对于活生生的生命之人，上帝的存在似乎永远是晦暗不明的。于是，上帝也就成了我们所要认识的对象世界的一个对象，一切科学认识最终都将有益于对上帝的认识，而且也都将服务于对上帝的认识。在这个意义上，一切科学都可以视为通往神学——关于上帝之知识的科学——的道路。因为上

---

① 安瑟尔谟（Anselmus，1033～1109），意大利哲学家。

帝作为对象世界的最高对象，我们对它的知识当然有理由成为汇集其他一切知识的最高知识，这样一切知识都将纳入信仰领域。这是托马斯·阿奎那"证明之路"开辟的神学传统的一个重要特征。对于这种理智神学来说，上帝与其说是绝对的自由意志，不如说是一个无所不知的理智体——拥有一切知识的绝对主体；同时上帝也就是一个客体化、对象化了的上帝，而不再是本源——自在的上帝，不再是纯粹信仰领域的上帝。

托马斯·阿奎那的上帝五大证明所隐含的内在矛盾在于，因观念领域与现实世界的混淆，而把逻辑推论和推论的结果当成现实的因果关系，其实这是思维与存在关系含混不清所造成的结果。由此看来，托马斯·阿奎那所证明的上帝并不存在于现实世界中，而只是在观念领域存在。在观念领域存在的上帝，只有在宗教的信仰和神学的论证中方能找到答案。但是，托马斯·阿奎那本人却不这样理解。因为他的本意就是要证明上帝就在现实世界中存在。所以他对上帝证明的矛盾并不妨碍他对宇宙与上帝之关系的理解，宇宙与上帝的关系不只是要求理性推论证明的可靠性，不仅是在神圣世界单独领域才有其可理解性，在现实世界中仍然需要证明上帝的意义，虽然在其论证过程中有失偏颇。而这种偏颇正是由于托马斯·阿奎那的上帝存在证明有典型的信仰表白和神学注释性质。信仰的本质特征是一种非理性的力量，而托马斯·阿奎那的上帝存在论证明是在理性与非理性的信仰中间搭了一座桥梁，试图建立二者之间的直接关系。但桥梁毕竟是桥梁，信仰与理性之间毕竟还是存在界限的，人的有限性存在决定了人的理性不会完全超越信仰，即永远都不会到达托马斯·阿奎那要证明的上帝那里。但人始终处于到达上帝的路途中，只要人存在着，信仰总有其存在的空间，并且总是伴随在人的身边，信仰构成人的生成中的本质。在更深层次上，信仰构成人的存在和生存本体，这也正是托马斯·阿奎那理性论证的信仰对于人所具有的意义。

正如康德对托马斯·阿奎那上帝存在论证明方法问题的讨论指出的那样，托马斯·阿奎那的"证明之路"开创了理智神学的传统，即理性信仰的传统。这种证明是要使人的理性能够通达人的未来存在，这是理性信仰对于人所具有的意义，表达了对人的认真关切。同时托马斯·阿奎那理性与信仰相结合的方法，渗透着理性向信仰转向和信仰不断转向理智的双重互映，把对世界“应当怎样”的掌握不断转化成“已经怎样”的掌握。所以托马斯·阿奎那通过上帝存在论证明给予人类一个深切的神学信念，或曰教导人类如何确立信仰问题，更确切地说就是确立理性信仰问题。因为理性信仰一经确立，人类才能逐渐在科学信仰的引领下走向健康的、向善的生存道路，这不能不说是托马斯·阿奎那对人类作出的贡献。

托马斯·阿奎那哲学的生存论意蕴。托马斯·阿奎那确立了上帝这一本体，运用的当然是神学论证方法，但也应看到这其中也在运用形而上学的思辨方法。具体说来是把亚里士多德关于实体与偶性、潜能与现实、形式与质料的学说运用于存在与本质的关系，运用于论证和阐释“存在(esse)”和“本质(essentia)”这对范畴，并在人的存在与本质关系展开的生存过程中体现其理性信仰的人文价值。托马斯·阿奎那认为本质就是回答“一个对象是什么东西”或“本质就是定义所指示的东西”，一物的存在必然包含其作为该物存在的本质。存在是相对本质而言的，他把“存在”解释为“纯活动”或“现实性”，也有时把“存在的活动”作为“存在”的同义词，以示“存在”不同于“存在的事物”。“存在的事物”就是存在者(ens)。存在者与存在的区别在于存在是活动，存在者是活动的承受者，在存在活动中获得现实性的东西。另外，虽然“存在者”与“实体”两个概念都指称存在的具体事物，但两者的内涵是不同的。他说，存在是一个实体被称做存在者的依据。“存在者”这一概念强调实体的最根本状态——存在状态，并说明它的存在状态不是自有的，而是在存在活动中所获得的现实。最后，“存在者”也不同于“事物”(res)。托马斯·阿奎那认为，存在者是存在活动产生的个体，但“事物”这一名称表达了它的属性。总之，存在者、事物、实体三者的关系是这样的：“存在者”表示实体的存在状态，“事物”表示实体的本质属性，“实体”的完整意义是“存在着的事物”。托马斯·阿奎那说，除了上帝之外，一切事物都是由实体的形式与质料组合而成，组合的事物都不可能是完美的，都必然包含着现实与潜能，在不甚完美的现实之外必定有一个至善至美的形式，它是一切事物成为现实的最终原因，这个纯粹的形式就是上帝。

上帝是一切事物的可能性或现实性。任何事物、形式或本质在未获得存在之前都只是一种潜在、一种可能性。按现实与潜在关系理解存在与本质关系，存在高于、优于和先于本质。本质依赖于存在，没有存在，就没有实在的本质。存在是自在的活动，有着自身的原因，不因与本质发生联系而增加自身的完善。他说："存在无所不在。当一个人产生时，首先出现的是存在，其次是生命，再次是人性，他在成为人之前首先是动物。依此后推，他首先失去理性，但生命和气息留存，然后他失去这些，但存在仍留。"①托马斯·阿奎那批判了把存在当做实体可有可无的偶性的观点和本质先于存在、决定存在的观点。认为上帝与人的关系，当然是上帝创造人，上帝是存在，人是存在的活动的结果，是存在者，也是上帝创造的众多实体当中的一个实体，也是最重要的实体。上帝是全部的现实性，也是全部的可能性，也可以说，存在是全部的现实性和可能性，同时是人的未来所有的现实性和可能性。

托马斯·阿奎那存在的意义来自于"是"，"'是'本身的意义并不指一个事物的存在……它首先表示被感知的现实性的绝对状态，因为'是'的纯粹意义是'在行动'，因而才表现出动词形态。'是'动词主要意义表示的现实性是任何形式的共同现实性，不管它们是本质的，还是偶然的。"②在这里"存在"的本来意义指活动本身，它赋予一切事物现实性，而不是特指某一个或某一类事物，存在的自身不是指具体事物的存在，而只能是上帝本身的存在。因为，上帝是全部的现实性，就其自身而言，他不是掺杂潜在性的纯活动，就其与现实的事物关系而言，它是它们的缘由。这是托马斯·阿奎那对存在含义的基本解释。这种解释一方面解释了存在的特征在于它的现实性，它是使潜在转变为现实的活动。"存在表示某种活动，因为一事物并不因其潜在而被称做存在，它的存在基于它在活动这一事实。"③另一方面彰显了托马斯·阿奎那翻转了传统哲学中存在与本质的位置，以一种存在主义代替了本质主义。或者说托马斯·阿奎那以理性信仰体现出来的神学哲学是一种以上帝存在为本体的存在主义哲学，也是托马

---

① 托马斯·阿奎那：《〈论原因〉注》，第10章第1节，STP134.

② Thomas Aquinas, *On Spiritual Creature*, trans. by M. G. Fitzpatrick and J. J. Wellmuth, Milwaukee, 1949, pp. 52 – 53.

③ 托马斯·阿奎那：《反异教大全》（*Summa Contra Gentiles*），第1卷第22题。

斯·阿奎那在存在主义基础上对生存论意义的表达。

托马斯·阿奎那认为上帝赋予人的存在以现实性。人的现实性存在就是生存的活动,人在活动过程中实现由现实到可能的进展,就是要实现被上帝召唤前往到存在的可能性那里去,这一过程就是人的生存过程。因此,人的生存才是更为现实的,人的生存才更接近人的真实性。"人仅仅服从于存在"的话,他就会放弃作出决定的能力,并把生存降低为存在。这里托马斯·阿奎那看到了人的存在(to be)是被动性和人的生存的主动性,即人在生存中主动地将自己与世界联系起来,主动地将现实性与可能性联系起来,主动的将当下性与未来性联系起来,这种维系的方式须是生存的语言。基于存在与生存两个概念的理解,我们看到托马斯·阿奎那理性信仰更表现了在存在主义或生存论维度上的讨论。"从基督信仰看来,每个人在上帝面前的存在不得简单地理解为自身'已经完善的'、已被明确限定的位格存在,然后与另一位优越的位格存在组成伙伴关系(或一直处于这种关系之中)。毋宁说,上帝的真实在一定程度上透入人的真实之中。人的真实没有明确的界限。"①这是在说人因其理性能力的有限性,始终是不完满的存在,人在上帝面前必然是一个有限的存在者,人与人始终处于"位格"与"位格"之间,处于"我"与"你"之间的关系中。② 即人是一种与神性存在相对立的缺陷性存在、一种不完满性的存在,所以托马斯·阿奎那才认为神性高于人性,神性高于理性,努力用神性压抑人性,把人贬为"罪人",人成了一个罪性的存在。但人毕竟已经摆脱了原始社会的物我不分的生存境况,从自然界中站立出来,而神学却让人在神(自然力量、社会力量的化身)面前再次跪倒在地,四肢爬行地匍匐前进,这绝非偶然的无用之举。众所周知,在人类历史上,曾出现过两次人"被抛"的状态:一次是人类从物我不分的自然状态被抛向神学信仰的信仰状态;一次是人类从人神不分的神学信仰状态被抛向科学主义状态。第一次"被抛"不能不说是以托马斯·阿奎那确立的理性信仰为结局或为最高代

---

① H.奥特:《历代基督教学术文库——不可言说的言说——我们的上帝问题》,林克、赵勇译,上海:生活·读书·新知三联书店1995年版,第73—78页。

② 沃夫哈特·潘能伯格(Wolfhart Pannenberg):《人是什么——从神学看当代人类学》,李秋零、田薇译,上海:三联书店1994年版,第42页。

表;第二次“被抛”不能不说是以培根[1]确立的“知识就是力量”的科学信仰为代表。不论人如何被抛,其结果都是一步步使人越来越走进、接近、亲近人的真实的生活世界;都是逐渐使人认识到人不仅生活在自然世界之中,还生活在神学世界之中,更生活在科学世界之中。当人的自我意识觉解与自觉到这一程度时,人们才认识到其实人类一直生活在自然世界、文化科学世界、意义世界之中,这才是人真实的生活世界。就此意义而言,托马斯·阿奎那将人抛向神学世界的信仰现状所具有的生存论意蕴昭然若揭。

托马斯·阿奎那“上帝存在的五大证明”,虽然没有脱离传统本体论证明的窠臼,但在探讨存在与本质、存在与生存等概念之间的关系时,无论是在本体论立场上,还是在生存论维度上,都暗含着人的问题和意义,都以神的方式、上帝的名义表达着人的存在,是以神性表达人性,用神性等同人性。因此托马斯·阿奎那苦心证明的那个理性信仰的“彼岸世界”存在与否,上帝的真相如何,就越来越显得不那么重要。更为重要的问题则在于其用理性信仰的方式为人类寻找到了信仰的终极存在——上帝(本体),又用理性信仰的方式向人类说明了人的生存状态。

托马斯·阿奎那哲学的目的论价值。托马斯·阿奎那“生存”一词的意义是从它本来的“站出来”这一意义来理解的。动物也拥有存在,但只有人才对自己的存在是开放的,他不仅知道自己在,而且还知道自己是什么样的在。现代哲学家称它为“超越”或“此在”。在某些方面,“超越”这一概念更好地表达了人的存在的特点——总是不断地超过或者越过任何条件环境的特定舞台,总能冲破这样那样的特意限定,总想达到比现存的现实更为理想的现实,将人的追求自由之目的本性体现出来。

人的自由本性在西方哲学史的不同阶段表现为不同的方式:古希腊哲学表现为在物性当中寻求人的本性;近代哲学是以理性体现人性;而托马斯·阿奎那则以理性信仰表现人性——人是目的,人通过信仰达到目的。总结起来,托马斯·阿奎那的理性信仰与人是目的的思想是从人性完善、人的类本质丰富、人格

① 弗兰西斯·培根(Francis Bacon,1561～1626),英国哲学家。

定位和人的自由的获得等方面来探讨的。

首先，从人性完善上看，希腊哲学和基督教文化之所以成为西方文明的两大源头活水，近代理性形而上学之所以成为西方工业革命以来社会的两大主题——科学与民主的理论根据，其更深层的合法性在于对人的深切关怀。美国著名宗教哲学家蒂利希①认为，宗教就其最广泛和最根本的意义而言，是指向一种终极关切。它展示了人的全部可能性，使人向人之"是其所是"不断地迈进，使人向无限的敞开和趋赴成为可能，更使人能够具有足够的勇气来承领价值虚无所带来的精神漂泊和放逐。这种追求显现于未来之中，使人成为一个永远趋赴于未来（即上帝）召唤的敞开的存在物，使人完成了自己的生成；使一切碎裂的、异化的、非人态的伪价值和无价值状态，都被这永恒的趋赴宣判为偶然的不可靠的东西，人认识了自己的必然。托马斯·阿奎那以对上帝存在的五大证明，表明了用理性信仰的方式确定神学意义的终极存在，也表明了其对人何以活着、人存在的意义是什么等问题的追问。正如人所说的那样古希腊哲学提出了人是什么的问题，神学哲学（中世纪）进一步追问我是谁的问题。这些问题都是以渴求最终因的方式使人不断完满的本性得到满足。从而形成了以上帝解决人的所有问题的信仰传统，人的一切都在上帝那里得到解释。托马斯·阿奎那用理性信仰连接人与神的关系，神人之间的关系不是统治与被统治的关系，而是互相协助的互助关系，神性本质构成人性的一部分。正是托马斯·阿奎那承认人性的理智性的这种理解，才隐含了近代哲学的理性最终从上帝那里脱离出来，并具有理性取代神性的可能和人取代上帝的可能。

其次，人的生存过程也是人性的全面展开过程，是人的神性释放的过程，是人获得本质和人格定位的统一过程。托马斯·阿奎那把对人的本性理解和对人的本质的理解等同在理性信仰的意义上。他先举例说："例如在人的定义中包括的是人性"，而"人之所以为人的，就是指人性"。也就是说人的本质就是人性，决定一个事物之所以成为某事物的，就是该事物的本质。本质是事物的质料和形式共同组合而成的。托马斯·阿奎那认为，本质就是指质料与形式所组成

① 保罗·蒂利希（Paul Tillich，1886～1965），美国哲学家。

的东西。就实体来说,本质不仅仅指质料,也不仅仅指形式,而是指由质料与形式共同组成的东西。在这里,托马斯·阿奎那强调本质是由质料与形式共同构成的思想,其用意主要是针对以柏拉图理念为基础的奥古斯丁哲学。奥古斯丁主张形式可以脱离质料,事物的本质是由形式决定的,本质先于存在,人的灵魂才是一个独立的实体,人的本性完全是灵魂决定的,人的本质就在于灵魂。托马斯·阿奎那不同于奥古斯丁,认为灵魂单独不构成实体,灵魂与肉体相结合才组成一个统一的实体,所以人的本质是由灵魂与肉体二者共同组成的,"实体即本质"。这就把人理解为是实体性存在,人这一实体的本质是灵魂和肉体的统一,是精神与物质的统一。当把人的本质定位在这一层面时,人释放神性获得更为丰富的人性才成为可能。

恩格斯在谈到宗教信仰时指出:"即使是最疯狂的迷信,其实也包含有人类本质的永恒规定性。"①这告诉我们,人类之所以需要各种信仰是基于人类的永恒本性。这一本性是人类意识在千万年的进化发展过程中,对生命本身的生存背景、生活条件及存在意义的意识和追求,是对人类客观生存缺陷的主观克服和弥补。它类似一种集体潜意识,在最深的层次上制约着人类的意识活动和精神生活,具有高度的普遍性和稳定性,在人类学的意义上可以将其归之于人的类本质。西方哲学的思维方式包含有把某物的单一本质作为其全部来理解的特性,对人的理解也是如此。如亚里士多德把人理解为"理性的动物"或"政治动物";存在主义者把人理解为非理性的动物;还有的哲学家把人理解为文化动物、社会动物等。托马斯·阿奎那将理性看做人的自然生命本性,把理性作为人格的自然中心;将信仰看做人的超自然生命本性,把信仰作为人格的超自然中心,并在它们之间造成了一种不安稳的同盟。所以按照托马斯·阿奎那的理解,理性和信仰共同构成了人的类本质,这样就使人的本质得到了丰富。

托马斯·阿奎那理性信仰的目的论追求还表现在对人自由和幸福的企盼上。他认为人生的理想和目的在于追求至善,获得最高的幸福。但这种追求绝不在物质世界中,也就是说不在于财富、名誉、地位、权威之中,人们对这些的追

① 《马克思恩格斯全集》(第3卷),北京:人民出版社2002年版,第520页。

求只是对有限的善的追求。真正的善在上帝那里,人的至善和最高幸福就在于认识上帝,信仰上帝,并在对上帝的信仰中获得自由。从托马斯·阿奎那的目的论阐述中可以看出,人的最高幸福和自由的获得完全依赖上帝,信仰并不是与人的自由相对立的。人的幸福和自由是一回事,得到了自由就是获得了幸福;同样,拥有幸福也就意味着自由。自由的本质标示着一种主客体之间全面的统一。因为自由可以分为意志自由和行动自由,也可分为积极自由和消极自由。信仰长期被拒于自由大门之外的原因,就在于人们习惯性地把信仰所标示的主体与客体相统一的自由状态视为一种意志自由或消极自由。因为,主体在信仰状态下所面对的客体,是没有任何理性说明的客体,信仰对这种客体的把握,具有一种"为所欲为"的性质,所以很有可能被作为"消极自由"、"意志自由"而遗弃。托马斯·阿奎那以理性为信仰的基础,以理性说明信仰,使信仰活动成为合理性的自由存在。信仰才摆脱了盲目性和为所欲为性,具有了客体性存在,自由也才可能成为积极的自由。

毕竟托马斯·阿奎那的理性信仰还是宗教信仰,托马斯·阿奎那的上帝是一种超验的神圣本体,以此来解释和把握人和现实生活世界,具有一定的抽象性、虚幻性和理想性。但理性信仰还是具有一定意义的。在费尔巴哈①看来,"神是人类幻想的被动产物,是在对个别自然事物的想象中无意识生成的。在我们看来则不然,神固然是人类想象的产物,但却是人类自觉主动想象的产物,是人类精神追求无限与自由的积极表现。"②人类精神的本质,按黑格尔的说法在于自由,就人类注定不能脱离自然界生存而言,就精神注定不能脱离肉体生命而言,人的自由永远是一种主观的体验和向往而已,因为人的活动总要受到周围环境和客观规律的制约。虽然人通过认识能力和生产能力的提高,可以认识规律,掌握规律,改造环境,使自身的自由度增大,但这只不过是从一个较小的笼子进入一个较大的笼子,永远不会超出宇宙这个无限的大笼子而获得绝对自由。可是就人类精神作为与物质世界的对立存在而言,精神的本质的确在于自由,在

① 路德维希·安德列斯·费尔巴哈(Ludwig Andreas Feuerbach,1804~1872),德国哲学家。
② 费尔巴哈:《基督教的本质》,荣震华译,北京:商务印书馆1984年版,第123页。

于是潜在的自由，即其实现必经一个从自在的盲目自由到自为的自觉自由的发展过程。人类的历史就是一个不断的从必然王国向自由王国发展的历史，人类的自由就实现于这个历史的进程之中。

托马斯·阿奎那哲学的终极存在、终极解释和终极价值的统一。如果我们将托马斯·阿奎那的神学哲学置于西方哲学整体来看，就会发现托马斯·阿奎那的问题似乎也是整个西方哲学的问题：托马斯·阿奎那在亚里士多德"是其所是"的意义上理解了"存在"，使"存在"的意义具有了终极性、本质性、统一性；通过上帝存在的五大证明又将上帝如何存在的问题归为宇宙论和目的论的终极解释；对终极存在的终极解释又以神的目的彰显了人之目的。依着这样的逻辑看待托马斯·阿奎那上帝存在的五大证明，它又恰好表征了西方哲学始终以人类精神的终极关怀为根本的思想追求，而不断体现终极存在、终极解释和终极价值的统一。

终极存在——托马斯·阿奎那首先是一位神学家，他的思想确实是以对上帝的信仰为核心内容。但他也是一位哲学家，他在对上帝存在的五大证明中探讨上帝存在的问题始终是在传承古希腊哲学的精神。在泰勒斯、阿那克西曼德、阿那克西美尼等古希腊早期哲学家那里已经把"始基"内隐的问题张力最大可能性地彰显出来：始基成为始基，必然有不增不减、永恒而确定的性质；始基成为始基，它又必有从自身创生万物因而流变不滞的性质，当巴门尼德真正将本原意义上的本体定义为"存在"，从而赋予存在以永恒的、唯一的、不动的物体，将其作为客观世界的一个最普遍的肯定和最高度的抽象之时，存在问题已经成为哲学不可或缺的问题，对存在的追问也成了哲学挥之不去的情结。在柏拉图那里，存在被冠以唯一的名称——理念。理念世界才是真实的世界，而其他事物依着在理念世界的等级而分有和摹仿最高的理念，存在的体系首次在柏拉图这里建构起来。亚里士多德发展了老师对于存在的理解，认为存在就是"本体"，就是"是其所是"的规定。托马斯·阿奎那所谈论的问题继承了亚里士多德的哲学思辨——存在的本质能否作为本质的存在，即上帝这种存在是否能够作为本质的存在，能否作为亚里士多德意义上的存在之存在，或"是其所是"的存在。托马斯·阿奎那说，形而上学是研究"作为有的有"的学问，是"撇开物质的观点去讨论一切有之有的和最初的有”。换句话说，形而上学研究的对象不是客观物质的“存在”或“有”，而是抽象掉具体物质的纯粹的、思辨的“有”，是一切现实的有的根本原因，这就是有的本体。托马斯·阿奎那认为，“有”是一切事物的最基本的因素，“有”是人们对一切事物的第一知识，同时也是人们对事物的最后知识。托马斯·阿奎那通过对形而上学本体“有”的分析，进一步逻辑地推演出世界万事万物的最终原因——上帝。托马斯·阿奎那又借用柏拉图“分有”理念的理论，认为世界上的具体事物的“有”，即变动不居的“有”，只是“上帝”绝对永恒的“有”的“分有”，上帝之“有”渗透在具体事物“分有”之中，具体事物的“分有”体现上帝之“有”。这个“有”就是存在，是“是其所是”的本体之意。所以托马斯·阿奎那才想方设法地为这个本体之存在作出这样那样的论证，使这样的本体既是建构在理论系统中，又成为敬畏的对象和信仰的目的。

终极解释——如果说近代哲学是典型的知识论哲学的话，古希腊直到中世纪哲学似乎可以叫做本体论哲学。毫无疑问，离开本体论的知识论无效（孙正聿语），离开对终极存在的解释就谈不上终极解释。终极存在和终极解释不可分。因为如果仅说某物是什么，而不说某物为何是什么，这是不符合哲学的逻辑的。巴门尼德首先将“存在”放在理性的维度上加以理解的时候，也提出了存在与非存在的区别，凡一切肯定的东西，可以称为“是”的东西，都不是“非存在”，而是“存在”，它是既不生成也不变化的东西。当亚里士多德将存在论在古希腊哲学那里发展到极致之时，他也必然要对这种存在作出终极性的解释，分析实体的形式与质料，进行形式因与质料因的论证。在亚里士多德被自己的实体的形式和质料何者为第一实体弄得大伤脑筋的时候，他选择了将这一切留给神，也就是“隐德莱希”，使其对终极存在的终极解释已经和神有了某种关联。托马斯·阿奎那将本体和上帝的关系发展到了极致：本体就是上帝，上帝就是本体，对于作为本体的上帝，他分别以事物的运动、事物的因果关系、事物的产生与灭亡、事物的完整性等级和事物的目的趋向性对上帝的存在作出合乎逻辑的推论和证明。这些论证和证明的方式与古希腊时期特别是与亚里士多德所使用的论证方式具有一致性，从宇宙论、存在论、本体论的角度寻找第一因并提供解释。在这里，托马斯·阿奎那体现出典型的哲学家气质：为其寻找到的终极存在——上帝作出了终极解释——上帝存在的五大证明。托马斯·阿奎那上帝存在的五大证明,既证明了上帝的绝对存在,又对这一绝对存在为何存在,何以存在,如何理解作出了证明。其对上帝这一终极存在的终极解释表明,与其说上帝是绝对的自由意志,不如说上帝是一个无所不知的理智体——拥有一切知识的绝对主体。这样的上帝在根本上已是一个客体化、对象化了的上帝,而不再是本源——自在的上帝。客体化的上帝所带来的必然结果之一就是上帝的外在化,上帝不再是人的理性和信仰的力量,而逐渐成为压抑人、控制人的力量,如何才能真正彰显人的自由和价值,还人以应有的意义,这是近代哲学不断使上帝自然化、使上帝人化而达到对人的正确认识的知识论哲学的任务。

终极意义——如果说希腊客体性哲学表现为以物性遮蔽人性,近代主体性哲学是以理性体现人性,那么托马斯·阿奎那所代表的神学哲学则以神性表征人性。希腊哲学家努力的结果并没有完成对世界统一性本质的把握,以客体的外在的方式研究世界的本体问题和人的本质问题,当然无法达到对人和世界的理解,无法为人类寻找到存在的意义,人类精神所企及的永恒追求无法得到满足。托马斯·阿奎那却以彼岸世界的"宇宙图式"为人找到了生存的位置和意义,这样的"宇宙图式"是人类在宇宙中建立的精神家园,是在无限和永恒中确定的立足点,并以此阻断了无限和永恒,使人生活于一个可以理解、可以把握的宇宙中。托马斯·阿奎那的神学哲学思想中以上帝为形而上学本体,解决了古希腊哲学一直以来苦苦寻求、热心倾注并激烈争论的核心问题。上帝就是希腊哲学家苦心寻求又没能寻求到的世界的统一性本质,上帝就是人存在的目的和意义,人应该通过信仰达到目的和人生存的意义。托马斯·阿奎那通过上帝存在的五大证明从人性完善、规定了人的本质、给人以定位、赐予人以自由等方面为人类确立了终极意义。托马斯·阿奎那从存在与本质这对概念及其之间的关系进一步证明上帝的存在,无论是宇宙论角度,还是目的论角度,其背后都暗含着人的问题和意义,更凸显了人的生存价值。因为托马斯·阿奎那自己独特的神学宇宙论图景已经超越自然图景,更让人们企盼更美好的世界图景,以真正体现人的生存意义与目的。长期以来托马斯·阿奎那理论的这一意义被哲学史所忽视,人们只是看到他对神学本体论证明的理论意义,却忽视了这种理论论证更为实质的理论旨趣是要通过对神性光辉至高无上的确立表征人类理性的伟大力量和人类精神的永恒追求。直到尼采在六七百年后提出“上帝死了”的思想后，托马斯·阿奎那上帝存在的五大证明的深蕴才初获生机，它不仅是神学目的论，更是神学目的论掩盖下的人学目的论，是为人的存在确立意义和价值，为人类的存在、生存、生活乃至生命提供一种可能的参照。

小结：我们需要何种信仰？

如果说托马斯·阿奎那的重要贡献在于创立了一种神学哲学，则不如说其重要贡献在于通过将上帝作为“是其所是”的本质存在，让上帝以信念信仰的方式通向了人的内心，以人们对上帝的理性信仰实现了朝向人们生存意义和价值的内向性追求。他使人们认识到人的确离不开信仰的力量，信仰给了人生存和生命无限的根基——上帝的存在是人所有生活意义的附着点，只有上帝存在，人的生活才有意义，人无法忍受无意义的生命之轻。也就是说，托马斯·阿奎那的神学哲学为哲学和神学分别确立了“信仰的理性”与“理性的信仰”这双重之维。

哲学是信仰的理性，是在对上帝的绝对的“信”基础上的理性思辨。因此托马斯·阿奎那在证明上帝存在的时候，必须依靠哲学的方式，因为哲学对终极性的追求能够赋予上帝最高的完善性。当托马斯·阿奎那论证上帝之存在时，他一方面使上帝获得了存在的本质性、世界的统一性、宇宙的绝对性等存在论、本体论、宇宙论证明。因上帝存在的五大证明的实质是对存在的证明，他指出：“存在理解为最高的完善性，因为活动总比潜在更完善，形式若无具体存在，将不会被理解为任何现实的东西……显然，我们在这里所理解的存在是一切活动的现实性，因此是一切完善的完善性。”①上帝就是这种最完善的存在，上帝的存在是毫无疑问的；另一方面托马斯·阿奎那也在为人找寻自身存在的根据与价值。人通过自己的“理性”才能把握信仰中的“上帝”，所以他的目标不只是为了

---

① 托马斯·阿奎那：《论上帝的力量》，第7题第2条。

解释与说明世界，更重要的是通过目的论的证明为人的生命寻找“意义”，为人自身设定“活着”的意义。

神学是理性的信仰。托马斯·阿奎那是神学史上划时代的人物，主要在于他将奥古斯丁开启的对神学信仰的“体悟之路”变成了逻辑演绎与概念体系的“论证之路”。托马斯·阿奎那把“知识”作为第一要素，认为应该先获得一些关于上帝的知识，这些知识是构成信仰的前提。问题关键更在于如何运用这些知识来论证上帝，确立信仰。这就必须使上帝的存在无论是在理论上还是在现实上都凸显为这些知识的理论系统。所以，托马斯·阿奎那才努力使上帝存在的五大证明呈现为一个系统的理论论证。这里，无论就“知识”为第一要素而言，还是就上帝存在的理性论证而言，都表明托马斯·阿奎那为人及人的理性开辟了道路，即便或许这不是他的目的，但却在客观上达到了这样的结果。神学成为神学的可能性在于理性，在于理性的知识性和论辩性，即理性之于神，之于人的合理性，才能确立神学信仰，才能确立神学，也才能确立哲学。

这条理性信仰之路发展到了现代则出现了复杂的情况。麦金泰尔①曾经指出，在西方，从古希腊罗马时期到中世纪，其间虽然经历了从“诸神崇拜”（自然神学）到“英雄崇拜”（英雄史诗）、从多神教到一神教、从神政分立到神政合一等诸多历史嬗变，但其信仰生活本身作为一种维持社会共同体生活的共享价值理想，仍保持着它自身的内在连续性和外在有效性。② 然而自文艺复兴和启蒙运动起，人类对自身理性认识能力的自信取代了对外在于人的神明的相信。培根“知识就是力量”的口号，开启了知识就是进步的理性时代。随之而来的是科技的进步，大量发明创造的涌现，甚至是思想方法的最终改变——由托马斯·阿奎那力求建立的理性与信仰的结合，转向了单纯的理性。康德哲学和黑格尔哲学甚至将理性推至“绝对理性”，理性在思想上变成了“理性的狂妄”。哲学作为“时代精神的精华”或者“思想中把握的时代”却反映出这样的时代特征：人的狂妄、技术理性的狂妄、科权制度的狂妄。人对自身力量的确信使得人似乎并不需

① 阿拉斯代尔·查莫斯·麦金泰尔（Alasdair Chalmers MacIntyre，1929～　），美国哲学家。

② 参见 A. 麦金太尔：《三种对立的道德探究观》，北京：中国社会科学出版社 1998 年版。

要再借助信仰的力量证明自身存在的意义,理性本身也不需要借助信仰的外衣完成自身的历史使命。理性信仰变成了理性本身,理性信仰的主体——人仅仅作为理性的主体而已。在这种状况之下,信仰特别是理性信仰似乎已经成为了可有可无或某种过时的东西。人类在把"相信"的对象由外在超越转向内在创造发明的同时,也不知不觉地助长了一种"人道主义的僭妄":人类自我中心的价值定位,实际上在抬高人类自己的同时,也使其丧失了许多值得保留的东西,如对自然世界的尊重、对某种超越性文化理想的追求、对精神世界和精神生活的执著等等。

从尼采大声喊出"上帝死了",信仰就丧失了现实的"存在"而沦落为"亡魂"。然而,当人类以自己的理性驱逐出上帝时,人类过得并不像原以为的那样"自由"。如果说科技理性使得信仰在现代科学知识面前不得不被挤压到退居其后的话,那么市场经济的全球化扩张和由之而生的经济理性对人类日常生活日益强大的宰制性作用,则使得信仰进一步走向危机。"经济现实之所以成为文化理想的矛盾面,并非由于人类现实生活的经济本性,而是由于经济理性的过度膨胀所必然导致的对文化理想的物力挤压。"①经济理性的核心是以最小化的经济成本或代价赢得最大化的经济收益或经济效率。无论是古典自由主义经济学注重的经济效率(甚至是利润)的最大化("maximization",一译"充量化"),还是现代某些新自由主义经济学和哲学注重的经济行为的成本最小化("minimalization",又译"最低限度"或"底线"),都在于经济理性及其合理有效的运用。这种经济理性的盛行,使得现代人成为"经济人",它推崇的是所谓"经济自由",即:使每一社会个体都成为一种经济权利主体,让其独立自由地走入市场,以便他或她自由自在地实现其价值目的。当代著名哲学家查尔斯·泰勒②深刻地指出,现代社会中的个人被"单子化"、"原子化"、"碎片化"了。③"破碎"的个体仅仅能从自我的、单一的、现实的维度思考生活。现时代成为一

① 万俊人:《信仰危机的"现代性"根源及其文化解释》,《清华大学学报》2001 年第 1 期。

② 查尔斯·泰勒(Charles Taylor,1931～),加拿大哲学家。

③ Cf. Charles Taylor, *Sources of the Self—The Making of the Modern Identity*, "Introduction", Mass. Cambridge: Harvard University Press, 1989.

个传统价值观念失落与信仰缺席的时代,因为没有了彼岸的存在,失掉了束缚与禁忌,致使人们可以为所欲为而不必有所顾忌,更不必担心自己的不端行为会受到相应的惩罚。在物质丰富和技术高度进步的同时,道德与精神的滑坡已经显而易见。一切存在都是相对的,都是不确定的,人丧失了存在的意义和根据。人们脱离了信仰文化带来的"生命不能承受之重"之后却也进入了丧失信仰之后的"生命不能承受之轻"。特别是伴随着后现代哲学对这一问题的思考,伴随着福柯"人之死"的提出,主体的人、大写的人、信仰的人已经濒临死亡,而这种死亡的命运或许与信仰的缺失之间有着某种必然的关联。人们不禁开始思考,也许在今天我们仍然需要信仰。

之所以在今天我们仍然需要信仰,是因为人毕竟是要追求意义的存在,这是人之存在的本性。既然意义的向度是人所固有的,人就不能忍受无意义的生活。信仰正好代表着人的一种精神理想和价值目的,代表着人类文化的、精神的存在意愿和意义。有学者考证,在拉丁语中,"文化"(cultus)一词本身就具有"敬神(cultus deorum)和"为神而耕作"(cultus agori)的意思。① 当然,古拉丁语文化语境中的"神"并不是一般宗教意义上的"神明"或"神像",而是带有某种超越性崇拜意味的理想精神象征。但正因为它不是在宗教意义上探讨"文化"与"神"之间的关系,才说明作为文化性存在的人类,总是需要某种形式的精神崇拜或理想追求,即使不是以宗教的面貌出现。美国当代著名思想家贝尔②认为,每个社会都设法建立一个意义系统,人们通过它们来显示自己与世界的联系。这些意义体现在宗教、文化和工作中。在这些领域里丧失意义就造成一种茫然困惑的局面。而这一局面是令人无法忍受的,因而也就迫使人们尽快去追求新的意义,以免剩下的一切都变成一种虚无主义或具有空虚无力之感。德国著名哲学家和伦理学家尼古拉·哈特曼③也曾经深刻地谈道,一个人可以在其行动中追求并实现多种具体的价值,但他或她终生追求的价值方向和终极目的必须是统一的、

---

① 万俊人、郭良:《网络文化:到底怎样认识你——关于网络文化的对话》,《中国青年报》2000年9月3日。

② 丹尼尔·贝尔(Daniel Bell,1919～),美国哲学家。

③ 尼古拉·哈特曼(Nicola Hartmann,1882～1950),德国哲学家。

一元的，一如人不可能同时迈步朝两个或多个不同的甚至是相反的方向行走一样。① 所以对于正在遭受信仰危机、道德滑坡、意义沦丧的现代人来说，信仰的重建极其重要。人只要生活着，就要过有意义的生活，没有意义的生活就等于没有生存的根基，而生存意义的问题直接的就是信仰的问题。信仰作为灵魂中现存的事实，本身就是某种形而上学。因此，信仰中洋溢并表达着人的某种存在。信仰是人类寻求内在超越性并趋赴无限的终极性的价值取向。人类在趋赴无限的终极价值的路途中，终极价值意味着一种主客体的高度融合与统一，奔向终极价值成为人类的永恒性的精神追求与绵延。信仰与人不可分割地联系在一起，构成人的存在与生存的终极性的根据，由此体现出信仰对于人具有形而上学的价值意义。这就是说现代人仍需要信仰，没有了信仰，现代人就没有了意义性的生活动力，也就没有了精神支柱和行动指南。信仰支柱体现着人生价值的可靠落实，其最根本的意义就是能够赋予短暂人生以永恒的意义。这种意义性的信仰精神可以说是人生价值的追求。信仰也包含着信仰者对未来美好理想的追求。没有信仰的人，会失去把握自身命运的力量，其发展的可能性会大大减低。有信仰的人，会为自己的信仰调动自身的一切力量，集中到既定的目标上，其知识、能力、内心世界都会得到充实和提高，从而推动个人及社会的发展。

我们无法离开信仰，但今天我们需要的信仰是否还是托马斯·阿奎那的理性信仰呢？理性信仰的积极意义就在于将上帝作为人存在的意义和根据，并通过理性使得这种不确定成为确定。信仰的意义首先在于世俗的意义。理性不仅可以帮助人在世俗社会中生存，更能帮助人达到信仰的更高层次，人要过既有理性又有信仰的生活，人在世俗社会的生活中同样可以过圣洁的生活。人有理性，更应该有信仰，应该在信仰中生活，理性信仰能够解读人生的意义和价值，它赋予人生的意义不只是区区几十年，更重要的在于使人的灵魂得到拯救。但这种理性的信仰毕竟在赋予人以生存意义的同时在人之上重压了一个“上帝”的形象。它总是想从人与世界的现实关系中引出它的天国的形式，从而以神为信仰

① Cf. Nicola Hartmann, *Ethics*, English translated by S. Coit, London: Unwin Brothers Publishing Ltd., 1932, Volume Z, pp. 65 – 66.

目标和核心，把人间的力量加以幻想，从而获得超人间的形式，并以此来把握一个预先设定的非现实的世界。这样人性只能用上帝的神性加以表现，人始终在上帝的遮蔽下存在和生存着。[①] 这种信仰对于现代人来说是不需要的，因为人已经可以依靠自身的力量为自身寻求存在的意义和价值。因此，马克思才对宗教进行了充分认识并做了彻底的批判，完全颠倒了托马斯·阿奎那上帝与人的关系，"人创造了宗教，而不是宗教创造了人"[②]，"宗教把人的本质变成了幻想的现实性，因为人的本质没有真实的现实性"[③]。但是，马克思对宗教进行批判，也并没有完全否定宗教的意义，"宗教批判摘去了装饰在锁链上的那些虚幻的花朵，但并不是要人依旧带上这些没有任何乐趣任何慰藉的锁链，而是要人扔掉它们，伸手摘取真实的花朵。宗教批判使人摆脱了幻想，使人能够作为摆脱了幻想、具有理性的人来思想，来行动，来建立自己的现实性；使他能够围绕着自身和自己现实的太阳旋转。宗教只是幻想的太阳，当人还没有开始围绕自身旋转时，它总围绕着人而旋转。"

究竟何种精神信仰才是现代人真正的、能成为现代人的精神支柱的信仰？对于这个问题的回答，应该就是现代人悉心牵挂的生存意义所在。托马斯·阿奎那理性信仰在人类历史上的确立，一方面抵制了传统神学信仰对于人性的压抑，另一方面也向现代人敞开了信仰的新维度，并赋予人以崭新的生存方式。因此托马斯·阿奎那理性信仰的启示在于，把外在化地建立在与上帝沟通的基础上的宗教信仰转化为内在化地建立在人的生活世界和精神自由基础之上的理性信仰，这才是我们现代人所需要的内在稳固的、自由的、能够充分体现人的价值和生存意义的理性信仰。因此，真正的信仰是立足于人的现实的生活和现实的实践活动，取消托马斯·阿奎那的上帝预设性，将上帝与人的关系中的人凸显出来，把上帝的本质归还于人。这样，真正的信仰就不是理性的信仰，而应该是信仰的理性，信仰是在形而上追求的终极意义上的信仰，信仰是人们生存和生活的

---

① 《马克思恩格斯选集》(第 1 卷)，北京：人民出版社 1995 年版，第 2 页。

② 《马克思恩格斯选集》(第 1 卷)，北京：人民出版社 1995 年版，第 1—2 页。

③ 《马克思恩格斯选集》(第 3 卷)，北京：人民出版社 1995 年版，第 666—667 页。

理想向度的信仰。而理性则是人们寻求这种终极意义和终极价值的手段,向人们内在地昭示着:人的生命的根据在于人自身,人要依靠自身的力量向终极意义进发。真正的信仰对于现代人来说就是一种不断敞开的价值信念与依靠人自身奔向和实现这样的价值信念的内在力量,既有寻求终极意义的要求,又消解终极意义;既避免人们陷入绝对主义,又避免人们遭遇虚无。这就实现了人们立足于生活世界上的理性和信仰的内在结合,从而,从根本上表达、实现并确证着人的超越性的本质力量。在这种信仰与理性不断追求的过程中,主体与客体实现真正的统一,实现一种真正的以人的方式对人的本质的全面占有,也就能实现人的全面的个性展示。

第三篇

近代哲学的科学精神

第五章 近代哲学的求知精神

哲学从其诞生那天起,就蕴涵着人性中不安分的情思,恰恰就是这不安分,才使人在理论困苦中不断超拔出来。“作为一种追本溯源式的意向性追求,一种理论思维的无穷无尽的指向性,一种指向无限性的终极关怀”①,哲学在不断地探求人的安身立命之本,不断地开拓人之为人的神圣之义。哲学在其发展的过程中,一直用各种理论方式表达着它对人之存在意义和价值的不断叩问和解答,古代哲学如此,中世纪哲学如此,近代哲学也概莫能外。一种哲学的态势有着怎样的理论合理性和现实解释力,就在于这种哲学在何种程度上把握了这个关联人自身的世界的本质和人自身存在的终极意义。而一种哲学能否获得持久的生命力,则是看它是否是在根源处解答了以往历史所未能回答的哲学命题,抑或是是否进一步从根源处推进了这种思考。从这个意义上说,知识论是解决本体论问题的思维原则和逻辑必然,“近代哲学的‘知识论转向’是从古代哲学离开对人类认识活动的反省而追寻世界统一性的本体论独断,转向对‘人的认识何以可能’的认识论反思”②。因此,近代哲学以知识论的形态呈现,实际上表征了通过对人自身认识能力、思维能力的确证以表达人自身对自我力量的自信和对世界本体终极追求的合法性根据的确认。

---

① 孙正聿:《哲学通论》,沈阳:辽宁人民出版社 1998 年版,第 218 页。

② 韩秋红、庞立生、王艳华:《西方哲学的现代转向》,长春:吉林人民出版社 2007 年版,第 150 页。

一、智慧之爱与知识之求

西方哲学的历史往往被看做是人类文明的历史，之所以存在这样的看法就在于西方哲学的理论在不断预言着历史的同时更证明着历史。自古希腊哲学开始，哲学就把人类拥有的独一无二的、不断追求智慧的心灵展现开来。无论是毕达哥拉斯将哲学理解为爱智慧——人不是智慧的拥有者，而是智慧的热爱者和追求者，人对智慧的爱就是哲学(philosophy)的思想；还是爱琴海之滨的古希腊阿波罗神殿上镌刻的"认识你自己"的苏格拉底之箴言；抑或是亚里士多德反复强调的追求自由是人之天性的思想表达，成为世世代代的哲人智者们的不懈追求与深切关注之焦点，并成为西方哲学一经发生便生发出的人类精神形而上追求之传统，是西方哲学两千多年来一以贯之的精神追求。缘此，哲学、特别是西方哲学愿意把自己定位于"爱智慧"。或许，这也是我们本书的主旨——人文精神所在吧！

西方哲学既是"形而上者谓之道"的人文精神之彰显，也是"形而下者谓之器"的知识体系之建构。知识体系之建构一定以"形"之方式体现"形上之道"与"形下之器"。道、形、器的中国哲学的术语与逻辑之网与西方哲学的智慧之爱、知识之求之路相得益彰。同时，西方哲学还以否定性的思想方法不断反省自身的思想发展，推动自身的思想发展，使自身的思想既在"二律背反"中前行，又在"二律背反"中沉思；既憧憬着历史，又证明着历史。智慧的热爱和知识的占有这二者之间的矛盾和悖论在近代知识论哲学的发展进程中确有印证，而哲学史的发展历程与哲学本性之间的内在契合也再一次彰显了"哲学就是哲学史"的历史名言。如前所述，古希腊哲学开启了"爱智"哲学的哲学沉思，早期哲学家一次又一次地试图以人类思维的边界猜度宇宙间万事万物，试图找寻出其间的规律和逻辑，甚至期望为变幻莫测的大千世界揭示出背后变动不居的"定力"。然而，对智慧的热爱和追求发展至智者学派，以"爱智"自居的哲学却走向了以文法、修辞等为主要内容的"学问"，这一方面体现了在古希腊早期自然哲学中就已蕴涵人之主体的思；另一方面又以语言、雄辩等工具来表征人之主体。前者是智者的“智慧”所在，后者则是智者的“知识”所在。苏格拉底非常不愿意称自己为智者的一个重要缘由，就是要克服智者的“二律背反”，努力以“知识就是德性”来定义哲学和拯救人生。其实，虽然自苏格拉底起，就已经将“智慧”与“知识”的内在关系加以提炼，但是应该承认，在苏格拉底处，不管他所列举的关于生产的知识，还是关于治国的知识，都不是纯粹为了“知道”，而是关乎德性的，是为了“得道”和“安道”的。即人拥有知识的目的不是为了占有知识，而是要呈现德性；不是为知识而知识，而是因知识而智慧；不是因知识而规约，而是有知识才更智慧。所以，只有掌握了关于某一方面事物的知识，才能做有“道德”的人，知识与德性同一。“一切别的事物都系于灵魂，而灵魂本身的东西，如果它们要成为善，都系于智慧……”①因此苏格拉底通常是以什么是美、什么是勇敢为话题与人对话，试图引导人们从具体事例的认识上升到普遍本性的认识，以获得关于事物的一般概念。而一般概念通常是以定义的方式体现的。苏格拉底的对话可谓是对话热烈、讨论持久、妙语横生、终无结论，即苏格拉底从未拿出定义式的结果，而只想体现通过对话达到“认识你自己”的目的。从这个意义上说，苏格拉底对哲学本性的定位仍然是爱智慧，是训练人们自觉地运用自己的理性来思考问题，来审视没有理性的生活是不值得过的生活。在古希腊早期，理性尚处于神秘状态，理性与生活（日常生活）何以结合？苏格拉底未能给出理性的解答。理性要么继续神秘，要么走向世俗。柏拉图也不满于苏格拉底的“二律背反”，以自己建构的理念论一来把世界二分，二来以理念为根据实现世界的统一。当柏拉图把世界二分时，他是在努力建构本体论、知识性、体系化的哲学框架；当柏拉图把哲学的追求定位在探究世界的终极本体和对理念的终极认识时，他试图揭示终极本体对现象界存在的终极价值与意义。如果按照孙正聿的观点表达，在柏拉图处已有终极存在、终极解释、终极价值的本体论形态，那么怀特海的观点也再次被证明——柏拉图之后的西方哲学都在解释柏拉图。在这一解释路径上，毫无疑问亚里士多德以“知识大全”的方式进行的集大成式解释颇具典型。

① 苗力田：《古希腊罗马哲学》，北京：商务印书馆 1958 年版，第 66 页。

亚里士多德一方面以“是其所是”探究“是”，推进了古人理性思维的深化；另一方面以知识的方式探讨科学，给科学以分类：“有经验的人较之只有官感的人为富有智慧，技术又较之经验家，大工匠又较之工匠为富于智慧，而理论部门的知识比之生产部门更应具有较高的智慧。这样明显的，智慧就是有关某些原理与原因的知识。”①亚里士多德既把哲学的爱智本性加以揭示，又通过科学分类使经验性的、日常性的“知识”科学化，科学又可以不断地使知识体系化。智慧与知识在科学分类的意义上加以统合。西方哲学的智慧之爱与知识之求在亚里士多德这里汇聚。

如果说古代哲学是哲学家第一次自觉地在“形而上者谓之道，形而下者谓之器”的本体论意境中，努力体现西方哲学的智慧之爱与知识之求，那么也许可以将中世纪的宗教哲学看做是人类历史上第二次拯救哲学本性的努力——尽管它没能摆脱“知识”的影子，甚至还走向了宗教的迷思。奥古斯丁似乎预见到了“知识之恶”，他努力搬出上帝来监视人间。在他那里，知识合理性永远要依附于上帝的神明。他似乎是在通过上帝至上的绝对性证明和人对上帝无条件信赖的方式，来重新恢复人对超越力量的追求。作为中世纪宗教哲学之集大成者，托马斯·阿奎那的主要贡献在于把基督教的教义与亚里士多德主义结合起来，实现了神学与理性的有效结合。他以理性思辨、概念演绎和体系建构的知识论方式来证明上帝的形上意义的存在。也就是说，即使是依靠信仰而存在的至高无上的上帝，也需要人类理性认识能力的证明，也需要知识论意义上的合法性证明。为此托马斯·阿奎那指出，人的德性分为三个层次，即实践的德性、理智的德性和神性的德性，只有通过前两种德性才有可能通达神性的德性。如果说前两种德性是人在经验世界可以通过理智和知识获得，后一种德性是上帝所具有的智慧，那么此意义就在于托马斯·阿奎那实际上应允了人性与神性、理智与德性、知识与智慧的统一。但是另一方面也应该看到，中世纪宗教哲学的存在也进一步证明了知识之于哲学的重要意义：即使是信仰亦需要知识的支撑和证明。怀特海在《科学与近代世界》中曾表达了这样的思想，中世纪对科学运动作出的

① 亚里士多德：《形而上学》，吴寿彭译，北京：商务印书馆1959年版，第3页。

最大贡献在于提供了一个坚定不移的信念——即认为每一个小事件都以绝对确定的方式与产生在其之前的事件发生逻辑联系。我们也许可以将其理解为这是在表达最具有哲学之本体论、形而上意义的智慧之爱与知识之求之间的关系，只不过是以宗教哲学的方式体现的。无怪乎大科学家牛顿也特别强调宗教与哲学、科学与哲学之间的联系。

哲学在不断追求智慧、热爱大智慧的征程中总是以这样、那样的方式呈现出自己对智慧的热爱与追求，而其最佳的方式莫过于求知识。这正如亚里士多德所说："两件大事尽可归于苏格拉底——归纳思辨和普遍主义，二者均有关一切学术的基础。"①我们也许可以这样理解，即知识在开始成为哲学对象之时就被预设双重含义：一是知识必须有自己的对象；二是知识必须具有普遍必然性，只有具备这两方面才能成为知识。从古代哲学开始的这两个预设奠定了近代知识论哲学的双重基调：一是在对纯粹客观性真理的追求中，坚持对象和主体分离的思维方式，在主体中肯认客体；二是对知识的追求必然是要寻找一个体系化的哲学而使得哲学理论成为"知识"体系。这样，哲学的智慧之爱不断演变为对"知识之真"的探求，哲学家的使命就是"运用人类理性"建立起知识论的大厦，让人、人的认识和人的认识所认识到的世界成为人类全部图景中最美丽、最系统、最精致、最科学的风景。文艺复兴之后的近代以来的西方哲人们孜孜以求的、尽心尽力做着的就是这样的事情。

在近代知识论哲学里，建立知识论体系的逻辑起点大体可以分为两种，或是以探求认识的对象究竟是什么为基本方式，或是以追问认识的起点和来源究竟是什么为基本方式。前者区分了认识对象的客体与主体，后者区分了认识来源的后天与先天，从而形成了近代哲学的两大学派——经验论学派和唯理论学派。笛卡尔用"我思"（主体、先天）这把钥匙开启近代哲学知识论大门；斯宾诺莎②和莱布尼茨③用"实体"和"单子"作为其哲学的基础、出发点和核心；

① 亚里士多德：《形而上学》，吴寿彭译，北京：商务印书馆1959年版，第266—267页。

② 贝内迪特·斯宾诺莎（Benedictus Spinoza，1632～1677），荷兰哲学家。

③ 戈特弗里德·威廉·凡·莱布尼茨（Gottfried Wilhelm von Leibniz，1646～1716），德国哲学家。

培根、洛克①、贝克莱②和休谟③等都以知识来源于经验这一原则作为其同处于经验派的默契；而康德是把“批判”作为其哲学体系的前提；等等。近代知识论哲学从其哲学的逻辑前提或起点出发，围绕着知识的来源和知识如何获得等问题建构自己的知识论哲学体系，用这样的体系架构出关于“真”的知识，实现对知识的检验。无论是“我思”、“实体”、“单子”，还是“经验”、“后天”、“白板”都不约而同地是在“求真”、“求知”的逻辑下提出来的，而思想在认识“存在”后才能够说出关于存在的“知识”和“真理”，人在“真”下的生活才有意义，以进一步发展苏格拉底的思想——未经理性审视的生活是不值得过的生活。为了说明这个意义，近代哲学家们极力用理性做一番曲折的演绎，最终说明理性的天资是如何达到关于“存在”的知识，才使追求“知识”体系的理性哲学在近代蓬勃发展起来。哲学的智慧之爱以知识之求的方式在近代哲学这里得到了确证性与确实性的呈现。所以，无论是经验论哲学还是唯理论哲学，在近代知识论哲学这里只是以不同的方式获取知识的确实性而已。追求与获得知识的确实性是近代知识论哲学的首要任务。只不过对知识求证的直接性与现实性似乎遮蔽了哲学智慧之爱的本体论、形而上本性。然而，无论如何遮蔽，本性毕竟是本性。正如孙正聿先生所言，毕竟没有本体论的认识论（知识论）是无效的。

从哲学发展的思想轨迹来看，西方哲学的智慧之爱与知识之求在一定意义上是一个本体论与知识论交织在一起的命题。这一命题的隐喻是指：要为这个世界作出说明和提出理论并不难，因为人与世界的关系首先是认识与被认识的关系。所以对于古希腊哲学家来说，人毕生所寻求的胜过面包和一切物质享受的，是智慧和知识。它不仅让我们的生命活着，更重要的是让我们的生命有价值和意义。一种强烈的本能告诉我们，为了活的更有价值和意义，首先我们要知道得更多，即我们要拥有更多的知识。因此，思想的力量驱使我们让存在——世界的本原、大千的宇宙、最高的实体等一切都在我们面前显现，这才是人的智慧之

① 约翰·洛克（John Locke，1632～1704），英国哲学家。

② 乔治·贝克莱（George Berkeley，1685～1753），英国哲学家。

③ 大卫·休谟（David Hume，1711～1776），英国哲学家。

展现,而人的智慧之展现的直接方式便是知识。于是,如何让所有的黑暗融入光明,如何让人拥有更多的知识,如何不断展现人类的智慧,似乎这一切都取决于我们对自身理性认识能力的探究,都取决于我们如何运用自己的理性获得更多的知识。对于近代哲学家而言,他们的主要任务就是“运用理性”告诉我们,知识的确定性根据何在——是理性还是经验,抑或二者都是,以及知识究竟如何获得。为此,当人类反躬自省自身理性认识能力时,追思人类认识能力的边界时,从单纯思考“是什么”到不断询问“为什么”,再到考量知识的功用和意义时,便是哲学从探究世界“是什么”的本体论向以“知识”为研究对象的认识论转变的时候(当然我们从不否认认识论是以本体论为基础的),也是西方哲学从古代哲学向近代哲学跨越的时候。

二、知识的合法性根据——理性?

西方哲学一向被看做是理性的事业,胡塞尔把理性主义看做是西方哲学的命运,卡西尔把西方哲学的理性命运看做是汇聚在一起的力量而聚集于 18 世纪。“当 18 世纪用一个词来表达这种力量时,就称为‘理性’。理性成为 18 世纪的汇聚点和中心,它表达了该世纪所追求并为之奋斗的一切,表达了该世纪所取得的一切成就。”[①]众所周知,17、18 世纪所取得的一切成就几乎用一个词语可以完全表达——知识抑或科学。于是,理性成为知识的合法性根据。

如果说西方哲学被看做是理性的事业,那么近代哲学一向被看做是典型的理性主义。因为在西方近代哲学家这里,追求知识的确实性是人的理性的渴望,揭示世界的本质和规律是人的理性能力,把人拯救为理性主体或知识主体是人的自由。这样,一切都是可以怀疑的,唯一不可怀疑的就是人的理性。人既然可以依靠自己的理性而取代神圣的上帝位置成为人类的中心,同理,人也完全可以依靠自己的理性而占据自然领域使其成为科学知识领域。

---

① 卡西尔:《启蒙哲学》,顾伟铭译,济南:山东人民出版社 1988 年版,第 3—4 页。

近代最为典型的理性主义者笛卡尔为了清除历史上知识的偏见，为了追求知识的确实性，为了努力寻找知识确定性的基础，抑或为了找到知识的“阿基米德点”，首先假定一切事物都是可以怀疑的。他曾经这样说过：“现在，我的目的是寻求真理——所以我毫不犹豫地予以采纳，作为我所追求的哲学的第一原理。”①这就是说，虽然我们可以怀疑这、怀疑那，怀疑东、怀疑西，甚至也可以怀疑自己的一切——身体、感官、联想、认识、知识、出身、头脑等，但怀疑本身是不可怀疑的，我在怀疑只能证明对一切进行怀疑的思想主体的存在。因当我说我在怀疑时，思想者便是“我”或“我思”。这样当笛卡尔确定怀疑本身不可怀疑之后，进一步认为怀疑乃是一种思想活动，思想活动才更进一步确认怀疑本身——“我”的“我在”。换一种说法亦是如此，在笛卡尔看来，普遍怀疑使得我的身体、感觉、联想等等容易出错的常识性认识都被“剥去”，只剩下“我思”与“我”的稳固、不可否认的关系。“我”无论“思”的内容如何，“思”这一行动必然蕴涵着一个主体，这一主体必然是“我”。无论从“思”的来源上抑或是追随“思”的逻辑路径上，必然有一个主语，即“我”。也只有“我”这个主体的“思”才能确证“我”的在，因为他人的“思”在“我”之中无效，没有必然联系的明确性。正如笛卡尔所说：“如果由于我看见蜡，或者蜡存在，那么由于我看见蜡因此有我，或者我存在这件事当然也就越发明显。因为，有可能是我所看见的实际上并不是蜡，也有可能是我连看见东西的眼睛都没有，可是，当我看见或者当我想看见（这是我不再加以区别的）的时候，这个在思维着的我倒不是个什么东西，这个是不可能的。”②“我思”在“最低”效率上也可以证明主体对“我”是存在的。尽管它对其他外在于“我”的事物的判断可能为假或根本没有判断的前提，但至少我“能够、希望、肯定”清晰地认识到的是“我在”，而“我在”一旦确定，“我思”便是“我在”丰富内容的不二人选。也即“我在”一旦落实，“我思”即刻显现。这样“我思”才既是笛卡尔普遍怀疑的最终结果，是排除一切不确定性的东西之后余下的唯

① 笛卡尔：《谈谈方法》，王太庆译，北京：商务印书馆 2009 年版，第 26—27 页。

② Rene Descartes, *Western Classics—Meditations On First Philosophy*, Translated By John Cottingham with An Introduction by Bernard Williams, China Social Sciences Publishing House, 1999, p. 22. 参见笛卡尔：《第一哲学沉思集》，庞景仁译，北京：商务印书馆 1986 年版，第 32 页。

一确定的东西，亦是知识的起点，更是使知识具有确定性的“阿基米德点”。他通过对人类理性自身的审察，重新为知识的合法性奠定根基。这是笛卡尔的理论色彩，更是整个近代知识论哲学的理论基调。

从笛卡尔论证过程来看，其烦琐的论证“我思”与“我在”的关系是必要的，也是之后所有问题展开的最有效根据。在“我思”与“我在”之中，人逐步确立了一种视角，即从我自身“思”与“在”的明证性中去看待一切事物，也就是必须把握住一个确定性再去寻求、确证另一个确定性。但是笛卡尔并没有草草地展开他的这一蓝图，因他还要弄清楚自身之思中有哪些可作为物质世界之明确无疑的基础。他发现这很困难也很复杂，但不影响其研究，他仍然以提问的方式探讨这一话题。“我既然在怀疑，我就不是十分完满的，因为我清清楚楚地见到，认识与怀疑相比是一种更大的完满。”①“我怀疑”这个“思”是我认识不到“真”的结果，也就是我认识之缺陷，这些丝毫不影响“我思故我在”的明晰性。笛卡尔诚然没有局限于“我思”与“我在”关系的狭小王国，而需要用一种外力证明此关系，以更好地理解二者作为最明晰的根据的普遍适用性。因此，他放开眼界，力图寻求“他在”王国与“我在”王国的真实联系。笛卡尔从“我思”这一第一原理出发进一步推出上帝的存在，又在上帝存在的前提与保护下推出物理世界的存在，从而以三大实体——自我（心灵主体）、上帝（绝对实体）、物体（物质实体）为支柱建构整个近代知识论哲学，树起笛卡尔的形而上学之树。事实上，这既是笛卡尔努力建构其哲学大厦或形而上学之树的企图，更是对生活世界进行更加完善、全面理解的努力与愿望的积极达成。笛卡尔很幸运，因为他把人类自身既当做方式又当做是目标，他的方法既是人类理解自身的最好依据，也是人类开启理性之门的理想方向。因此，他幸运地走向了一条可以积极实现并有着持续性意义的道路。笛卡尔正是在这份幸运中继续前行，寻求人类生活世界的全面样貌。

笛卡尔为自己寻找到了一种方法，“我不仅找到窍门在很短的时间内满意地弄清了哲学上经常讨论的一切主要难题，而且摸出了若干规律，它们是由神牢

---

① 笛卡尔：《谈谈方法》，王太庆译，北京：商务印书馆2009年版，第28页。

牢地树立在自然界的，神又把它们的概念深深地印在我们的灵魂里面。所以我们经过充分反省之后就会毫不犹疑地相信，世界上的万事万物无不严格遵守这些规律。……我再进一步观察，看到这些规律是连成一气的，因此我认为自己已经发现了许多非常有用、非常重要的真理，胜过我从前学过的一切，甚至超过我从前希望学到的一切。”①其实当笛卡尔这样说时，他仍然是在自己的逻辑系统上思考问题，并力求回答“我思”究竟是什么，为“我思”寻找合法性根据，而不至于使“我思”成为独断的霸权。为此，笛卡尔才请出了上帝。笛卡尔请出上帝是好是坏我们不想作价值判断，我们也许作出如下事实判断——笛卡尔用其方法（普遍怀疑或理性演绎）奠定了知识论的可靠基础（我思），再用上帝保证了这一基础的真实可靠性。如果这是笛卡尔以上论述的基本事实的话，那么我们才可能作出这样的价值判断：笛卡尔的方法论与知识论一致，知识论与本体论一体，本体论与上帝论统一，这一切的契合均与“我思”——人的认识能力、人的理性、人自我的主体性有关，即理性是使科学知识成为知识的合法性根据。可见，笛卡尔哲学的出发点、笛卡尔哲学的思考路径及论证方法都是为了一个目的：追求知识的确实性。

斯宾诺莎的哲学代表作《伦理学》（其全称为《按几何学顺序证明的伦理学》），一直以来被视为西方哲学史上第一次用几何学的定义、公理再到命题的推演方式解决哲学问题的较为成功的尝试。尽管其证明的方式与过程不甚严密，并多有外在的牵强，但斯宾诺莎毕竟把西方近代以来的哲学求知精神或笛卡尔的形而上学之树的理想付诸实践。

如前所述，笛卡尔努力用几何学的方法来确立自己的形而上学大树，斯宾诺莎则把笛卡尔的理论建构努力推向极致。斯宾诺莎完全按照几何学方法，“试图全面理解实体的性质、身心关系、完善化的公式以及单个严密体系结构中的一切”②。所以，斯宾诺莎与笛卡尔一样，坚持日常生活是不能够轻易信任的，其中充满了种种欺骗人的眼睛的行为，人们关注的应该是最高的善和幸福，而这样的

① 笛卡尔：《谈谈方法》，王太庆译，北京：商务印书馆2009年版，第34页。
② 约翰·科廷汉：《理性主义者》，江怡译，沈阳：辽宁教育出版社1998年版，第7页。

善和幸福只能通过知识达到，因为幸福的重要内容在于求得真观念。求得真观念就涉及方法问题。因为“方法不是别的，只是反思的知识或观念的观念，因为如果不先有一个观念，则将没有观念的观念，所以如果不先有一个观念，也就会没有方法可言。所以完善的方法在于指示我们如何指导心灵，使它依照一个真观念的规范去进行认识。”①这里斯宾诺莎表现出与笛卡尔的不同：笛卡尔的知识论是一个思辨逻辑的过程，通过普遍怀疑，力图为思维提供一个纯洁的开端，使“我”成为普遍怀疑的执行者，在“我在”和“我思”中有一种不证自明性；斯宾诺莎在知识论上的特点是以实体为中心，直接把实体即自然、上帝当做认识的对象，是达到至善的最高境界，使“实体”不仅仅是一个本体论意义上的形上本体，更是伦理学意义上的道德本体，这样的本体只有靠理性演绎才能认识和实现。在斯宾诺莎看来，对于日常生活来说，我们之所以生活得不幸福，之所以还存在一些问题，是因为我们获得的知识不充分，是知识与美德的不对等（苏格拉底意义上）。怎样的知识才是充分的、才是美德和幸福呢？斯宾诺莎把知识归结为三种：第一种是意见和想象，包括传闻知识和泛泛经验，没有知识的确实性，也无法认识实体的本质。意见和想象是不可靠的，是虚假的原因，是形成虚假知识的前提，它们没有确定性和必然性，只有对本质、必然性进行把握的真理和规律才具有必然性。第二种指推理知识。推理知识有两种——数学知识和哲学知识，数学知识是靠推理得出的理性知识，是正确的、可靠的。哲学知识是人们力求对“我思”作出的一系列推论。与数学知识恰好相反，数学知识是必然的、确定的，而哲学知识未必是必然的、确定的，即哲学的、形而上的理性知识未必是必然和可能的。第三种是直观知识。是从一事物的本质入手获得的知识，是必然正确的知识，是直接把握事物的本质，没有中介的干扰，所以不会出现错误，因而是最高的知识，即真观念。以真观念为真知识，这是斯宾诺莎高于笛卡尔的地方。因为斯宾诺莎更看重“真观念”与“事物相符合”，真观念必定符合对象。人的理性按自己固有的能力以一定的方式出发，于是创造了自己最初的理智工具。通过

---

①　北京大学哲学系外国哲学史教研室编译：《西方哲学原著选读》（上卷），北京：商务印书1981 年版，第 411—412 页。

这样的工具,理性获得了进一步进行理智操作的能力,再通过这样的工具,延伸它所获得的理智范围,直至达到智慧的顶峰。这里斯宾诺莎虽然以智慧命名最高的知识,但其实质是通过逻辑的演绎获取结论性知识,与智慧在本质上还存在着区别。与笛卡尔一样,斯宾诺莎也不相信符号,而相信直觉,认为真观念不是由一系列符号构成的。在寻找事物本性的致思途中,斯宾诺莎通过实体、属性和样式等概念构建了自己的哲学体系。

实体是自身的本质就包含存在的东西;属性是构成实体本质的东西;样式是构成实体的偶性的东西。这样一来,实体唯一、自因、至上、无限,是真正的观念和真正的本体;属性有二,广延和思维;样式为多、偶性多样。斯宾诺莎还规定了属性与样式之间的关系。属性和样式分别是实体的内外规定性——属性是实体的内在本质,样式是内在本质的外部体现。每一属性都有无限多的样式。那么样式与实体的关系就更明朗化了:样式为多、实体唯一,样式变化、实体不变,样式相对、实体绝对,样式现象、实体本质。可见斯宾诺莎以几何学的方法和哲学的理性演绎法构建了西方哲学史上第一个较为规范、系统的哲学体系。显然方法是为内容服务的。斯宾诺莎努力用几何学的方式呈现哲学思考的理路,就是他心中确信,只有几何学的科学严密性才能解决追求知识确定性的渴望,并把这一理想变为现实,让事物按其本性的必然性呈现出来。斯宾诺莎让事物的必然性本性呈现为唯一的实体,实体即自然,又把上帝等同于自然,从而克服了笛卡尔三实体、二元论的问题,世界终于成为一个有机的相互联系的整体世界。这个整体就是按照几何学的结构、服从严格必然性的因果关系的网络。我们的理性,特别是斯宾诺莎所说的“真观念”的理性直观知识就是对世界这一整体认识所形成的更为确定性、系统化的知识,这是斯宾诺莎想要的知识,也是近代西方知识论哲学想要的。难怪黑格尔在《哲学史讲演录》中对此作出高度评价,指出斯宾诺莎是近代哲学的重点,要么是斯宾诺莎主义,要么不是哲学。要开始研究哲学,就必须首先做一个斯宾诺莎主义者。这个斯宾诺莎主义者应该是求真知者、求世界本性之必然的科学者。所以,斯宾诺莎建构的世界图景[以真观念(实体或自然或上帝)为本体建立出来的实体(一)、属性(二)、样式(多)的世界知识图景]是否真实和美妙可以暂且不论,但其为近代哲学提供的确实性的致知之路和沿着这条路径可通向的知识大厦，使哲学成为了像科学一样具有知识体系的哲学。

使哲学成为知识化、体系化的哲学是近代知识论哲学始终如一的目标，在追求这一目标的过程中莱布尼茨当然是重要人物。作为与牛顿①同时制定微积分的数学家，作为数理逻辑的提出者，莱布尼茨也采用几何学的证明式，也采用逻辑概论式以追求知识的确实性。特别是他以充满活力和创新精神的单子论努力“建立一种‘普遍语法’——一种能够表达整个人类知识的普遍符号体系”②。他相信有着理性秩序的宇宙，“每一事件都在整体中找到它的必然位置”③。他被数学固有的清晰性和确定性所吸引，主张从哲学的角度去“建立完善的统一知识体系的模式”④。因此，在近代知识论哲学的致知之路上，莱布尼茨采取了通过天赋观念和理性直观以数学和形而上学的普遍必然性达到真理性认识的认知道路，并在这条认知路上凸显理性的伟大力量，虽然他给经验留下了一定的空间。正如莱布尼茨在《人类理智新论》中讲的那样：“必然真理的原始证明只来自理智，而别的真理则来自经验或感官的观察。我们的心灵能够认识每种真理，但它是前一种真理的源泉。而对于一个普遍的真理，不论我们能有关于它的多少特殊经验，如果不是靠理性认识了它的必然性，那么靠归纳则是永远也不会得到对它的确定性的保证的。”⑤这在一定程度上表明了莱布尼茨一方面承认经验事实的真理性，另一方面又在根本问题上（世界的必然性本质）坚持了理性主义的根本立场。他说：“现在我懂得并承认真理与谬误二者都属于思想，而不从属于事物。”⑥即真理不以我们的意志为转移，真理体现观念与事实的关系。在进一步论证这一问题时，莱布尼茨明确指出：“也有两种真理：推理的真理和事实的真理。推理的真理是必然的，它们的反面是不可能的，事实的真理是偶然的，

① 艾萨克·牛顿（Isaac Newton，1643～1727），英国数学家、物理学家、天文学家和自然哲学家。

② 约翰·科廷汉：《理性主义者》，江怡译，沈阳：辽宁教育出版社 1998 年版，第 9 页。

③ 约翰·科廷汉：《理性主义者》，江怡译，沈阳：辽宁教育出版社 1998 年版，第 8 页。

④ 约翰·科廷汉：《理性主义者》，江怡译，沈阳：辽宁教育出版社 1998 年版，第 10—11 页。

⑤ 莱布尼茨：《人类理智新论》，陈修斋译，北京：商务出版社 1982 年版，第 49 页。

⑥ 莱布尼茨：《自然哲学著作选》，祖庆年译，北京：中国社会科学出版社 1985 年版，第 16 页。

它们的反面是可能的。"①这就是说，当一个真理是必然的时候，我们可以用分析法找出它的理由来，把它归结为更单纯的观念或真理。这似乎是一个在逻辑上证明真假之别的问题，何以区别呢？理性真理具有必然性、普遍性和绝对性，事实真理具有偶然性、特殊性和相对性；理性真理依靠理智直观的逻辑推理，事实真理依靠感觉经验的归纳综合；理性真理是必然真理，事实真理是偶然真理；必然真理是必然的，是靠理性自身或理性的天赋的内在原则提供的，如几何学的真理，偶然真理或事实真理是靠感觉经验的归纳而不可能获得必然性，只具有或然性，缺乏普遍必然性，并因其偶然性有可能成为谬误。在此，我们再一次看到莱布尼茨向经验论的让步或妥协，但他的理性主义的知识论立场始终没有改变。他没有将理性真理与事实真理同等而论、等量齐观、一视同仁，而是坚定地认为理性真理高于事实真理，理性真理提供了真理、知识的确实性、必然性。

同时，应有必要再说明一点，莱布尼茨在论证理性真理、推理真理之必然时，提出了充足理由律。莱布尼茨继续区分必然真理和偶然真理：如果一个事件相反的情形是不可能的，是自相矛盾的，就可以把它纳入到必然真理的范围；相反，如果一个事件相反的情形是可能的，允许自相矛盾，就可以把它纳入偶然或事实的真理。在此，莱布尼茨承认事实真理既是面向事情本身的体现，也是运用充足理由律的体现。哲学要达到关于世界的普遍知识需要充足理由律，哲学不能只靠理性演绎，还要靠归纳综合，即充足理由律。众所周知，莱布尼茨提出充足理由律是在亚里士多德把逻辑规律总结为矛盾律、同一律、排中律的基础上又增加的一个新的逻辑规律，这是逻辑学史上的一大发明。这一发明既是逻辑学的，更是哲学本体论的，因为莱布尼茨与亚里士多德在逻辑上的区别应该是基于本体论、知识论和方法论的区别，即亚里士多德努力使自己的形式逻辑为其本体论的"实体"做说明，而莱布尼茨努力使充足理由律为其理性真理服务，为其单子论的知识世界服务。也就是说莱布尼茨在逻辑推理演绎的前提下运用充足理由律为方法构建自己的单子世界——一幅新的世界知识图景。

近代唯理论对知识体系的自觉追求是求知、求真意识的凸显，使知识论成为

① 莱布尼茨：《人类理智新论》，陈修斋译，北京：商务印书馆1982年版，第xliii页。

这一时代哲学的基本特征。知识体系建立在数学思维的基础上，存在结构的体系化是知识结构体系的体现，“体系是一种数学性的理性体系”①。海德格尔对近代知识体系形成的条件作出了精辟的分析，并指出这种体系根源于“追求数学理性体系的意志”②。在这种体系中，“思维自我确信决定那种‘是存在’的东西，而且是作为原则，从而是原则决定之。思维及其确信成为真的尺度，而只有是真的东西，才能被承认为真正存在的。思维的自我确信成了法庭……决定一般的什么叫做存在。”③海德格尔的这段论述是对近代唯理论建立知识体系真正意义的揭示，因为近代唯理论哲学坚信“知识的真理性”背后得到的结果一定是发现“存在”，而这种对“存在”的认识和把握才是真正属人的知识。就算不能发现“存在”，近代唯理论哲学对认识和把握存在的前提性的考察也间接地体现了对“存在”的信仰。正是“存在”存在，才能够确定其存在的客体性、对象性、必然性；正是“存在”存在，才能充分证明对存在进行认识的主体所获得的认识的正确性、确实性、普遍性。不过，认识的正确性、确定性的根据不在对象身上，而在认识的主体——理性身上。理性主体是使知识成为知识的合法性根据。这是唯理论哲学的理论主张，更是其将近代知识论哲学呈现为主客二分的二元对立的思维方式的典型体现。由此，思维与存在的关系才凸显出来，知识合法性的根据问题才明确起来。

三、知识何以可能——经验?

近代知识论哲学的唯理论和经验论出于它们各自的原则，分别以笛卡尔和培根为它们的创始人。因为笛卡尔用理性演绎法（数学方法）解决哲学所要解决的知识的合法性根据问题，培根则用经验归纳法力求证明知识与实验科学的

① 海德格尔：《谢林论人类自由的本质》，薛华译，沈阳：辽宁教育出版社 1999 年版，第 53 页。

② 海德格尔：《谢林论人类自由的本质》，薛华译，沈阳：辽宁教育出版社 1999 年版，第 5 页。

③ 海德格尔：《谢林论人类自由的本质》，薛华译，沈阳：辽宁教育出版社 1999 年版，第 48—49 页。

关系，说明怎样的知识才是可靠的、确定的。从培根提出“知识就是力量”的口号开始，知识就必然被赋予客观有效的内涵，因为只有客观有效的知识才不仅能够证明人的理性是人的本质性存在，同时还能证明人对自然的力量。这种力量的来源就是对知识对象的认识，尤其当这种对象性知识系统化、科学化时，这种力量表现得更加强大且无所不在。

经验论的代表人物培根的全部思想似乎就体现在这样的一句箴言当中：“人类知识和人类权力归于一；因为凡不知原因时即不能造出产生结果。要支配自然就须服从自然；而凡在思辨中为原因者在动作中则为法则。”①在这里培根为一切科学确立了基本的原则：从认识自然、服从自然开始，以达到利用自然的目的。培根认为，人类的知识之所以出现目前贫乏并且停滞的状况，其根本原因有二：一是人们对现有的知识认识不清，自以为自己掌握着全部知识；二是目前的知识是经院哲学家按照亚里士多德的逻辑建立的“大全”式的知识体系，并视其为真正的科学。培根针对这两方面情况首先做了“除旧”性工作——破除假相。种族假相——是人类性问题。即人在认识事物时总是将自己的感性或理性色彩渗入其中，而无客观性、科学性立场，致使认识的事物变了形、走了样，导致认识出现主观性错误。洞穴假相——是个体性问题。每个人由于各自的立场、角度、教育、家庭等不同因素，容易从各自特殊的视角出发认识事物，犹如坐井观天所形成的一孔之见，导致认识出现片面性错误问题。市场假相——是语言性问题。人们认识事物往往使用的是语言，但使用的语言多半是定义不清、意义不明、有名无实的语言，语言混乱导致思想混乱，导致认识出现客观性错误。剧场假相——是历史性问题。哲学历史上出现的这样那样的思想家、知识体系，都不过是历史上的一幕剧、一场戏而已。如对其盲目崇拜，将导致认识出现盲目性错误。所以培根才有这样的名言：真理是时间的女儿，不是权威的女儿。想要根除各种假相，获得真正的知识，就要使用正确的工具和恰当的方法，培根称之为“新工具”，这是培根所做的“立新”性工作。在培根看来，他所发明的“新工具”虽然名为“工具”，但绝不像希腊时期智者学派那样的论辩的工具，而首先应

① 培根：《新工具》，许宝骙译，北京：商务印书馆1984年版，第8页。

是认识自然的工具,是发明技艺的工具,是作为发明原理本身对发明工作作出的指示和指导。这样,与前人特别是亚里士多德所倡导的三段论式的演绎逻辑的工具不同,也与笛卡尔提倡的数学分析的理性演绎法所体现的工具性不同,培根所说的新工具是指归纳逻辑,并对归纳提出了具体要求,这就是他创新性工作的具体体现——“三表法”。培根通过“新工具”重新确立了获得知识的途径——不再仅仅依靠理性思辨的自我演绎而获得知识,而是依靠对自然的客观认识和有效证明而形成,因为其归纳法从一开始就是要求事实多而全(正与反俱在)、广而深(真与假同在)。这样一来,培根把世界的客观性当做不证自明的理论前提,这个“不证自明”隐含了对外在世界的“实体”性保证的信赖情结,经验对于知识来源的不可怀疑的确证性情结,也证明了他对知识的客观性规定的笃定性情结,这是近代知识论哲学把实体作为知识客观保障的必然结果。因为在人之外的那个实体不仅与人对立,也是能够让人自足的。同时我们也应看到,尽管实体可以给人以自足,如经验、归纳、事例枚举可以证明这样的自足,归纳也有种种要求与步骤,这一切都从反面提出了这样一个问题,经验归纳是否可靠,或曰知识的可靠性问题。当然我们必须承认培根自觉不自觉地从正面积极地回答了这一问题。那就是培根把知识看做是改造世界的重要手段。在培根看来,求知本身不作为目的而存在,而获得知识本身则是增强人类自信的一种手段,为此他提出了“知识就是力量”的口号,将知识作为人驾驭自然、战胜自然的根本力量,“由于形式的发现,我们就可以在思想上得到真理,而在行动上得到自由”①。不仅如此,培根更将知识看做是维护社会稳定和完善人自身的重要手段——“求知可以改进人性,而经验又可以改进知识本身。人的天性犹如野生的草,求知学习好比修剪移栽。”②“读史使人明智,读诗使人聪慧,演算使人精密,哲理使人深刻,伦理学使人有修养,逻辑修辞使人善辩。”③

洛克把哲学的任务规定为探讨人类知识的起源、确定性和范围。这就把知

① 培根:《新工具》,许宝骙译,北京:商务印书馆1984年版,第108页。

② 培根:《培根论人生》,何新译,北京:中国友谊出版公司2001年版,第232页。

③ 培根:《培根论人生》,何新译,北京:中国友谊出版公司2001年版,第234页。

识作为哲学研究的中心,也就是把人类主体形成知识的能力作为研究的课题。这样,哲学就主要成为一种反省的理论。正如洛克在《人类理解论》的一开始就提出他哲学的根本理论旨趣那样:“我的目的在于研究人类知识的起源,可靠性和范围。”①在洛克的这一箴言性的话语里,我们能够清晰地看出如今被人们称为“知识论转向”的那种思想的表达。近代哲学的“认识论转向”是从古代哲学离开对人类认识活动的反省而追寻世界统一性的本体论独断,转向对“人的认识何以可能”的认识论反思,并提出了自己的哲学原则——认识何以可能?他指出,在我们考察知识等问题之前,应该先考虑自己的能力,并且看看什么事物是我们的理解能够解决的,什么事物是它所不能解决的。也就是说,知识问题实质上是人的理智能力问题。在洛克看来,要解决与回答这一问题,就要先做“清道夫”的工作,就应该为知识的大厦清理地基。因为经院哲学中的烦琐复杂的思辨方法是无益于知识形成的,源自希腊哲学的怀疑主义更是与形成知识的原则相悖。也就是说,洛克认为知识并不是在主体内部产生的;他对笛卡尔所倡导的第一原则——“我思”产生了质疑——这是一种天赋观念,天赋观念实际上是说在人心中存在一些天赋的、与生俱来的原则使得人们可以认识事物。洛克认为天赋观念只是一种假设,知识不是来自天赋观念,而是来自后天的经验。他承认人有认识能力,但是获得怎样的经验则是后天的。为了赋予知识以合法性,为了说明知识不是来自天赋观念,为了说明他清理后的地基的干净明了,洛克提出了“心灵白板说”。“心灵白板”其实蕴涵着双重意义:一是认为一切知识在白板上才能形成经验,宛如一张白纸好写、好画最美的文字和图画,即“知识起源于经验”;二是全部知识都来源于经验,都建立在经验的基础上。洛克认为经验来自于感觉和反省,对外在事物不能反省,对内在事物不能感觉,两者彼此不能代替,它们有各自独立的认识来源。为了保证经验的可靠性,洛克把理智、知识、观念三者通用,探讨感觉、反省经验怎样达到确定性的知识。从而进一步得出这样的结论:一切理性认识都离不开感性知识,复杂知识要以简单知识为前提。复杂知识的观念是人心在接受简单观念时虽然被动但也有主动的能力在其中进行组

① 洛克:《人类理解论》(上卷),关文运译,北京:商务印书馆1959年版,第1页。

织形成的。洛克认为人的理解能力不但有比较作用，可以把两个观念放在一起进行观察，而且还有抽象作用，人心可以把连带的其他观念排斥于主要观念之外，或者把一个观念同时间、空间的特殊情节分离开来，或者把其共性保留而舍弃其特殊性。经过这样的抽象，就可以得出更为复杂的观念，就是概括性、本质性、普遍性、抽象性的观念。所以，可以说洛克提问题的方式是近代的，解决问题的方式更是近代的。因为他毕竟探讨了一系列知识论问题：知识源于经验，经验源于对象（主体、客体均为对象），在经验基础上形成的知识才有可能在一定范围内进行分类，通过分类才能进一步明确知识的可靠性问题。洛克还通过第一性的质和第二性的质的区分将物体所固有的属性加以本质的和非本质的区分，对这一问题的探讨从认识论上讲是认识的对象性与认识的主体性是否具有一致性的问题。这是近代知识论哲学的一个根本的问题；认识对象的客观性和认识形式的主观性如何统一的问题，是知识完善化、合理化的前提性问题。可见洛克力求在认识论的一系列问题上，如认识的来源、认识的对象、认识的过程、认识的结果等问题上，作出自我合理性的解释，这些解释又都是在对经验能否成为知识的可靠基础上所做的论证，这些论证又都是在“心灵白板”的前提下、对认识主体自身的认识能力作出自觉反省的基础上进行的，这是近代哲学知识论的典型。

休谟哲学所面临的问题应该说与洛克、笛卡尔是一样的，那就是在知识真假难辨的情况下如何为其确定清楚明白、真实可靠的基础。为此，休谟不仅是走着与贝克莱同样道路的哲学家（马克思语），更是沿着洛克的哲学致知之路前行，并且比洛克更为深入地研究“一切科学（知识）的心脏”问题——“人性”问题（休谟语），认为哲学就是研究人性的科学，所有科学都与人性相关，“在我们没有熟悉这门科学之前，任何问题都不能得到确实的解决”①。至于如何来研究人性，休谟明确指出：“关于人的科学是其他科学的唯一牢固的基础，而我们对这个科学本身所能给予的唯一牢固的基础又必须建立在经验和观察之上。”②这就奠定了休谟经验论的方法、原则及其终结经验论的基础。

---

① 休谟：《人性论》（上卷），关文运译，北京：商务印书馆 1980 年版，第 8 页。
② 休谟：《人性论》（上卷），关文运译，北京：商务印书馆 1980 年版，第 8 页。

众所周知,休谟把洛克、贝克莱称为观念的东西叫做“知觉”,并以此为前提提出了其“人性科学”的两条基本原则,印象在先的原则和想象自由的原则。前者将感觉印象作为一切知识的来源,后者则认为从“人性”上说在人心中的印象、观念可以自由结合,可以想象出印象中所没有的东西,后者是依赖于前者的。切记,这种自由想象是不能创造观念的,观念无论怎样奇特玄妙或谎言错误,都可以在印象中找到根据。可见休谟的这两条原则既是对培根、洛克经验论原则的发展深化,也为经验论奠定更为坚实的基础——一切知识来源于感觉,而又不否认观念!那么感觉印象从何而来呢?休谟的自问自答在此成为典型——存疑——即感觉经验从何而来是不可知的!如果此问题可以为假,那么感觉经验自身是否具有真实性呢?休谟仍坚定自己的经验论立场,并始终坚持经验与常识一致的基本认识,认为我们没必要追问感觉经验的来源问题,只要我们能够合理地把握与认识感觉经验就可以了。休谟自认为对感觉经验的合理解释在于,基于印象在先和想象自由的基本原则,可以有崇高的论题、伟大的理论、深奥的思辨,但那应该是神学家、政治家的事;正确的知识、合理的判断应避免高谈阔论,因正确的知识主要应用于日常生活,只基于日常常识,哲学家不能超越日常经验,哲学是在对日常经验、日常生活进行反省的基础上形成的正确知识与合理认识。这样的认识、知识便只能在经验范围内,超出经验范围之外的便是不可知的。休谟不仅在这里坚持经验论的基本立场,更重要的是他为了体现这一立场的本体性,还探讨了经验范围内、日常生活范围内的因果关系问题。他认为,人类有两类知识,一类是基于数学和逻辑上的观念之间的知识,一类是事实的经验的知识,这些知识可以是想象自由的结果——自由想象时可以把一些由印象形成的观念加以组合成有类似关系、有接近关系和有因果关系的观念,而前两种关系“心灵都不能超出直接呈现于感官之前的对象,去发现对象的真实存在或关系”①。也就是说,这三种关系中只有因果关系特殊,其特殊性就在于因果关系是否可以为正确的知识与合理的判断提供普遍性、必然性的基础。因为,事实的、经验的知识是人类知识的主体。事实知识建立在因果关系基础上,科学知识

① 休谟:《人性论》(上卷),关文运译,北京:商务印书馆1980年版,第89页。

大多以因果关系为基础。所以因果关系不是推理问题，不是逻辑问题，而是事实、经验问题，因果之间的关系要靠经验去发现。正如我们不能超出经验、知觉而达到经验之外的本体一样，我们也不能超出经验而达到因果关系。可是如果因果关系在事实、经验层面真的能让我们知道，那么因果关系就是事实的、经验的、可感的、可知的。但我们即使进行最精密的观察，也找不到两个事实之间的因果性。“每个结果都是和它的原因不一样的事情。因此，它就不能在其原因中发现出来。”①就是说人们在事实中找不到因果关系，可人们却经常断言有因果关系存在，这是怎么回事呢？这是不是矛盾呢？休谟再一次作出了自我独特的解答。

休谟认为这是人们基于经验事实的一种心理习惯，习惯是人生的伟大指南。因为人们经常看到两件事情经常联系在一起同时发生或先后发生，如听到打雷必联想到下雨，并在事实层面又经常这样出现。于是，人们就习惯于由一件事物的出现而期待另一事件、事物的出现。如果不是由于习惯，人们只能看到两件事物先后发生，根本看不出它们之间的关联性。所以，由事实、经验得来的因果知识是心灵习惯的结果，而不是归纳和推理的结果。这里存在一个十分重要的问题。近代哲学之所以常常被称为知识论哲学，其中的道理之一就是近代哲学的价值追求——为人类建立普遍必然的知识，为建立普遍必然的知识提供可靠的方法。可休谟将大多以因果知识为基础的人类科学知识看做是心灵习惯的结果，一方面否认了人类知识的普遍必然性，另一方面靠心灵习惯形成的知识更具有或然性，或然性的知识是知识吗？偶然真理、事实真理是真理吗？所以休谟以其彻底的经验论立场向整个近代哲学提出了难题。如果在经验范围内靠经验归纳也无法把握和认识因果关系的话，心灵习惯何以把握？这是否依然是心灵白板说在起作用，抑或是“我思”、“我疑”的天赋观念论在起作用？如果是心灵白板起作用，恰好经验归纳的无奈证明着其不可能；如果是天赋观念作用的话，推理演绎何以证明因果关系、因果知识之可能呢？如果这是“休谟问题”的话，那么问题的重要性就不在于休谟是否解决了这一问题，而在于休谟以更深刻的方

---

① 休谟：《人类理解研究》，关文运译，北京：商务印书馆1981年版，第30页。

式提出了问题;问题的关键就不在于这是否是老问题,而在于老问题中的新问题——或许因为这一点休谟哲学具有了现代气息;或许因为这一点"惊醒了康德教条主义的迷梦";问题的核心就不在于休谟终结了经验论哲学,而在于休谟之后哲学界仍然在津津乐道地探讨知识的真假判定问题。所以,休谟是以另一种方式践行着近代哲学的使命,彰显着近代哲学的求知精神。

正如石里克①所言:"所有的大哲学家都相信,随着他们自己的体系的建立,一个新的思想时代已经到来,至少,他们发现了最终真理。"②近代知识论哲学,在探讨何谓知识的过程中,经验论把经验当做知识的来源,唯理论则延续着巴门尼德的"'存在'存在"的理论路向,一切都是关于"存在"的知识,存在成为知识的对象。因而,在论证知识的客观有效性时,经验论认为人们不能获得必然性的知识,不能断定"'存在'存在",而唯理论则由于不能用理性来自足这点,所以只好在理性成就的知识体系中,请来理性的"上帝"、"神"为知识的客观有效性作证明。这样,近代知识论哲学的求知精神、求真意识、科学态度,在以知识何以可能的寻求"真知识"的路途中,要么对知识的必然性得出怀疑的结论,要么将知识的合法性和有效性附着于外界其他事物之上,由其来保证知识之"真"。那么,这样的可怀疑的"真"和依附于外物的"真"能够保证知识的合法性吗?或者说,作为真理性的"知识"难道是可怀疑的和依附性的吗?这样近代哲学的求知精神、求真意识、科学态度与其结果之间出现了悖论,以"求真"意识为根本立足点的近代哲学几经思想家们对知识的确实性的不断追问,不仅没有得出清楚明确的知识结论,没有建构起哲学这一科学的雄伟知识大厦,却相反地呈现出知识的真实性和可靠性是可怀疑的观点。以此悖论而论,这是典型的主客二分的思维方式所致。同时,近代知识论哲学在自身求知求真的路途中带给哲学以新的启示,哲学的确是对终极本体的关怀和追求,但这种关怀和追求并非盲目的和虚妄的。对知识的寻求、对真理的追问才能为人类认识寻找到最终的根据和目的;用真正的知识或曰真理性的认识才能真实与科学的认识与把握世界本体。对确

① 摩里兹·石里克(Moritz Schlick,1882～1936),德国哲学家。

② 石里克:《哲学的未来》,《哲学译丛》1990年第6期。

定性知识的追求一旦有所成就，哲学家便会自觉放弃，而其便成为科学知识；在科学知识的基础上继续探问确定性知识之合理性，科学知识才能不断发展，哲学的追求也在现实的实现当中体现出对无限价值的追求和对本体的关怀。这样近代知识论哲学以求真为目的的努力不但延续了古代哲学本体论的智慧追求，更用真理性的知识开启了以后哲学的发展之路——自康德哲学开始的对知识的合法性的讨论、对真"知识"的寻求仍然贯穿哲学的始终。无论是奎因[①]所提出的本体论承诺问题，还是现代分析哲学家对哲学合法性的质疑，其实质都是求知和求真意识的延续与发展。近代哲学的求知精神、求真意识不仅影响了未来哲学，更直接催生了近代科学的复兴——数学、物理学、力学、逻辑学等科学的兴起，使自然科学得到长足而有效的发展；自然科学的复兴与发展反过来又使得包括哲学在内的人文社会科学获得新的发展机遇。

---

① 威拉德·范·奥曼·奎因（Willard Van Orman Quine，1908～2000），美国哲学家。

第六章　近代哲学的主体精神

近代哲学以知识论形态把人的主体思维能力作为对万物进行解释的尺度，即人的主体成为裁判者，表征了近代哲学家试图以其理性的天资，以令人叹为观止的哲学理论为人生设定意义；当近代哲学不断追问知识何以可能的合法性依据时，理性抑或经验都不能给知识以真正的合法性。那么知识的合法性何在？其实这个问题是个悖论，人凭借自身的认识能力（理性、经验）认识自然、改造自然而获得知识，人的认识能力（理性、经验）却无法保证这一合法性依据的必然性。近代哲学家在对这一问题不断追思的过程中领悟到一个道理：知识的合法性根据在于作为知识主体的人，而不仅仅是人的认识能力。追问作为知识主体的人，一方面要从人这一主体出发去理解和说明一切，即自然的一切、社会的一切和人的一切——关于世界的永恒真理；另一方面对世界永恒真理的追求只能用哲学的概念规定、范畴系统和理论体系对主体才能作出真正说明。由此，近代哲学或曰启蒙以来的哲学造就了一个主体性的英雄——人。为了这一追求的实现，近代（西方哲学意义上）自然科学、人文社会科学应运而生，科学的诞生就是在不断揭示自然、社会、人的一切真相，挖掘它们的知识，试图达到对永恒真理的把握。但哲学既不是自然科学，也不是社会科学，哲学不是知识，不是常识，哲学只是为知识、常识提供合法性证明，这是哲学的重要任务。哲学通过对人的认识能力的澄明反过来进一步推进认识主体的存在价值。近代哲学家在不断完成这一任务的途中作出了重大贡献。如笛卡尔提出的"心灵好比镜子"努力证明科学知识的合法性在于心灵这面镜子能够再现世界；如洛克提出的"心灵白板说"

也试图说明认识对象的客观性与认识形式的主观性的相符合是知识的合法性所在;如康德的"先天综合判断"努力将知识的合法性根据建筑在人类认识能力的先在性基础上。人类在追寻世界之真时不断在塑造"人之真",在解释科学之合理根据时,不断挖掘人之合理性。近代哲学家们看到,一切问题只有出于人的主体承诺才能将世界之林加以拓展,无论是唯理论或是经验论都逃不过对主体之认识的前提,离不开对主体价值之思考。所以,近代哲学的连贯性必然在主体精神上加以贯彻,体现为知识与主体的关系、主体思维的发展和主体经验的呈现。

一、知识与主体

从某种意义上讲,近代哲学就是一部知识演进史。从培根的"知识就是力量"到霍布斯①的机械物质观,从洛克的"心灵白板"方可形成知识到笛卡尔"我思"的确定性知识,从斯宾诺莎几何学式知识体系到休谟"因果"知识,从经验论的可知与不可知到唯理论的确定与不确定,近代哲学始终围绕着"知识"这一主题展开。近代知识论哲学必须解决知识的可靠性问题,特别是知识可靠性何以可能的问题,即知识的确实性问题。对知识的确实性或曰合法性根据,近代哲学家们有不同的理解,也有不同的回答。在培根那里是归纳的经验,在霍布斯那里是经验的累加,在洛克那里是简单观念与复杂观念,在休谟那里是心灵习惯,在笛卡尔那里是"理性之光",在斯宾诺莎那里是几何学,在莱布尼茨那里是上帝的前定和谐。一句话,这个"根据"要么是主体自身,要么是上帝。在近代,上帝已经具有双重意义,一曰宗教意义,这重意义除霍布斯外近代的哲学家几乎都不否认;一曰形而上学的意义,这重意义近代哲学家都承认。承认的根本原因就在于近代哲学家给形而上学(亚里士多德意义上的物理学之后)提出了它自身难以完成的任务——为所有科学部门奠基,为一切知识立据,为知识确定安身立命之本。在近代,上帝的双重意义要通过双重路径来不断实现。路径之一为上帝

① 托马斯·霍布斯(Thomas Hobbes,1588~1679),英国哲学家。

自然化，不断确立科学知识的确实性与不断消解上帝的宗教意义；路径之二为上帝人化，不断确立上帝的形而上学意义，亦即人的主体地位的意义，似乎人的主体地位的确立与知识确定性的确立具有同一性。所以在近代，知识与主体同在，主体是知识的根据，知识是主体的呈现，主体是知识的内在规定，知识是主体的外在形式。

然而，近代知识论哲学将知识的确实性、知识的合法性根据探究明白却不是一蹴而就的。众所周知，近代知识论哲学是以思维与存在的关系为基本问题的，是以知识的确实性为价值追求的。为了实现这样的目的，近代知识论哲学有两个基本预设：一是确信世界有统一性的本质，人可以认识世界的本质，思维与存在同一；二是确信人具有认识能力或曰理性能力，理性是人的本质力量，人依靠自身的本质力量才能把握世界的统一性本质。前一个预设具有典型的本体论性质，后一个预设具有典型的知识论性质，没有本体论的知识论无效，没有合法性根据的知识不具有确实性。因为"哲学总是通过强调人类自身在其'在'中所获得的意义和目标设置，而把目标指向在者的最初的和最后的根据"①。

那么这个知识的"根据"——主体是怎样挖掘出来的呢？虽然这不是近代哲学的独创，但它在近代哲学这里得到了前所未有的重视，几乎近代所有的哲学家都高度重视"主体"这一问题，都十分重视人的认识能力的挖掘。正如美籍犹太哲学家赫舍尔②精辟指出的那样："提出一个问题（question）是一种理智的活动；而面对一个难题（problem）涉及整个人身的一种处境。一个问题是渴求知识的产物，而一个难题则反映了困惑甚至苦恼的状态。一个问题寻求的是答案，一个难题寻求的是解决问题的方案。"③近代哲学对知识的确实性之追问是面对难题，追问知识合法性的根据所获得的答案则反映了他们的处境和状态。所以近代知识论哲学始终伴随着对于问题的解答，其答案也就既不局限于经验对象带给我们的直观知识，也不局限于经验之外的超验判断或先天独断，而更直接探问

① 海德格尔：《形而上学导论》，熊伟、王太庆译，北京：商务印书馆 1996 年版，第 11 页。

② 亚伯拉罕·约书亚·赫舍尔（Abraham Joshua Heschel，1907～1972），美国哲学家。

③ 赫舍尔：《人是谁》，隗仁莲译，贵阳：贵州人民出版社 1995 年版，第 1 页。

知识的主体自身之根据。这样才使人在近代哲学成为主题，人的思维路线成为判定知识的方法线索，人的主体经验又在不断印证着人的主体能力。近代哲学无论是在方法上还是在内容上，都应视为是对人的主体的彰显，视为是在人之主体维度体现知识之本体的本体论意义。

二、主体的思维

西方传统哲学一直致力于追求关于世界的客观知识与永恒真理，无论是古代哲学的本体论追求还是近代哲学的知识论反省都表达出西方传统哲学根深蒂固的知识论立场。特别是近代哲学家们无不致力于哲学从表现形式到理论内核的科学化，所以近代哲学的必然逻辑是从古代哲学离开对人类认识能力的反省而追寻世界统一性的本体论独断，转向对“人的认识何以可能”的知识论反省。而对世界统一性的本体论独断是人的独断，是人对世界的认识所形成的判定，只不过古代哲学还无法自觉意识到是人在认识世界；而对认识何以可能进行的反省，更是在反省人自身，是近代知识论哲学对人的问题的理论自觉。因此，不论是古代哲学本体论，还是近代哲学知识论，都涉及人的根本性问题——主体及主体的思维能力。

这样的问题我们不能不从近代哲学的创始人笛卡尔说起。笛卡尔在《第一哲学沉思录》中，把主体的思想作为哲学思维的第一原理，把思维着的自我作为哲学的开端，通过“我思故我在”的途径用“思”去把握“是”的意义，试图表明“我思想”这个事实暗示了“我存在”。我们把这个论证称为“‘我思’的论证”，它旨在展示给我们的是，思想和存在是有着深层次的联系的，“我存在”内在地蕴涵于“我思想”之中，它们之间的联系实际上是由它们的意义蕴涵关系而非逻辑定律揭示出来的。由此，思想与存在的关系问题在笛卡尔哲学中获得了有别于以往哲学的全新解释，但要真正澄清思想与存在的关系有赖于我们对“我思想”何以“我存在”的追问。笛卡尔反复讲可以相信世界上什么都没有，没有天，没有地，没有精神，也没有物体，但只要我相信一切都没有时（或者只要我思想过什么事情），就恰恰说明“我”是存在的。“在我之中，除了心灵以外，我是不承认任何别的东西。”①“所以，对一切事物充分思想、仔细考虑过之后，就一定会得出结论，并坚持‘有我，我存在’这个命题，只要我一说出它来，或者我心里一设想到它，就必定是真实的。”②很显然，“我思，故我在”不是一个一般的由形式逻辑推论而来的命题。在形式逻辑的范围内，有两种推论形式：一是演绎推论，一是归纳推论（当然，在严格意义上，归纳不属于推论形式，因为它不具有逻辑上的必然性）。一是由一般到个别，一是由个别到一般。“我思，故我在”这个命题既非由个别到一般的归纳推出，也非由一般到个别的演绎之结论。按照笛卡尔的思路，以思想为本性的“怀疑”能够怀疑思想以外的一切对象（甚至包括上帝的存在），但只有怀疑活动本身不能怀疑，因为只要一怀疑是否有“怀疑活动”，那恰恰就证明还是有一个“怀疑活动”存在着；也就是说，由思想去怀疑是否有思想存在，结果当然还是“在思想着”，思想还存在，那等于是“思想（主语）思想（谓语）思想（宾语）”。可见，在这里笛卡尔无意中揭示出思想活动区别于其他一切事物的一个根本特征，即思想可以而且总是以思想自身为思想的直接对象，思想既是主体又是客体；也就是说，“我”既是主体又是客体，“我”是一个在思维的东西，即“我的思想”的存在，即一种必然的存在，而作为思维活动主体的自我的存在是一种可能的存在，并不包含必然性和直接性。笛卡尔认为“我思想”是哲学唯一的和最可靠的基础。这一结论在当时应是一种振聋发聩的命题，它似乎和“常识”完全相反。因为在常识看来，凡被我感觉到的，无疑是实在的，而如今你却说它不实在，反而看不见摸不着的思想却是实在，这是一种奇谈怪论，难道眼见不实，反倒耳听（语言——思想的载体）是实吗？笛卡尔的思想之所以没有被“常识”的嘲笑所埋葬，正证明它有自己的意义——原来思想和存在是有着深层次的联系的，甚至思想竟然被利用来证明存在。当笛卡尔树立起“我思故我在”的近代知识论大旗时，就将主体性的思想，也就是“我思”作为一切真实确定东西的存在基础。那么，主体是什么呢？笛卡尔说当我们怀疑一切的时候，唯

---

① 笛卡尔：《第一哲学沉思集》，庞景仁译，北京：商务印书馆1986年版，第131—132页。

② 笛卡尔：《第一哲学沉思集》，庞景仁译，北京：商务印书馆1986年版，第127页。

有思想是无可置疑的事实，主体“严格来说只是一个在思维的东西，也就是说，一个精神、一个理智或一个理性”①。“由此我就认识到，我是一个实体，这个实体的全部本质或本性只是思想。”②并且上帝也是从“我思”推论出来的，即上帝的存在是人心运用理性对心中关于上帝的天赋观念进行逻辑推理的结果。在这里，笛卡尔建立了思想（理性）和存在（感性）深层次的联系，甚至思想（理性）竟然被利用来证明存在（感性），不是感觉是思想的根据，相反，倒是思想是感觉的根据。至此，笛卡尔通过“我思故我在”的途径把“是”和“思”等同起来，用“思”去把捉“是”的意义，以“思维”确立“主体”，使近代哲学的任务基本定格为在思想中把握本质。

笛卡尔的“我思”既是思维着、认识着的主体，又是活动着、创造着的主体；既是科学的主体，又是民主的主体。这种主体逐步成长为康德的“自我意识”和卢梭的不断完善自身的人性。“我思故我在”使得人从对自然、社会、历史等客体的从属地位中相对独立出来，并提升为主体，独立、自由、进取、超越等豪迈的主体精神相继成为近代精神的核心。但笛卡尔哲学却不能在他建立的主体性哲学中尽享安乐和舒适，因为“我思”仍然不能对“我在”的主体性加以彻底说明——因为这样的“我思”乃是纯粹的“思”，它剥离了所有“思”的具体内容，只剩下了纯粹的“思”与“想”。可我们知道真正的思想与真实的生活一样具有灵动性和复杂性，其中内含着人在生命历程中的体验和感受。因此“思”总是与情感、体验、感受、想象、知觉和信念等交织在一起，才会有“思”的无限丰富的内容，也才会赋予“思”以灵动性从而确证“在”之存在的意义和价值。这样的“思”才能真正与生活世界通达，与人们的生存意蕴一致，这才是真正的“思”，而这样的“思”才能对“在”之主体性予以淋漓尽致的表达。

斯宾诺莎在笛卡尔用“我思”为知识的存在确立合法性根据，并通过“思维”确认“主体的存在”基础上走得更远，如果说近代哲学是在中世纪哲学的基础上将绝对信仰主义的神圣实体不断自然化和人化的过程的话，笛卡尔无疑走的是

① 约翰·科廷汉：《理性主义者》，江怡译，沈阳：辽宁教育出版社 1998 年版，第 10—11 页。

② 笛卡尔：《第一哲学沉思集》，庞景仁译，北京：商务印书馆 1986 年版，第 26 页。

人化的道路,而斯宾诺莎则是前者。

为了更好地构建人类知识的科学大厦,斯宾诺莎首先预设了“实体”这一概念作为其永恒论的本体论依据。实体也叫神或自然,神是宇宙中唯一无限的存在,它创造万物、统摄万有,它在自身之内并通过自身而被认识。宇宙中一切个别事物被称为“样式”,它们在实体之中并通过实体而被认识,“样式是实体的分殊,亦即在他物内通过他物而被认识的东西。”①实体是永恒无限的,样式就其产生于实体、具有实体的本性而言,也是永恒无限的,而就其自身、就其决定于其他样式而言,又是有恒有限的。由此可以断言:“如果没有实体,样式就既不能存在,也不能被认识。所以样式只能存在于神之内,只能借神而被理解。”②实体和样式都受制于神的必然性,只是实体为自身的本性的必然性所决定,万物(样式)则为实体的必然性所决定。实体有无限多的表达其永恒存在本质的属性,人们只知道两种,即思维和广延。人作为自然的一部分(样式)也不例外,相应地,人就有身体和心灵两个方面。人的身体和心灵都是由自然所引起的,都服从自然的必然性,因此,人的本质是对自然的某些属性的分殊所构成的,人的本质也就是自然的。人的自然本质决定人的本性必然是追求自我保存,追求于自己有益的东西,这是不以人们意志转移的普遍的自然规律。人是自然的一部分,当然自然也不会违背人,自然的普遍规律也就是人性的普遍规律,这样,人、神便达到了合二为一。这种趋利避害、追求个人利益的人性正是斯宾诺莎哲学的基础。斯宾诺莎认为人的本性是追求自保,而人追求自我保存的这种意图体现在人的身心方面就是情感。情感就是由外物与肉体相接触而引起的肉体状态及其观念,并且情感是混乱的、局限的,当它与人的模糊观念关联在一起,并指导人的行动时,这种情感就成了被动情感,人就被套上人生的枷锁,成为情感的奴隶,处于不自由之中,被迫去做坏事,这是不道德的,而且这种状态下的人的自保也是没有保证的。

那么如何摆脱这种被奴役的状态呢?斯宾诺莎把这种状态和人的理性联系

① 斯宾诺莎:《伦理学》,贺麟译,北京:商务印书馆 1958 年版,第 3 页。

② 斯宾诺莎:《知性改进论》,贺麟译,北京:商务印书馆 1986 年版,第 31 页。

起来探讨问题,认为理性可以成为人的心灵征服情感的力量。斯宾诺莎曾经这样具体地加以阐明:进入社会状态后,理性会告诉人,必须依靠大家的力量,才能抵抗更大的风险,获得更大的个人利益,因此,为了自保和获得私利,人就与其他人保持和谐一致,在追求全体的公共福利中实现个人利益,同时理性也就征服了情感。在这个意义上说斯宾诺莎又是一个长远的利己主义者,他超越极端的唯我利己主义,在追求个人私利的基础上把个人利益和共同利益、利己与利他统一起来,追求一种理性的自我完善。“心灵的主动只是起于正确的观念,而心灵的被动则只是基于不正确的观念。”①基于这样的理解,他把人的认识分为三种:感性认识,这种认识只能给人提供模糊观念,给人带来不快情感,人如果受支配就会处于被奴役的状态;理性认识,这种认识使人能够判断情感的好坏,但人还不能控制情感;理性直观,这是认识的最高阶段,在这一阶段人能够认识自然和人的本质,能使自己的身体处于自己的理性的指导之下,能获得控制情感的力量,抑制情感与欲望,成为情感的主人。“只要心灵理解一切事物都是必然的,那么它控制情感的力量便愈大,而感受情感的痛苦便愈少。”②只有心灵具有正确而清晰的观念并代替不正确的模糊的感性观念时,人才能保持生命力的旺盛和心灵状态的高度积极,成为有自由、有德性的人,人的心灵也就由被动转变为主动状态。

结论已经非常明确,人的心灵深处是情感与理性厮杀的战场,如果情感战胜了理性,人就会终日沉湎于对世俗感官快乐、财富与荣誉等事物的追求,就会被情感所控制,成为一个被动的人,心灵陷于罪恶当中,终将无益于对幸福的获得。只有理性战胜情感,人才能居于主动、才能拥有真正的自由,而这种积极状态的获得必须是基于正确而清晰的观念获得的。那么人的心灵如何获得正确而清晰的观念呢?斯宾诺莎认为“心灵认识的事物愈多,便愈知道它自身的力量和自然的法则。若心灵愈能认识自己的力量,则它就更易于指导它自身,建立规则来

① 斯宾诺莎:《伦理学》,贺麟译,北京:商务印书馆1958年版,第96页。

② 斯宾诺莎:《伦理学》,贺麟译,北京:商务印书馆1958年版,第226页。

辅助求知。”①显然获得正确而清晰的知识，就是对必然性的认识，而这种对必然性的认识，在斯宾诺莎看来就是对神的理智的爱。斯宾诺莎认为人“心灵的最高德性在于认识神”，人只有对神的永恒无限的知识竭力地追求，才能达到心灵与自然的融合一致，进而获得心灵的安宁与平静，而且一经获得，便可以永远享受无上的快乐，也就是精神上的幸福。在斯宾诺莎看来，幸福不是德性的报酬、而是德性自身。这也正是斯宾诺莎所认为和所追求的至善。当人达到了至善，即人对神的理智的爱时，人也就达到了人的最高境界，在这种境界中，完全实现了人与自然、理性与情感、存在与本质的统一，从而使人摆脱了盲目性，获得了自由性。这里所谓的自由，就是对必然的认识，而且认识必然的程度愈高，人们的自由度愈高。“自由人，就是亦即纯依理性的指导而生活的人。”②斯宾诺莎实现自由的道路，是借助于理智直观实现的，也就是人的理智认识了神，获得并把握了神的真理，丝毫不为模糊的观念所支配，坚决不被混乱的情感所激动，便可以获得真正的自由和幸福，人的心灵就会有一种欢悦的情感体验。正所谓“心灵的最高德性即在于知神”，也就是说，只有在追求真理的过程中，而且是处于这一过程中的人，才能体验到普通人体验不到的欢悦情感，这种情感即是爱，并且是永恒的爱，“除了理智的爱以外，没有别种的爱是永恒的”③，这样从人的利益和情感出发，有限性的人便超越了自身而升华到了人所追求的永恒性，即斯宾诺莎在使上帝人化的历程中，通过人与神的合一，凸显人的至上地位与神同在，再一次彰显了人的主体性。

正如罗素在上个世纪40年代所说的那句话：“莱布尼茨毕竟是个大人物，他的伟大现在看来比以往任何时代都明显，至今仍不失一句至理名言。”④之所以能够这样评价莱布尼茨并非只因为莱布尼茨在数学上的成就，更因为其在哲学上延续了唯理论的思想传统，并将这一传统进行到底。在莱布尼茨看来，实体不应该是笛卡尔的二元论，也不是斯宾诺莎的一元论，而是一和二之上的多元

① 斯宾诺莎：《知性改进论》，贺麟译，北京：商务印书馆1986年版，第31页。
② 斯宾诺莎：《伦理学》，贺麟译，北京：商务印书馆1958年版，第206页。
③ 斯宾诺莎：《伦理学》，贺麟译，北京：商务印书馆1958年版，第242页。
④ 罗素：《西方哲学史》（下卷），马元德译，北京：商务印书馆1976年版，第124页。

论，在多的基础上解决世界的客观知识与永恒真理问题。在他看来，实体就是单子，单子不仅是能动性的、多样的，而且在质上还要具有统一性，这就是他的基本理论构想。莱布尼茨赋予单子以精神性的特质——单子是精神性的单纯实体，不是物理学上的点，而是形而上学上的点；单子必须有质上的不同，万事万物不同，正是由于构成事物的单子不同，正是单子在质上的区别；单子呈现出程度不同的若干等级，单子不同，事物不同，最低级的是无生物，具有细胞的知觉，然后是动物，动物具有感性灵魂，比动物高的是人类，人类有理性灵魂，最高等级的单子是上帝，上帝具有最高的智慧，是一切单子的创造者，一切单子都追求上帝，上帝是永恒的真理源泉；单子在数量上无限多，在质量上有区别，任何单子都是一个真实的实体，每个单子都能独立存在，彼此没有物理学的理解，不能超越自身，进入其他单子，每个单子都是一个独立的世界，就要为其统一；单子具有欲求性，欲求和谐，追求完美。每个单子都有内在的原则，就是欲求，单子自身的内在原则和最高的单子——上帝是一致的。上帝所具有的最高智慧就体现在和谐统一上，这种统一是上帝预先安排好的。每个单子具有的内在原则性，还要通过外在的形式表现出来，一是来自上帝的安排，任何单子的表面都具有一种外在的黏合剂，上帝保证了无限多个单子的绝对统一性，保证了无数多个单子的和谐。在这里莱布尼茨将单子作为实体，但如果我们仔细品味莱布尼茨赋予单子的所有特性，就会惊奇地发现，单子在自然世界中所具有的特性似乎与人在世界中的地位和作用不谋而合，单子的实体性在某种程度上意味着人的主体性。同时，虽然莱布尼茨在单子之上设定了上帝的存在，但事实上上帝的伟大和光荣，仅在于宇宙形成之前对宇宙秩序的规范，而不在于宇宙形成之后对宇宙实际进程的干预。因此，单子在实际上是具有自身能动性的，而非仅仅由上帝决定的被动存在。不仅如此，莱布尼茨又将单子称为“灵魂”、“心灵”，人的单子所具有的特性是“理性灵魂”，同时人也是认识的主体，人作为心灵实体必然要有某种认识能力；因为单子没有可供出入的窗口，不能接受其他事物的影响，单子的特点使认识不能出去，认识不能是对外在事物的反映，在认识的主体之外没有认识对象，有也进不来，只能靠主体自身，靠主体自身的潜在的天赋的东西。即人的心灵既不是一块白板，也不是生来就具有清楚明白的观念，而是一块具有花纹的大理石，花纹要经过艺术家的雕刻,才能形成完整的形象;能雕成什么形象是由大理石自身的纹理决定的,但没有艺术家,还不能形成完整的形象,这样一来大理石的纹路就是天赋的、潜在的,艺术家就是理性的加工,纹理以某种潜在的方式存在于人们心中,理性加工才能使其成为认识,成为人们的观念。基于此种认识,知识就不再是附庸在上帝之下,依赖上帝为其提供最终的合法性证明的东西,而是依靠主体自身的潜在天赋。这一方面论证了认识客体与认识主体如何获得统一的问题,另一方面也进一步确立了主体在认识活动中的重要作用。

近代唯理论哲学延续了古希腊哲学奠定下来的知识论的核心内容,即知识何以可能和知识的本性问题。正如前面探讨的,知识的本性问题是知识论哲学要明确的理论逻辑前提,近代唯理论哲学所追溯的是从人对知识的实现过程上探问知识的合法性根据在于人自身,所以主体性哲学才成为近代唯理论哲学的突出特点。正是在对知识合法性的寻求过程中,逐渐使对主体认识能力的追问浮出水面,因为只有人能够认识到的知识,才值得去追问这个知识到底是什么性质的。但唯理论哲学也有着内在的矛盾性,自笛卡尔带领唯理论哲学走上"我思"之路后,就实施了对思想的生存意蕴和矛盾属性的清洗,哲学概念尤其是元概念就不能再有任何感性色彩,而只能是纯思维,一切都已在场,所以也就不可能再有什么生成、飞跃,不可能再有真正的创新,历史原则上已终结,时间不再有意义。事实上,形而上的哲学也逃避不了生活及其思想的辩证法,单从逻辑上说,超验的终极实体似乎是自因的,即自我创生的,但作为人的理性及其思维设定的对象,它只有通过人及其感性存在者才能得到确证或证实,因而只能在人的生活活动中作为人的意向性对象存在。因此实体和本质不能与具体事物相互脱离,否则"形而上"问题与"形而下"存在的结合就永远是人们无法解决的难题。因此只有立足于真实的社会生活,立足于人们的现实实践活动,才能真正使实体、本质与具体之物之间的矛盾得到合理的澄明。事实上,马克思基于人的生存实践找到了科学解决思想与存在的关系的钥匙。马克思不仅对所谓"纯思"、"概念"而且对整个"思想"、"理论"都给予了来自生活实践的理解——凡是把理论导致神秘主义方面去的东西,都能在人的实践中以及对这个实践的理解中得到合理的解决。于是,马克思立足于"人—自然—精神"的现实的内在的统一,即“现实的人和现实的人类”看问题,这本身就意味着对“存在”的本性的敞开。当然,“存在”本性的敞开并非一蹴而就,也并非完全和毫无遮蔽地敞开在人们感官当中。存在总是面向人们真实生活的存在,总是在生活的无限可能性中敞开自身,总是在面向真实的生活、真实的思想的过程中不断地解蔽。马克思正是因为立足于人的实践活动,才把思想能动的、自由的本质还给人,使人这个主体和人类社会现实化,最终以实践为基础实现了思想与存在的统一,使世界“如此这般”地在人的感觉和意识中显现,世界之于人的意义,在于人有意识的实践活动。由此可见,“我”是现实的、生存着的、实践着的主体,而非一个纯思想的主体。

三、主体的经验

近代唯理论哲学将主体自我定义为知识的合法性根据,并对人的本质性存在做了规定,所以人作为会思想的动物必须按照自己的意志说明世界,改造世界。但实际上主体同客体的对立关系是外在的——人与自然是对立的,人与他人、人与物的关系是外在的——在主体内部为整个世界确立合法性根据——无论是世界的秩序,还是人和世界的关系都似乎是不合时宜的。因此,近代一些哲学家力图从主客体之间的关系来说明问题,他们不再以“我思”确立主体的价值依据,而是以对象化的主体的“能思”在把握客体中挖掘主体自身的地位和价值。

培根在一开始便有这样的疑问:难道有一种观察只是为了高兴而不是为了发现?只是为了满足,而不是为了利益?我们难道不应该既看到自然宝库的美,又看到它的丰富性吗?真理是不毛之地吗?我们难道不能用它生出有价值的结果,给人类的生活提供无数产品吗?在他的思想中始终强调在主客体之间的关系中把握主体的价值和意义,因此面向自然、控制自然,用科学的方法获得知识,用知识证明主体的价值就成了培根的理论旨趣。在如何把握人与自然关系也就是如何形成认识的问题上,作为经验论的鼻祖,培根第一个提出了经验归纳法,即在认识的目的上,人认识自然、面向自然的目的是为获得感性经验,这是一切认识的出发点,一切概念、命题都是在经验基础上形成的;在认识的来源上,强调理性的东西,在感性认识的基础上进行实验,人们常常发现感性经验的有限性,必须借助理性才能达到认识的真实性、客观性,从而找到事物的真实目的和原因。培根看到感觉经验和理性思维的联系,他曾经举例说,感觉像蚂蚁只能不停地背来背去,只有综合没有分析,但它却是理性的基础;理性思维像蜘蛛,在感性认识的基础上结网,离开感性就不能结网。他也曾设想感性和理性结合最为理想的方式,既不能让感性安上翅膀,也不能让理性思维失去翅膀。这样培根在对感性与理性的认识基础上,提出了近代哲学的一个大问题:思想是什么?——究竟是感性认识还是理性思维。思想是否具有真实性?——这种真实性究竟是感性还是理性给予的。培根很肯定地回答思想应该具有真实性,那么这种真实性如何获得就涉及思维和存在的关系,如果说唯理论哲学将主体作为思维与存在关系的第一性,从思维出发去定义存在的话;那么以培根为代表的经验论则倚重于经验,经验包含双重内涵——不仅仅是主体对客体所获得的感性认识,而且其获得的根本原因在于客体本身的实在性。但培根也没有完全抛弃理性,认为理性是在经验基础上形成知识的重要因素。正是对经验的倡导,他积极倡导科学,提倡"人的知识和人的力量是结合为一的",这个思想集中反映近代科学的发展,科学的发展反过来又进一步推动了人的主体性的扩张——通过抽象还原和定量计算,将自然对象转变为在数学等式中可理解的东西。"人们一旦掌握了公式,就能对具体的实际的直观的生活中的事件作出实践上所需要的,具有经验的确定性的预言。"①正是在对这种模式和预言的自信基础上,人类实现着对自然的设计与控制。因为,"如果从其特殊的方面来看待现象的话,那么每一事件就会永远是新的,不可预测和不可控制的,而反之,……如果我们希望去预测和控制,那么我们的注意力必须集中在'重复的要素上',每一个实例必须被看做是某一规律或规则性的一个指标……一旦现象以这种方式被简化为秩序,一旦

① 胡塞尔:《欧洲科学危机和超验现象学》,张庆熊译,上海:上海译文出版社1988年版,第51—52页。

它们被简化为一种共同的单位,它们就变成可驾驭的了。”[①]而培根身体力行,得出一个物理学上的结论,热是物质分子运动的结果,以此推动自然科学突飞猛进的发展。培根对经验的推崇有一定朴素的性质,也有一些猜测的性质,但却使哲学不断向其应有的方向迈进,在朴素的形式下,包含着全面发展的萌芽,带着诗意和感性的光辉,在哲学上通过灵感、直觉,向人发出全身心的微笑(马克思语)。

洛克在近代哲学中最先提出了反省主体的课题,而且系统地制定了经验论哲学,把哲学的中心从自然拉向人。在其杰作《人类理解论》中开宗明义地指出,哲学的目的“在于研究人类知识的起源,可靠性和范围”[②]。洛克试图对人类知识的起源、可靠性及范围做一番理智的探索,并对人类知识体系的大厦给予“合理重建”。认为所谓知识问题的实质是人的理解能力问题,这就把知识作为哲学研究的中心,也就把人类主体形成知识的能力作为研究课题,哲学成为一种反省主体的理论。洛克认为人的理性所思维的是进入人的意识的观念,而观念则是来自意识之外的实在。理性最终的对象是客观实在,无论这实在是什么,但是,客观实在不能直接成为理性的思维对象。它们只有通过感性经验,成为人的感觉观念,才能被理性所思维。这样洛克认为人类具有接受感觉、形成观念和知识的“天赋能力”,即“能力是天赋的,知识是后得的”。在这里必须明确的是洛克是以批判天赋观念说起的,这既要归功于笛卡尔的普遍怀疑方法,又依靠洛克为认识系统的建立所做的清理路基的工作。洛克将天赋观念分为从柏拉图到经院哲学盛行的传统的天赋观念;以笛卡尔为代表的唯理论的天赋观念;原始天赋观念——相当于亚里士多德认为的雅典人天生的气质,用社会的良心进行批判。他认为天赋观念的依据是普遍同意说,即天赋观念论认为人类有一些观念是普遍存在、普遍认可、普遍同意的。还有一部分经验,如上帝的经验不是来自于普遍同意的,而是来自于后天经验,这是靠人主体自身的认识能力获得的。就是

① 莫顿:《十七世纪英国的科学、技术和社会》,范岱年等译,成都:四川人民出版社1986年版,第346页。

② 洛克:《人类理解论》,关文运译,北京:商务印书馆1959年版,第1页。

说,所谓知识问题的实质是人的理解能力问题,洛克在《人类理解论》第4卷中认为,虽然我们不能获得绝对普遍的确实性知识,但我们可以在主体认知范围内获得不同程度的确实性知识,每一等级的确实性各具特征。"知识的等级就分为直觉和解证两种"①,不过,"人心在运用于外界特殊的有限存在时,它确有另一种认知"②。在此,洛克已具有了鲜明的主体意识,有了为发展知识而反省主体的任务。洛克要求的是在没有弄清楚认识主体的能力之前,不要妄下判断,主体的认识能力对客体能认识到什么程度就是什么程度,主体的认识能力有多大,对客体的认识就有多深,超出主体的认识能力对客体妄下判断是不科学的。何以不妄下判断呢?洛克提出了近代哲学关于主体认识的范围问题——经验范围内才是主体的认识能力或思维的对象。在他看来,人的主体认识能力所思维的是进入到人的意识中的感觉经验,感觉经验是来自意识之外的实在,主体的认识能力总是要以感觉经验为客观实在,无论这个客观实在是什么,它都要通过感觉经验成为人的简单观念或复杂观念,才能被主体的认识能力或理性所理解。换句话说,客观实在只有经过感觉经验这一中介进入到人的意识界,才能成为思维的对象。洛克的这一思想奠定了经验论在知识论基本原则方面的正确立场,古代哲学一直是把客观实在当做思维的直接对象,与经验论同时代的唯理论也是采取直观、独断的方式探讨主体与客体、思维与存在的关系。洛克以反省的方式或以中介的方式探讨主体与客体、思维与存在的关系,提出了客观实在只有通过感觉经验进入到人的意识界成为观念的存在,才能被主体所认,才能被理性所思,把主体与经验、主体与观念、主体与客体(客观实在)通过感觉经验连接在一起,使哲学摆脱自发的直观状态,转变为以对意识界的理解为中心,以对主体的反省为中心的反省理论。

如果说洛克哲学是以意识哲学为中心论证知识的正当性和合法性的话,那么贝克莱哲学的主旨仍然是在洛克的意识哲学的基础上,把主体的认识能力或主体的自我意识推向了唯我主义。贝克莱在《西拉和菲伦诺对话录》中借西拉

---

① 洛克:《人类理解论》,关文运译,北京:商务印书馆1959年版,第527页。

② 洛克:《人类理解论》,关文运译,北京:商务印书馆1959年版,第527页。

的口说出这样的道理，正是历代哲学家奇特的命运，他们因为立意要同凡人不同，或者因为异想天开，竟自谓不相信任何东西……如果他们的怪论同怀疑所引起的结果，不至于危害于一般人类，这自然还可以容忍。但是这里却有一种祸患，因为一般没有多少……或者其所提出的意见与常人一致相信的明显原理相抵触，那么他们也许会对于他们从前所认为神圣而无问题的重要真理怀疑起来。贝克莱笔下西拉的这番话是针对菲伦诺的，但其实质就是在倡扬其“存在即是被感知”命题的真理性。贝克莱对于唯理论思想家们所说的理性抽象是持不置可否态度的，因为这样的理性无法为我们的感官所把握和呈现。我们的感官只能把握到具体的、常识性的存在，至于“物”之后的、被知觉所把握到的东西和过程是不可知的，是我们的感官所认识的。而我们所能够把握到的就是我们所听、所看，即所有感官能够真实体验到的东西，我们只能感觉到这些存在。也就是说事物的存在只能通过感官的把握才能确证——事物的存在就是被感知。这样贝克莱就将存在性与被感知性等同，这也解决了笛卡尔的二元论遗留下来的问题，并从“常识”出发最终得出了挑战“常识”的结论——贝克莱将一切“物”说成是观念（心的产物），“我们直接所知觉的东西都是观念”，“借着视觉，我就有了光和颜色”的观念，“借着触觉我就能感知到硬、软、热、冷、运动、阻力”等观念，“借着听觉，我们有了声音”的观念，“嗅觉给我以气味，味觉给我以滋味”。这样贝克莱把内在经验的优越性提高到了绝对的地位。“物是观念（心、感知）的集合”把人类知识的对象看做观念，宣称可感物只是感官直接所知觉到的东西。他的原话是：所谓不思想的事物完全与它的被感知无关，而有绝对的存在，在我看来是完全不可理解的，它们的存在就是被感知，它们不可能在心灵感知它们的能思维的东西以外有任何的存在，即一个东西只有同我对它的感觉或感觉的可能性联系起来时，才谈得上存在，所以存在就是被感知。依据贝克莱哲学的理论，既然一切存在都是人们的感觉观念，那么，事物的存在根据就必然是具有感觉能力的个人（自我），而不是虚无缥缈的上帝或形而上的物质实体。即有感觉能力的“自我”就是上帝，上帝就是世界的主宰，拥有不受任何外在因素限制的、绝对自由的权利。因此，整个世界是对人显现着它的存在的，也是通过人的主观意识显现或印证它的存在；未曾对人显现的存在，只能是想象的存在，而不是作为主观意识的对立面的存在，它对人来说就是非存在。许多人凭借类推和猜测，想当然地肯定未知世界的实存性，其实这种实存性不过是人的主观意识，而非客观事物本身。由此我们可以认识到，只有当“客观”存在被主观意识作为感觉对象和内容时，它才获得了客观的意义；这个“客观”实际上是由主观认定的，主观是某物的“客观”存在与否的鉴定者或裁判者，离开了主观，证明对象客观性的依据也就不存在了。可见，没有主观，就没有客观；没有意识，也就无从谈物质。这是贝克莱倡扬主体哲学所提供的宝贵启示。

休谟也是在探讨心物关系的问题中走上主体性哲学的道路的。为了保障心与物之间的关系，他认真研究了因果性问题，认为因果关系的产生是人们习惯于用因果之间的关系把一些前后出现的事件联系起来，没有因果关系的观念就没有因果关系和其必然性，这样的必然性一是作为原因的东西有某种力量作用于或产生了作为结果的东西，另一方面是原因和结果之间有一种必然的联系，而无论是哪一方面都是我们经验不到的，也就是说因果关系及其必然性是不可知的，无法经验到的。虽然因果关系不可知，但因果观念却可以达到：所谓因果关系的观念就是因为两个观念经常伴随在一起或重复，我们心中便形成一定的联想的习惯，其实心理联想的习惯性是一个典型的经验认知，其方法是归纳推理。问题在于归纳法可否推出习惯联想的必然性，即感觉、知觉、印象、观念的客观来源。因为归纳的根据是经验，经验只具有或然性而不具有必然性，过于强调经验的一个重要问题已经明显了——经验不具备必然性，那么人们不知道吃了面包可营养身体，也不知道太阳明天是否还会从东边出来，似乎人们根据基本常识已无法生活。在向常识挑战这一点上“休谟与贝克莱是走着同样道路的经验论大哲学家”（马克思语），据此，休谟给出的结论是：习惯是人生伟大的指南。休谟认为这是最合乎人性的一个结论，人们必须满足于这个结论，人生能做到这一步就应该知足了。这样休谟用因果关系观念否定了知识的必然性。但同时，休谟的不可知论在一定意义上把人推向了一个更加广阔的思考空间。经验归纳不能提供普遍必然的知识，还要不要确立经验主体人自身的能力？理性演绎如能得出普遍的必然结论，是对理性主体人自身能力的确证吗？这样的主体是一切知识得以存在的合法性根据吗？如果说这是休谟的迷茫（康德语），那么这个迷茫恰好说明近代知识论哲学在不断追求和造就知识英雄的认识主体，不管这个主体的承载方式是经验的还是理性的，其方法是归纳的还是演绎的，其认识主体就是主体，因为是主体自身的主体精神使然。

第七章　近代哲学的理性精神

在近代知识论哲学这里，当笛卡尔勇敢地宣称“给我广延和运动，我就能创造出宇宙”的时候；当霍布斯、洛克等人已经把人类史理性的假设为从自然状态向社会状态迈进的时候；特别是当康德哲学证明世界以人类为中心去说明和处理自然的哲学是可能的，而且能够满足自然目标之需要的时候，人的理性就披着主体的外衣，开始了祛魅的过程。理性不再满足于“是其所是”的朴素的终极追求，把理性置于人的主体之外，把理性视为一种工具，已无法满足人类对自身丰富内容的渴望。因此，人们开始思考“为什么”和“怎么样”等问题，使得科学主义、工具主义、理性主义的趋向油然而生。理性主义及其精神所表征的对知识确定性的追求，对知识体系性的建构，对知识主体性的挖掘，成为近代哲学乃至整个西方哲学一以贯之的理性主义思想情愫的典型。

一、理性与科学主义

当理性被赋予认知世界的任务之后，理性就与科学结下了不解之缘，人们在此时习惯于把握知识的确实根据，习惯于探讨对于人类认识行之有效的方法、方式，因此理性在近代哲学这里常以科学的方式表征出来，而这种科学精神的彰显又无时无刻不是对人自身地位不断确证的过程。人的理性为自身设定了任务，实现了人文精神与科学精神的结合，人不仅要通过自己的理性力量来保证个人的权利，同时更应该通过理性寻找超越现实追求的自身的最佳状态。这正如哲学史家文德尔班所说的那样："因为人文主义哲学运动内在的推动力也就是对崭新的世界知识的迫切需求，此种需求最后在自然科学的建立和自然科学按原则而扩展的过程中获得了实现。但是此事发生的方式和赖以完成的思想形式，在所有重要观点上，都表现出依赖于由于吸收了哲学而产生的刺激因素。近代自然科学是人文主义的女儿。"①罗素说得更清楚："文艺复兴思想家们再一次强调了以人为中心，在这样的思潮中，人的活动应当以其自身价值而受到重视，知识的探索因此也开始以新的惊人步伐向前迈进。"②理性自身所具有的人文精神在近代哲学这里就与作为科学精神的重要代表——自然科学联系在一起，因而，近代哲学的理性精神就是哲学中的科学精神与科学中的哲学精神的统一。近代是科学的时代，科学技术的蓬勃发展赋予近代以无可比拟的时代特征，"知识就是力量"成为科学的无上宣言。这样原本诞生于哲学母体之中的科学，在近代获取了全部意义，并给近代哲学以重要的影响，为近代哲学确立了原则。这些原则主要包括以下几个方面：

其一，追求真理，推崇科学。近代哲学始终相信真理是一种理性之真理，它要求通过人的理性认识，消除万物的纷繁复杂性和神秘性，为宇宙和人生确立终极的根据。对于人类知识、真理的探求的开端不得不说是笛卡尔的"我思故我在"，他在一个"特殊"的领域——人类自身的永恒确证性中，开启了对外部世界确认的大门。但是即使是在"我思"、主体之内对人类知识确证性的探讨，实际上在方法上仍不可否认地体现了近代理性的科学主义倾向。笛卡尔形而上学的一切推论，都是以其方法、原则为基础，而他的方法正是"普遍数学"（mathesis universalis），也就是说是源于、结合于科学之方法来打造哲学的大厦。他所理解的"精确性"也是类比于数学、几何模型而有所规约的，可以说哲学形而上学的确证性要通过科学方法的严格论证。正是由于他找到了这一方法，他才能够自信地说，应该有这样一门科学："这样一门科学应当包含人类理性的基础知识，

① 文德尔班：《哲学史教程》（下卷），罗达仁译，北京：商务印书馆 1993 年版，第 473 页。

② 罗素：《西方的智慧》，崔权醴译，北京：文化艺术出版社 1997 年版，第 362 页。

它的范围应当能够扩展到在每一个学科中引出正确的结论，自由地说，我深信，它是比人类力量已经赋予我们的其他任何工具更有力的知识工具，它是其他一切知识工具的源泉。”①笛卡尔深受其时代特征的影响，在其研究的前提处便设立了一种数学原则的预设，既是对科学严明性、精确性的自信，同时也体现了其理性认知过程中的科学主义倾向。理性的揭示在一定意义上是通过科学为其正名，对于真理的揭示也显现出科学方法的大量运用。不得不说，一方面，近代哲学中的科学精神是理性为自身正名发展过程中必须借助的对象；另一方面，哲学在自身的发展中又自觉地运用了科学精神，科学精神为近代哲学注入了一股热流，使哲学在那个时代有了可以称为“合法性根据”的根基。在近代，人类寻找到了形而上学的有力根据，证明了人类理性认识能力，同时找到人类理性认识的可靠方法——这种方法是科学性的、知识性的、人类的理性，只有把这方法的认知、方法的运用作为西方哲学确认的人之本性的一种表现，理性的认识才能是有根有据而不再是独断的。而人之可靠的理性认识能力凭借可靠的方法捕捉到的具有永恒正确性的真知识，就是真理。追求真理成为近代哲学价值的最高追求，“不求真，毋宁死”，“追求真理的愿望必须优于其他一切愿望的原则”成为近代哲学的核心价值。这种求真的精神使得理性中的科学精神在近代蓬勃发展起来。追求真理最终成为了崇尚科学，科学在近代哲学中已经是真理的代言。

其二，求真务实，重视实践。近代哲学虽然是以理性精神作为主导的，但对理性精神的倡扬并不等于仅仅依靠思辨的力量，将理性思辨与实践活动割裂开来。相反，近代哲学从科学那里学习来的重视实践经验，将实践理性与理论理性紧密地结合起来。重视实践在近代哲学中集中表现为将理性建筑在经验的基础之上，近代哲学家们深信只有获得充分的实践经验才能运用理性对其进行分析，从而获得真理性的认识。更为重要的是，近代哲学对实践的重视实质上包含着一种务实的态度，他们认为合目的性与合规律性相比，处于理性追求的更高位置：“真正的合乎理性的行为是目的合乎理性的行为，它根据目的、手段和附带

① *The Philosophical Works of Descartes*, Vol. 1, translated by E. S. Haldane and G. R. T. Ross, New York, 1955, p. 11.

后果来作为行为的趋向，作出合乎理性的权衡。”①从古希腊以来，人类运用理性不断寻求“作为整体存在”的普遍依据，而对整体性、普遍性的追求，使得理性悬置于高于经验、超于经验的地位不下，人们对理性常抱着这样的幻想：通过理性的无限可能去终结人类所认识的有限世界。但事实却相反，人类的理性的无限可能正说明人类认识的局限性，而妄图去终结世界的有限只能让人类感慨世界无限之不可认知，尤其为理性失去了其作为人类存在的全面性而侧重于纯思辨时，人们开始了重新思考。所以当哲学走到了近代，尤其到了近代经验论哲学这里，就显现出了反对人类纯思辨理性行为终极根据的呼声。以洛克为代表，首先反对“天赋观念”，认为人们完全可以在自我的经验对世界的经验之中填充知识、认识，不必要也无须纠结于“何为人类普遍认识的终极根据”，对这个问题的思考只会让我们落入自我假设的圈套而对增加我们切实的知识毫无帮助，所以洛克大力倡导经验是知识来源的重要性，引发人们重新看待我们所面对的知识对象，重新认识人类应具备的能力，重新寻找对实践上有益的内容。摆脱单纯的思维的定律，放眼经验世界，体现了求真务实、注重实践的科学精神。科学的重视实践的精神不仅在经验论哲学中表现突出，在后来的康德对理性与实践的调和中也可看出。康德通过“纯粹理性”扫清了人类认识之盲，同时也揭示出了人类在理性意义上的自由，而这种自由正为实践提供了可能，通过这种自由，人为自然立法，人实现了人与自然关系的合理化建构，为自然立法首先要为人立法，人与自然在理性的调和下成为了可理解的、有普遍性的同时又不失现实性的一对关系。可以看出，康德实际上也是在其形而上学之中努力凸显科学之精神的，科学精神也的确为康德提供了良剂，也使其调和唯理论与经验论成为可能。近代哲学所具有的现实主义和实用主义态度，与哲学本身形而上的浪漫主义和理想主义的相互结合，使其获得了长足发展的恒久动力。

其三，精确量化，追求确定。近代哲学在追求真理、注重实践的过程中，也将科学精神中的追求确定性和可计算化引入到哲学思辨当中来。在近代哲学家看来，只有可以精确计算和表达的事物才是可信的、可以被理性确证的。因此，他

① 韦伯：《经济与社会》（上卷），林荣远译，北京：商务印书馆1997年版，第57页。

们在构建其哲学体系的过程中要么采取几何学的方式,即确立最高原则,继而通过演绎的方式建构其整个哲学体系,其中最有代表性的就是笛卡尔从“我思故我在”这一原理推演出整个世界的存在以及斯宾诺莎的实体、属性和样式的几何学体系;要么就是采取数学分析的方式,即对经验观察到的事物进行分析,从而描述事物的客观规律。其中最有代表性的是休谟对于因果必然性的总结以及莱布尼茨对“单子”形态和运动规律的把握。近代哲学对理性的推崇使得哲人眼中的理性已经不仅仅局限于人文理性,而是把具有对规律的把握、对事物的控制、对确定性的追求、对操作性的重视等特点的科学精神也视为理性,充分体现了近代哲学的哲学与科学相融合的特点。

近代哲学中的理性也表达了科学中的哲学精神。近代哲学的理性追求也将人的自由与解放等哲学精神植入科学当中。正如前文所说,科学从其起源来看是诞生于哲学母体之中的,正是哲学对人与自然奥秘的揭示推动了人文科学和自然科学的诞生和发展。而在近代,当理性以科学的方式大规模兴起之时,也始终离不开理性之哲学本意。这一影响主要体现在以下方面:

一是重视思辨,构造体系。自然科学和人文科学从根本上说都是以思辨的方式,通过归纳或者演绎的方式构造逻辑体系的,这样的方式从根本上来说来自于哲学的影响。哲学本身就是以思辨的方式讲述自己对世界和人生的理解,并以逻辑的思辨方式构建自己的历史叙事和思想体系。如果说古希腊哲学是以理性思辨的方式将自身对于终极存在的强烈渴望彰显出来的话,近代哲学就逐渐将这一理性思辨精神转化为作为一种理性思辨方式的归纳和演绎方法。因为在近代哲学看来,思辨本身除说明存在本身“是什么”之外,更为重要的意义在于说明我们究竟是如何认识存在的。相对于说明事物“是什么”,探讨“为什么”本身则更需要思辨的力量。而这一思辨的方式也影响到了近代自然科学,无论是笛卡尔的分析几何还是牛顿的微积分等都离不开近代哲学理性思辨以及体系构造的方式。

二是认识世界的机械论图景。近代哲学对科学影响的突出表现就是为科学发展提供了现成的世界图景。从古希腊哲学开始,哲学就表现为一种机械性的世界图景(如果说在当今的时代还有人将哲学作为一种世界观的话,那么这种世界观就是一种世界图景)，即以某一本体为基础和根基，建立于其上的是一整套体系直至最高的存在——神。每一物与建立于其上的另一物之间都是具有严格的等级关系的。这种关系在近代哲学这里得到了强化。近代哲学家们普遍采取了构造体系的方式来形成哲学思想，这种方式本身就是一种具有等级性的世界图景。在近代哲学的影响下，近代科学也普遍采取了这一机械论的图景，在牛顿力学中，严格的因果链条的遵循，作用力与反作用力之间的相互作用是宇宙间一切运动的根本原因。一切运动都能在其前后的力的作用之中找到答案；近代天文学也将地球上的物质、地球上物体的形态与地球上物体之间的关系投射到宇宙物体当中；甚至连人的感觉的形成都被看做是外界刺激与人的感觉器官之间形成的因果联系。

三是提倡法治，崇尚自由。近代科学看似以生产力的提升和征服自然能力的提高为目的，但实际上科学更为重要的任务在于彰显主体自身的存在意义和价值，将已经摆脱了自然束缚的主体的人真正的解放出来。而对于解放和自由的追求就是深受哲学的影响。哲学始终将追求人的自由解放、追求人的最终完善与统一、追求生存和存在的意义，作为自身的终极理想。近代哲学家们普遍将自由看做是一种理性高度自觉的意识，是一种超脱外界束缚的无拘无束状态，人作为宇宙间唯一能思想的动物，区别于他物的重要特征之一就是摆脱了自然界加诸一切生物质上的诸多束缚，获得了一种相对超然的状态。因此，近代哲学不仅不想止步于此，还想为人获取更多的自由。近代哲学对自由的追求影响了科学，科学在哲学对自由追求的基础上，探讨如何才能获得真正的自由。他们认为自由可以分为积极自由和消极自由。对自由的滥用往往会产生恶果，与社会发展方向相悖的自由活动会造成社会稳定的失衡和社会秩序的混乱。这就使近代科学深信想要获得更多的自由必须要用法治加以调整和限制。这样由于法治的参与，自由摆脱了盲目性和为所欲为，自由是在法治条件下的积极自由。

如果从更深层次思考，我们发现只有在近代哲学这里，科学才与哲学有了如此紧密的结合，也只有在近代哲学中，哲学与科学之间的关系才日益成为哲学必然要思考的根本问题之一。近代哲学逐渐放弃了关于“世界是什么”的追问，转而思考“如何认识世界”这一知识论问题，这一知识论转向的形成也与对哲学与科学关系的思考分不开。可见理性是哲学的事业，同时也是科学的事业，理性作为哲学与科学之间的关节点和切入点，在哲学与科学之间起着重要的纽带作用。正因为如此，近代哲学由于受到科学的影响，理性本身已经不再仅仅是古希腊哲学的思辨理性，而更多地包含有实践理性的意味。

二、理性与工具主义

理性常能带给我们惊喜，近代哲学从惊喜之中获得了奖励，同时也在不断期待惊喜的再度上演。对于理性抱有这样一种希望，既是我们对自我认识之后自信的表现，也是人类思维的必然发展趋势——想要知道更多，想要掌握更多，想要成为更多。这样一种不断衍生的“动力”促使理性不断在人类各个领域壮大，在这样一种思维方式的指引下，人完全信任理性，使得理性蜕变为工具理性成为一种必然。

伴随着近代哲学依靠理性实现的自然的“祛魅”进而获得知识的征程，近代哲学开始不断打量自身。打量的结果不是相形见绌，而是踌躇满志、信心倍增。因为面对迷茫无际的巨大宇宙，我尽可以以我和它比较，进而研究它们、观察它们，识别其中的路径，理顺各种关系，从而获得各种关于它们的知识。理性的成长意味着知识的成长，近代哲学家们就是在不断演绎理性成长的过程中，不断使理性超越人本身，而呈现出了一定程度的工具理性特征。笛卡尔确立了人存在的知识论的第一原则——理性原则，大胆地提出了“普遍怀疑”的方法，认为只有人类天赋的“理性”才是判断是非的标准，主张把一切事物或观念都拿到理性面前进行审判，决定其真伪。在他看来，理性是人与生俱来的天赋能力。凡事都得经过头脑想一想，只有思想上认为清楚明白的东西，才能相信是真的，否则就是假的。相信自己的判断，相信人的理性，这是以笛卡尔为代表的近代哲学家的哲学宣言。推崇理性、理性至上成为近代哲学的一个重要特点。理性能力是一切人类活动的固有特性。人的理性成了与具有多方面价值和意义的人的现实存在相分离的思辨理性（表现在唯理论者和思辨哲学家那里）或工具理性（表现在经验论者和实验自然科学家那里)。理性成为发现永恒真理的工具,正如卡西尔所说:“在17世纪的那几大形而上学体系——笛卡尔、马勒布朗士、斯宾诺莎和莱布尼茨的体系里”,理性是“永恒真理的王国,是人和神的头脑里共有的那些真理的王国”①。

何以是这样,何以理性逐步走向与人自身存在相背离的道路?何以理性在彰显人的目的性中又呈现出淹没人的性质?何以理性走向工具理性?近代的理性主义及其理性精神从其开启者笛卡尔那里便始终与主体性纠结在一起,理性诚然是主体的理性:“我是一个实体,这个实体的全部本质或本性只是思想,它并不需要任何地点以便存在,也不依赖任何物质性的东西。因此这个‘我’,亦即我赖以成为我的那个心灵,是与身体完全不同的……纵然身体并不存在,心灵也仍然不失其为心灵。”②笛卡尔的“我”这个主体就是这样一个实体,只有被当做“思”之时才可得到不可怀疑的理解,主体的认识、主体的能力也都在自我内部发挥而来,笛卡尔坚信只有清楚明白的主体之思,才有清楚明白的他物之在。这样一来,理性也只有结合主体之思,或者说当理性是主体之思之时,他物才有可能对我呈现确定性。理性在笛卡尔哲学这里不仅是科学原则,更重要的也是哲学方法,也是理解原则,理性与主体天然地统一在一起。但问题仍然存在,即理性与自然的统一问题。理性与自然的关系问题始终是近代以来西方哲学思考的基本问题,后来胡塞尔把这一问题概括为认识如何超越自身切中对象的问题,概括为是一个哲学思维始终难以破解的“自然认识之谜”的问题,这一问题起始于笛卡尔,接续于斯宾诺莎。斯宾诺莎更加重视理性对自然世界和人的自由的作用,强调理智是构成实体的本质的东西,理智是一切知识的保障,是真观念的前提,“实体”是第一个真观念,它是自然的自然,也是能动的自然。对自然做能动的理解是理性作用的结果,理性的作用才可以解释一切知识。这正如斯宾诺莎完全用几何学的方法来表述自己的哲学一样,他没有把哲学和数学在理论性质上区分开,以为哲学也可以像几何学一样由定义、命题、判断、推理等逻辑形式

① 卡西尔:《人论》,甘阳译,上海:上海译文出版社1985年版,第145页。

② 笛卡尔:《第一哲学沉思集》,庞景仁译,北京:商务印书馆1986年版,第26页。

构成,这样就把哲学简单化了、科学化了,也工具化了。数学推理、几何学证明一般都遵循形式逻辑的规则,近代哲学所追求的知识确定性不仅应遵循形式逻辑规则,还应遵循辩证逻辑规则。遵循形式逻辑规则只能使知识系统化、科学化、机械化、模式化、工具主义化,而不能使知识哲学化、思想化、智慧化。当然前者似乎符合近代哲学对确定性知识的追求,但这种确定性知识却也丧失了作为人类理性智慧的形而上维度。正如黑格尔所说:"由于数学具有明确性,所以人们把这一方法看成非常美妙的方法,但是这一方法并不适用于思辨的内容,只有在有限的理智科学中才能运用自如。这一点看起来好像外在形式方面的缺点,但却是主要的缺点。"①当斯宾诺莎言行一致地把自己的数学方法运用于自己的几何学哲学体系时,这个体系暴露了唯理主义的局限性——工具主义无法表达辩证法的思想内容和辩证过程。今天人们研究斯宾诺莎的哲学也不得不抛开他的几何学方式从定义、命题中去寻找其辩证思想的联系,把握其辩证思想的本质,方可看出理性的作用。

随着近代科学的发展和科技的进步,理性这种自我"欣赏"并没有得到及时有效的反省,反而更加显现出工具主义化的倾向。问题不在于是否主张人类应该运用理性而在于应该怎样理解理性,理性在认识的过程中究竟发挥怎样的作用。实验科学的真正始祖培根一语道破了"知识就是力量"的近代理想,"人类知识和人类权力(能力、力量)归于一;因为凡不知原因时即不能产生结果。要支配自然就须服从自然;而凡在思辨中为原因者在动作中则为法则。"②知识的力量要依靠作为工具的科学才能获得。他指出:"赤手做工,不能产生多大效果;理解力如听其自理,也是一样。事情是要靠工具和助力来作出的,这对于理解力和对于手是同样的需要。手用的工具不外是供以动力或加以引导,同样,心用的工具也不外是对理解力提供启示或示以警告。"③这就是说,工具的出现在人与自然中间加上一个中介。培根所发明的"新工具"——经验归纳法,既符合

① 黑格尔:《哲学史讲演录》(第4卷),贺麟、王太庆译,北京:商务印书馆1978年版,第103页。

② 培根:《新工具》,许宝湀译,北京:商务印书馆1997年版,第7—8页。

③ 培根:《新工具》,许宝湀译,北京:商务印书馆1997年版,第7—8页。

理性的本质，又能发挥理性的功能。培根把经验归纳法分为三个步骤：其一是搜集的材料多而广、大而全；其二是运用“三表法”对搜集来的材料加以整理，分别列在本质表、缺乏表和程度表这“三表”中；其三是对“三表”中与所研究的本质不相干的材料予以排斥，以取得初次的收获。当然这里的初次收获是指获得知识的确实性。可见，在培根这里“新工具”的出现，经验归纳法的运用使人对自然的认识成为可能，方法成为人对自然认识获得知识的重要工具，成为获取确定性知识的重要手段。当然，近代自然科学的兴起为人们提供了不同于古代的观察、认识自然的手段和方法，扩大了人们实地观测的范围，使人们对自然的观察和认识更准确和精确。诚然，望远镜能够加强眼睛的视力、工具能够加长人的手臂，但是不经意之间，人与自然之间横亘着诸如望远镜、机器等各种作为辅助手段使用的技术工具，哲学运用的自然科学方法以及进一步提升出来的哲学方法（经验归纳法）也使人与自然、理性与自然之间横亘着作为工具加以使用的中介。狄德罗①指出：“这些思想有的是关于实验技术的一般观点，有的是关于一种现象的特殊观点，这种现象似乎吸引了我们的一切哲学家，并且把他们分成了两类。在我看来，有些哲学家是有很多工具而观念很少的；另一些则有很多观念而根本没有工具。真理的利益将要求那些思考的人终于肯和那些行动的人结合起来，使思辨的人免得从事运动；使操作的人在他所从事的无限运动中有一个目标；使我们的一切努力彼此联合起来一致对付自然的抵抗；并使每个人都在这种哲学的联盟中充当一个适合于他的角色。”②在这里，哲学家们被工具、实用技术所吸引，哲学由此完全被“客观化”和知识化。于是，近代哲学家一反古代追求世界本原的哲学传统，把哲学与知识、实用技术等量齐观。

当霍布斯把哲学定义为“关于结果或现象的知识”时，似乎验证着上述道理。他写道：“‘哲学’是关于结果或现象的知识，我们获得这种知识，是根据我们首先具有的对于结果或现象的原因或产生的知识，加以真实的推理。还有，哲

① 丹尼斯·狄德罗（Denis Diderot，1713～1784），法国哲学家。

② 北京大学哲学系外国哲学史教研室编译：《西方哲学原著选读》（下卷），北京：商务印书馆1982年版，第153页。

学也是关于可能有的原因或产生的知识，这是由首先认识到它们的结果而得到的。”①他由此得出“哲学是推理的知识”的结论。进而言之，所谓的“推理”就是计算。对此，他申明：“我所谓‘推理’是指计算。”②在霍布斯的时代，加法与减法是最基本的计算，乘法是加法计算的重复，除法是减法计算的变形。推理实质上就是主体的认识能力对感觉经验的加减过程，正如培根和笛卡尔共同强调的通过观察而进行的经验归纳一样，我们看见远处模模糊糊的有一物体，便在主体意识上形成了物体的观念，当我们走近一点再看的时候，那个物体果真存在，又进一步产生了“动的”或“真的”观念。再近一点观察的时候，又发现这一物体是有理性的存在，就产生了该物体有“理性”的观念。如果把这三个观念加在一起、归纳在一起，就可以形成一个新的观念——“人”。这让我们想到了霍布斯在几何学中经常举的一个例子——“四边+等边+直角=正方形”的公式。套用这一公式，上面说到的事例也可用这样的公式表达——“物体+真的+有理性的=人”。相反，物体也可以表示为这样的公式——“人-有理性的-真的=物体”。如果这样的公式成立的话，不仅数目可以加减或乘除，哲学范畴所表示的观念也都可以加减或乘除，经验的归纳、综合与分析在培根、霍布斯这里就是加减，观念的加减也就是推理。由此，我们可以把霍布斯的公式表述如下：理性=主体=推理=计算=经验的加减。如果这是霍布斯对理性思维的理解，这种理解带有鲜明的工具主义色彩。

霍布斯将理性工具主义化还体现在，将机械运动看做是唯一的普遍的运动形式，认为一切科学的任务都在于研究各种物体的位置移动。因而，人是一架像钟表那样的自动机，心脏是发条，神经是游丝，关节是齿轮，它们不停地做机械运动。人们的社会生活被人的一切情欲所推动，是“正在结束或正在开始的机械运动”。宛如一石激起千层浪，霍布斯的这种观点立刻得到了众多人的响应，因为他把世界的运动形式简单地归结为机械运动，并把这一原则用于说明人的存

① 北京大学哲学系外国哲学史教研室编译：《西方哲学原著选读》（上卷），北京：商务印书馆1981年版，第382页。

② 北京大学哲学系外国哲学史教研室编译：《西方哲学原著选读》（上卷），北京：商务印书馆1981年版，第383页。

在,进而得出人是机器结论的做法成为近代哲学的一种时尚。与此同时,莱布尼茨把生物有机体等同于机器。动物也好,生物也罢,作为生命有机体,它们不仅包含最为低级的机械运动,而且还有机械运动无法比拟的物理运动、化学运动、生命运动等更为高级的运动形式。如果说莱布尼茨的机械论还仅仅局限于动物界或生物界的话,那么,爱尔维修则重新奏响了霍布斯人是机器的主题。爱尔维修①认为,存在于我们之外、不依赖于人的意识而存在的自然界是运动的,而运动只有机械运动一种形式,人也只是机械运动的机器。在对人是机器的一呼百应中,最为典型和系统的则非拉美特利②莫属。这不仅因为他写了赫赫有名的《人是机器》一书,更为重要的是他把人是机器的观点推向了极致。在拉美特利眼里,人的存在状态是这样一幅景象:“人是一架会自己发动自己的机器:一架永动机的活生生的模型。体温推动它,食料支持它。”③拉美特利不仅认为人的生理活动遵循机械运动的规律,人的精神活动同样也遵循这样的规律,“心灵和身体是一同入睡的。跟着血液循环的一步步缓慢,一种平安恬静的感觉便散布在整个机器上;心灵软绵绵的觉得自己和眼皮一起沉重起来,和每一条脑神经的纤维一起低垂下来。于是和身体上的所有肌肉一起,它一点一点地沉入一种麻痹状态。身体的肌肉再也载不住头脑的重量,心灵也再挡不住思想的负担,心灵入睡了,好像根本不存在了。”④按照这个思路,人既然是一架机器,此外别无更多,那么,这个机器的功能当然取决于它的各个部件了。人是一架自动的机器,人的一切活动,包括精神活动在内都是人体的组织结构决定的,人的思想、生命都是人体的机械运动的表现。因此,人并没有特别和神秘之处,人体构造和动物构造基本相同,人与动物没有本质的区别。这等于宣布人就是动物。对于人的地位和价值,拉美特利的评价是:“凡是真正的哲学家都会相信,从动物到人并不是一个剧烈的转变。”⑤

---

① 克劳德·阿德里安·爱尔维修(Claude Adrien Helvetius,1715～1771),法国哲学家。

② 朱利安·奥夫鲁瓦·德·拉美特利(Julien Offroy De La Mettrie,1709～1751),法国哲学家。

③ 拉美特利:《人是机器》,顾寿观译,北京:商务印书馆 1996 年版,第 20—21 页。

④ 拉美特利:《人是机器》,顾寿观译,北京:商务印书馆 1996 年版,第 19 页。

⑤ 拉美特利:《人是机器》,顾寿观译,北京:商务印书馆 1996 年版,第 30—31 页。

哲学从古代向近代演进的过程中，的确在不断凸显人的地位和价值，而且注重人的现实性，使人的理念从虚化、混沌走向现实、精确。人们也开始用过多的热情关注和研究自己，并借助近代自然科学手段，对人实施定量分析。与哲学成为工具、手段相应地是，人成了可以随意分析、可实证测量的实体。这一切表明，如果说古代哲学在追寻宇宙始基的同时，已经在思考有关人的问题，那么，近代哲学则热衷于凝视人的世界，这给近代哲学打上了鲜明的转型印记。这种转变，无论是对于哲学的演变还是对于人类自身的发展都具有重大的历史意义。然而，近代哲学却仍然保留有古代哲学早已有之的致命弱点，即将人视为对象。即便是近代哲学张扬了人的价值，提升了人的主体地位，但它仍把人作为一个实体来认识，把外界的一些基本特征依附在人身上。他们不但用自然科学的方法来研究物质世界，而且也用此种方法来研究人，把人看做是物质世界中的一种物质存在，或把人比喻成机器，使得活生生的人成为毫无生机的理性规则下的一种物体。在此种意义上说，近代哲学有着与古代哲学相同的思维趋向。德国古典哲学的杰出代表康德则认识到了这种思维趋向所暗含的误区——将人实体化、物化，或是将人工具化、机器化。康德断言，实体是认识的对象，而进行认识的“我”是根本不能被作为认识的对象的，“我”只能是进行认识的主体而不能是认识的对象。因此，人是目的而不是手段，人具有自由本质。只有把自我看成是非实体性的东西，“我”才是自由的。作为批判哲学的康德哲学对以往的批判恰恰在于解决古代哲学以及近代哲学所遗留下来的关于人的问题，从而还人以尊严、价值与意义。

三、理性与理性主义

如果说理性逐渐蜕变为工具理性是近代哲学在以理性的方式高扬人的主体性过程中始料未及的，那么理性转化为理性主义则更是理性本身所无法设想的。今天，有些思想家在谈论“现代性”这一概念时，总是认为这样的概念天然地包含着某种悖论，即现代性以拯救前现代并且实现人的自由和解放作为自己的理想，却现实地将人们抛入另一个无法获得拯救的深渊。与之相似，理性的目的在于将人从自然的束缚中解放出来,将人之为人的本质彰显出来,但理性的过分张扬又必然导致理性的溃灭和问题的丛生,从而使理性走向了理性主义。

首先,理性在西方古代哲学那里获得了长足的发展。人们愿意把古代哲学的三个概念——“逻各斯”、“努斯”和“认识你自己”视为理性意识的最初表达。当“逻各斯”已具有尺度、规律的含义时,当“努斯”已具有无限的、自足的精神性之意义时,当“认识你自己”已具有人最初的自我意识时,古希腊人在人类最初的哲学思想活动中,已把理性意识从原始神话的朴素思维方式中解放出来。特别是柏拉图把“理念”作为精神性实体,作为整个世界的本原,并对“理念”这一世界本原从人的灵魂具有认识“理念”的能力之角度划分出灵魂的理性、激情、欲望三个层次,从而认为理性是灵魂的最高原则,理性与神圣、完满、至善的理念相通,理性才是不朽的。这样,柏拉图使理性走上了神坛,也等于使人走上了神坛。因为在柏拉图这里,理性的生活,特别是理性的精神性的生活才是更高级、更值得过的至善生活,这样的生活才是理性的人有价值和意义的自由生活和理想生活。难怪柏拉图的学生亚里士多德明确提出“人是理性动物”这一著名命题,认为人有双重理性——理论理性和实践理性。理论理性表现为人有判断、推理的理性能力,如人可以运用逻辑的同一律、矛盾性进行推理;实践理性表现为人有追求向善的行为规范能力,如人的本性具有四主德:勇敢、节制、诚实、自由。理论理性和实践理性共同构成了人的本性。由此可见,西方哲学一开始就把理性作为世界的本原和人的本性之根据,人在世界中作为具有理性存在的特殊动物,其特殊性就在于人能够通过自己的理性能力去认识世界与改造世界。西方哲学理性主义传统就是这样被积淀、被发展、被传承的。

其次,理性在近代哲学这里获得了空前的力量。正如思想家卡西尔指出的那样:“所有形形色色的力量汇聚到一个共同的力量中心。形式的差别和多样性,只是一种同质的形成力量的充分体现。当 18 世纪想用一个词来表达这种力量时,就称之为‘理性’。理性成了 18 世纪的汇聚点和中心,它表达了该世纪所追求并为之奋斗的一切,表达了该世纪所取得的一切成就。”①近代哲学家认为

---

① 卡西尔:《启蒙哲学》,济南:山东人民出版社 1988 年版,第 3—4 页。

一切均是可以怀疑的,唯一不能怀疑的就是人的理性,理性成为衡量一切的准则,成为为一切立法的存在。笛卡尔把近代哲学知识论追求定位在知识的确实性上,洛克把经验论的思想核心确定在对人自身的主体认识能力加以反省上,而康德把人的一切知识和实践的基础放在理性上,认为人的理性不仅可以为自然立法,还为人立法,这才是理论理性与实践理性。到了黑格尔哲学那里,理性更是被推向了"绝对"的顶峰,成为支配人及其历史发展的总的原则。恩格斯曾经指出:"要知道,当这个黑格尔发现,他借助理性不能得到另一个凌驾于人之上的真正的上帝时,他是多么为理性而感到自豪,以致他干脆宣布理性为上帝。"①黑格尔使理性走上了神坛,取代了上帝,占据了至高无上的位置。人凭借理性取代上帝而成为世界的主体,也凭借理性剥去了中世纪在自然界上的神圣投影,把它变成了科学和技术可以控制的领域。

和古代哲学的理性意识相比,近代哲学的理性意识更加体现了理性的知识论立场和主体性关切。"18 世纪在一种不同的、比较朴素的意义上看待理性。理性不再是先于一切经验、揭示了事物的绝对的'天赋观'的总和,现在人们把理性看做是一种后天获得物而不是遗产。它不是一座精神宝库,把真理像银币一样藏起来,而是一种引导我们去发现真理和确定真理的独创性的理智力量。"②这就充分说明了理性是人的特殊能力,是人认识世界本质、追求世界知识图景的特殊能力。特殊就特殊在这种能力不是简单的知性能力,而是一座丰富的精神宝库,是人类的理性精神。不过,这种能力伴随西方近代科学的发展,拥有了科学技术这件漂亮的外衣,使人类的理性精神从理性形而上学的理论形式转化为具有工具理性的可操作的实践形式。理性精神不仅有了科学主义的表象,还有了工具主义的运作,更有了理性意义的体现。当然这一切也可以这样说,那就是人的本质在理性主义这里得到了实际的确证。因此,我们才说人的本性问题在近代哲学这里被理性主义淹没,当理性等同于人性时,人性的本质借助于理性的光辉才能不断地被映衬出来,也许这就是理性精神的精神实质所在吧!

---

① 转引自罗森塔尔:《马克思主义辩证法史》,北京:人民出版社 1982 年版,第 12—13 页。

② 卡西尔:《启蒙哲学》,济南:山东人民出版社 1988 年版,第 11 页。

因此,理性主义在现代哲学这里获得了当代反思。近代哲学知识论把形而上理性、理论理性、认知理性推上绝对化的境地,追求一种绝对主义的真理观,并因坚持“知识与价值的绝对统一性”而持有一种极端道德理想主义的价值取向,理性最终蜕变为一种理性主义。面对理性主义的困境,人们产生这样的疑问:理性是人的本质吗?形而上理性是世界的本体吗?认知理性是否比其他认识形式更能揭示世界的本质?知识与价值是否具有绝对的一致性?理性是否真的能够带来“合理性”的现实?理性究竟是无上荣光的“神启”还是一切罪恶的源头?对这一系列问题的反思引起了现代哲学对近代理性主义的现代性批判。逻辑实证主义的重要代表人物卡尔纳普①通过区分语言的表述职能和表达职能表明,传统的形而上学虽竭力追求关于世界的完整知识,但它“只能给予知识的幻相而实际上不给予任何知识”。后现代哲学家罗蒂认为,形而上理性对客观知识的寻求不过是一种迷误而已。形而上理性所勾画的客观知识图景只不过是一种自我安慰的信念。这种信念所表达的只是理性的神话,根本没有实现的现实性。“对知识论的愿望就是对限制的愿望,即找到可资依赖的‘基础’的愿望,找到不应游离其外的框架,使人必须接受的对象,不可能被否定的表象等愿望”②,但这仅仅是一相情愿而已。海德格尔认为,传统形上理性观支配下的近代哲学从一种知识论的立场来看存在,把存在归结为物性的存在,存在具有的意义就被遮蔽了。哈贝马斯通过对理性的价值旨趣的考察,指出近代理性观所要达到的所谓知识,其实乃是科学知识,科学知识体现的只是服从于生产实践需要和对客观化的过程进行技术控制的工具理性旨趣。他主张超越对理性的狭隘理解,后形而上学的哲学研究应当从科学的知识论立场走向交往的理性批判领域。哲学解释学的代表人物伽达默尔③深刻地指出,近代理性观的知识论立场是建立在科学认知活动基础上的,这种立场使其丧失了自我反思、自我批判和自我理解的性质。就人的认识活动而言,理解在本体论上更具有优先地位,理性的立场应当奠

① 鲁道夫·卡尔纳普(Rudolf Carnap,1891～1970),美国哲学家。

② 罗蒂:《哲学和自然之镜》,李幼蒸译,北京:三联书店 1987 年版,第 277 页。

③ 汉斯—格奥尔格·伽达默尔(Hans-Georg Gadamer,1900～2002),德国当代哲学家。

基在理解的基础之上。

即使面对着现代哲学对理性主义的批判，但无可否认的是人毕竟是理性的存在，人的存在永远需要理性的自觉。在当代“哲学的终结”、“理性的毁灭”、“人的死亡”的喧嚣中，在人与理性仍需重新启蒙的当代，理性的批判不仅要指向自身之外，更重要的是要指向理性自身。理性对自身的批判不是取消自身，而是为了使理性更趋于合理性。当代理性应当在不断的自我批判中走向合理性，而理性对自身保持理性的批判态度的前提就是对自身有限性的肯认。理性的对待理性自身，在直面人的有限性的前提下确认人的主体性，领悟人的存在的意义，敞开真实的人本身，应当成为当代理性的自觉意识。应当看到，在当代，理性与人仍然成为“问题”，理性与人的启蒙并没有终结，启蒙仍然有待完成。理性作为人性的表征，理性的问题其实就是人的问题。对理性的批判和反思，其实就是对人的自我理解与存在方式的批判和反思。理性的批判和反思不应走向对理性的绝对否定，绝对否定只能是一种“恶的无限”。在这个意义上，当代著名思想家哈贝马斯所持有的“现代性仍未完成，理性仍需启蒙”的思想态度无疑是对理性的建设性承续，或许我们回到以理性著称的近代哲学那里重新理解理性本身，理性才能找到回归的道路。

在现代哲学对理性主义的一片批判声中反思近代哲学的理性，我们认为近代哲学的理性与现代哲学和后现代哲学所批判的理性主义还是有着根本的区别的。前者借用海德格尔的话来说是一种“有根的”理性，后者是“无根的”理性。正是因为理性丧失了其根基，才自认为无所不能，从而达到绝对和狂妄。而近代哲学的理性则是一种“有根”理性，理性本身并没有抛弃形而上学本身，也就是本体论追求本身。理性的目的仍然是形而上学的目的，理性的作用仍然是建构人类生存的应然面目，只是在运用的过程中出现了一些“倾向”。但是，理性本身仍然可作为思考的界限，而不如现代理性异化之后那样的无度。所以，在近代无论是以笛卡尔为代表的唯理论对人们认识能力的考察，还是以洛克为代表的经验论对认识过程的理解都不过是为了给知识体系寻求稳固的终极支撑。在他们那里，理性的认识能力的根本目的仍然是为着本体论的建构，区别仅仅在于他们以理性为这样的本体论提供合法性的保障。近代哲学的最终发现是人类的理性，这与传统形而上学的以思维代替存在的倾向根本就是一个思路。唯理论固然是理性主义的，理性的“我思”是笛卡尔第一哲学的根本出发点，理性的“普遍数学”原则使笛卡尔完成了从思想方法到知识体系构建的跳跃；另一方面，近代经验论所说的经验实际上并不是常识范畴内的经验，而是属于理性或知性的范畴。可以说，在近代哲学，理性是世界的“终极支撑”，是近代哲学的“本体”。与其说近代发生的是“认识论转向”，倒不如说这种转向是“本体论的理性转向”。近代哲学传承了古代哲学的本体论学说的“致思”之路，只不过近代哲学对本体的追求更典型地表现在对主体理性认识能力的考察上。近代哲学的理性与理性主义的不同之处在于，这时的理性不仅作为人存在的本质或者人的一种能力，可以为主体的人做工具性的说明；更重要的是，理性让近代哲人寻找到了超越流变可感世界、超越主体自身的澄明之境，使得人力图在这样的家园中怡然自得、自由奔放。

因此近代哲学作为古代哲学的延续，在追寻世界的意义统一性的同时，更是力图给这种统一性以客观的说明。它赋予人的生命存在以意义的统一性，让人对意义世界的建构更加深邃、久远，以探求对象之外和之上的超验的永恒秩序的方式，来表达人对生命意义的诉求。可见，近代哲学本身包含着对人生命意义的追寻，思想成为意义的展开，意义成为思想的目的。因此，哲学家们以思想为哲学的对象，并用思想反思思想的过程，不仅只是为了解释与说明世界，更重要的是试图以此实现自己的哲学价值，认识人自己的本性，寻找人生命的意义，为人的活动设定意义，让人在“意义”的指导下活得更有意义。虽然，当近代哲学家们试图以其理性的天资，以令人叹为观止的哲学理论为人生设定意义时，以对意义的追求与挚爱，设定了种种亘古不变的哲学理念，但其中的思想情怀足以让人的思想作为自由的精灵而使得生命视野更加辽阔。虽然近代哲学把意义的具体性固定在一成不变的“真理”中，使思想本身陷入了既寻找意义又确定意义的悖论之中，但正是这种悖论，确切地说正是这种普遍性与确定性的意义能否确立的矛盾，使人的生命意义在失落中再次奋起，现代哲学理论把意义作为哲学的中心命题来探讨，使得近代知识论哲学在哲学发展历程中成为了一个断裂传承的重要逻辑环节。哲学在追求人生价值、自由、意义的路上，依然永不知疲倦地前行着。

第八章　近代哲学的启蒙精神

如果按照康德的说法，启蒙就是"人从自己造成的未成年状态中走出。未成年状态就是没有他人的指导就不能使用自己的理性。倘若未成年状态的原因不在于缺乏理性，而在于缺乏无须他人的指导就使用自己理性的决心和勇气，那么，这种状态就是自己造成的。要有勇气使用自己的理性：这就是启蒙的格言。"①那么近代哲学的真实理论意蕴中就包含着启蒙精神的真实性，这是因为一方面理性使得人类不断追求关于知识、真理的理想，力求把握大千世界的终极真理；另一方面知识、真理的不断获得必然导致人类向平等、人权、民主、自由和解放的理想进军。当近代哲学的理性精神试图用理性去征服自然、拯救自我，为自己赢得运筹帷幄的权利之时，它也相应地完成了人的启蒙——启人之蒙。可以这样说，启蒙对于近代哲学来说是一场哥白尼式革命，原因在于它不仅用理性取代了信仰，更重要的是启蒙使理性占据了至高无上的地位，启蒙是理性生发出的最有魅力的思想力量。

一、启蒙与理性

整个西方哲学史是一部以理性为内核使理性不断觉解的历史。近代哲学是

① 康德：《历史理性批判文集》，何兆武译，北京：商务印书馆1990年版，第22页。

理性的时代，更是启蒙的时代，它通过“文艺复兴”、“启蒙运动”、“法国大革命”等等各种思想革命和实践革命将启蒙提升为时代的宣言，将启蒙精神化作时代精神的核心，使近代哲学的理性达到巅峰时刻，也使整部西方哲学史呈现为一部启蒙精神一以贯之的思想史。对此理解可开拓出两点认识：其一，近代哲学所彰显的启蒙精神，应是在人类思想文明的历史长河中自然而然、水到渠成的发展结果，并非一个时间节点或某一特定时代的“专有名词”；其二，启蒙精神始终离不开理性的发展，始终与理性纠结缠绕地并生前行，并且不断地以是否具有“合理性”、或者在多大程度上具有“合理性”作为自身发展的评判标准和价值旨趣。因此，近代哲学理性与启蒙的同时壮大和相互之间的“握手”，是历史性与时代性的汇合，二者一同实现了承上启下、继往开来，使人类精神发生方向性变化的历史任务。所以说，即使历史发展到现代，虽然启蒙以及启蒙带来的现代性问题遭到猛烈的抨击，如霍克海默和阿多诺在《启蒙辩证法》中认为启蒙造成了危机：“启蒙倒退为神话，而神话成为启蒙”，但毕竟启蒙在近代这一历史时期具有进步的历史意义。这个历史意义在于近代哲学通过理性的力量在人类思想史上达到“启蒙”的功效，并通过三条路数来实现其功效：超越以往西方古代哲学理性主义传统单纯追求认识结果的“是其所是”，而转向通过对认识主体的理性认识能力的肯定实现“启人之蒙”的光明，彰显启蒙的人性内涵；通过唯理论与经验论的争辩进一步推进西方理性主义的发展，进一步“启理性之蒙”，并开掘出启蒙的理性内涵；通过对启蒙辩证法的不断认识和反思，将启蒙从自身中解放出来，即启出“启启蒙之蒙”的辩证法精神。应该说，“启理性之蒙”和“启启蒙之蒙”都是从另一个角度所说的“启人之蒙”。

首先，近代知识论哲学超越以往西方古代哲学理性主义传统单纯追求认识结果的“是其所是”，转向通过对认识主体理性能力的肯定而实现“启人之蒙”的光明，以彰显启蒙的人性意蕴。近代哲学是将哲学的基本问题“思维和存在的关系问题”凸显出来的重要环节，也是在追问思维和存在的关系过程中将认识主体——人，从认识活动背后解蔽出来的重要环节。古代哲学追问本体究竟“是什么”的问题一经诞生便成为西方哲学内源性和内生性的价值取向，探究认识如何能够不加任何主观色彩和感情因素地客观评价和解说本体，还原其“是其所是"的本来面目也便成为以往哲学的致思方向。即便是在中世纪的宗教神学时期也是如此,只不过是将世界的本原看做是代表最高的善和最全的圆满的"神"。理性对于世界的"本原"只有揭示、描述和解释的功能,但绝对不具有反思和批判的功能。所以就古代哲学和中世纪哲学而言,人的理性能力被局限在追求世界本原究竟为何的"是其所是"阶段。但是,古代哲学包括中世纪哲学中主体意识的丧失反而成为近代理性启蒙的任务之一。在近代哲学这里启蒙精神与理性精神始终交织在一起。启蒙精神首先附丽于理性主义传统自身在哲学史上的"认识论"转向。从抛开对人的主体认识而单纯去认识客体转回对人自身的认识能力的认识和反思,意味着人的自我意识的发觉。近代哲学通过对理性认识的进一步反思解蔽了在人类思想史上一直被遮蔽的人之形象,并将人的这种自我意识提升到了自觉的程度。它承诺了人的理性能力能够认识世界,即思维能够把握存在,如培根在《新工具》第一卷的扉页上写道:"人是自然的仆役和解释者",而洛克则直接关心人类究竟能够理解什么的问题。而且,近代理性主义哲学还将思维把握存在的最终根据还原给了人,也就是说,人的理性思维的结构、功能决定了人类认识世界的存在样式。这就将以往自然、上帝主宰的疆界重新还给了人类自身的思想界。只有自然神和宗教神的让位,理性的价值才能凸显出来,人类的形象才能展现出来,启蒙精神的"启人之蒙"的意义也才能显现出来。

"启人之蒙"表现在对理性的挖掘和对主体的彰显。理性的确立,使人类对未来的理想性和生活的可能性获得衡量的尺度;主体的确立,使人能够获得区别于宇宙万物的独特眼光,审视宇宙,反思自身,向着理想迈进。理性与主体的一致,才有可能使得启蒙精神所内隐的价值追求得到释放,并通过现实的理论运动和实践活动追求价值的实现。所以,笛卡尔对启蒙精神的最大贡献在于将理性和主体赋予了人类,或者说是在理性和主体性被掩盖或被遮蔽后重新还给了人类。只有这样,启蒙精神才从隐性走向显性,启蒙才能成为时代精神,启蒙哲学才能成为近代哲学的主题。贝斯特①和凯尔纳②指出:"从笛卡尔起,贯穿着整

---

① 史蒂文·贝斯特(Steven Best,1952～　),美国哲学家。

② 道格拉斯·凯尔纳(Douglas Kellner,1934～　),美国哲学家。

个启蒙运动及其后继者，所有关于现代性的理论话语都推崇理性，把它视为知识与社会进步的源泉，视为真理之所在和系统性知识之基础。人们深信理性有能力发现适当的理论与实践规范，依据这些规范，思想体系和行动体系就会建立，社会就会得以重建。”①这种历史的进步主义的观点和对理性合理内核的肯定的观点无疑是启蒙精神在理论层面的最好表征。在理性的指导下，“人获得了自信，信任自己的那种作为思维的思维，信任自己的感觉，信任自身以外的感性自然和自身以内的感性本性；在技术中、自然中发现了从事发明的兴趣和乐趣。理智在现世的事物中发荣滋长；人意识到了自己的意志和成就，在自己栖身的地上、自己从事的行业中得到了乐趣，因为其中就有道理、有意义。”②正是出于对理性的合理性和进步性的感触，人们才开始更加主动地完成“启人之蒙”的历史任务。这一任务的具体实施是获得实效的——近代以来，地理大发现导致自然科学（人种学、人体解剖学等）的建立；人的发现导致“历史哲学”的出现。很多学者认为伏尔泰③的《论风俗》（副标题是：论民族精神及历史的主要事实）在学术史上有两点贡献：一点是伏尔泰第一次把历史描写为人自身的历史；另一点是伏尔泰第一次使用“历史哲学”概念。前者表达了历史是人的历史，而不是神的历史的启蒙思想；后者是使用“历史哲学”概念与“历史神圣”相对抗，以体现理性的力量。所以近代哲学开启“启人之蒙”的过程，也是发掘启蒙精神所内蕴的人性精神的过程。启蒙精神说到底离不开对人的尊严、权利和自由的歌颂，它是对人之力量的肯定，也是对人性之深邃的探秘。启蒙之所以能够从理性的背后发掘人存在的价值和意义，在于近代哲学开掘出理性的功用性特征，即理性的存在暗含“为人所用”和“为人证明”的价值和意义。所以，启蒙与理性的联姻，是为了解蔽神性背后的人文精神，是为了彰显启蒙的人性特征。

其次，近代哲学通过唯理论与经验论的争辩，不断实现“上帝自然化”和“上帝人化”，进一步推动了西方理性主义传统的发展而“启理性之蒙”，“启理性之

---

① 贝斯特、凯尔纳：《后现代理论》，北京：中央编译出版社 1999 年版，第 3 页。

② 黑格尔：《哲学史讲演录》（第 4 卷），贺麟、王太庆译，北京：商务印书馆 1978 年版，第 4 页。

③ 伏尔泰（Voltaire，1694～1778），法国哲学家。

蒙”的过程也是开掘启蒙的理性内核的过程。唯理论和经验论之争是近代哲学的显性表现。经验论这一派继承了古代“原子论”和中世纪“唯名论”的传统，在近代体现为机械论的特点，主张把世界看成由无数个体组成的总和，每个个体都是真实而且有因果联系的，如霍尔巴赫①所言：“自然，从它最广泛的意义来讲，就是由不同的物质、不同的组合，以及我们在宇宙中的不同的运动的集合而产生的一个大的集合。”②经验论的意义在于用广延排斥了思维，也就是说将上帝看做是物理意义上的客观实在，具有“物”的“自然性”，否定它的精神性，实现了“上帝自然化”；唯理论则是古代“理念论”和中世界“唯实论”的复兴，在近代表现为理性主义，主张把世界看做是一个统一体，这个统一体既真实又充实，具体的事物存在于整体的统一本质之中。它存在的意义在于将上帝看做是实体性的存在，否定神的神秘性、超自然性，把神在宗教意义上的人格性转变为哲学意义上的本体范畴，也在不断实现“上帝自然化”。“上帝自然化”的过程也是“上帝人化”的过程。无论是经验论还是唯理论的发展，其实一定意义上都是在为西方理性传统的进一步发展扫清前进道路上的障碍——中世纪神学的阴霾。只有将宗教信仰等非理性力量撩拨开，才能为理性的发展开掘出新的领地。而且，无论是经验论还是唯理论，它们各自理论体系的发展壮大和相互之间的争鸣思辨，都反证着西方哲学的理性主义传统在近代哲学这里发扬光大——在不断使上帝自然化的进程中，也在不断实现着上帝走下神坛，使人的理性、主体走上神坛，而实现着“启理性之蒙”。

近代哲学以经验论和唯理论所共同实现“上帝自然化”、“上帝人化”的过程，实现了驱走上帝、为理性的进一步发展让道的目的，完成了再“启理性之蒙”的任务。理性主义传统可以说是自西方哲学一经产生之日起就一直内蕴在人类思想文明的长河之中，只是由于在人类历史的早期，理性认识能力还没有达到自觉反思的程度，被隐匿在古代追本溯源的自然本体中和中世纪顶礼膜拜的上帝本体中。其实，无论是对自然本体的追问还是对上帝本体的证明，在一定程度上

---

① 保尔·霍尔巴赫(P. H. D. Baron Holbach,1723～1789)，法国哲学家。

② 霍尔巴赫：《自然的体系》(上卷)，陈太先、眭茂译，北京：商务印书馆1977年版，第10页。

都表达了人类理性认识能力的萌芽，只可惜这个理性的幼苗却夭折在中世纪神学的信仰中。信仰意味着不加思辨的认知和一相情愿的信任，它是对理性认识的极大戕害。同时，以上帝之名实现对人的控制和裁断，也是对人的自由权力的剥夺。所以，只有砸碎虚假的神圣形象，才能解救出束缚于其下的人，使人"有勇气使用自己的理性"。在这个意义上说，近代哲学通过"上帝自然化"、"上帝人化"的过程实现了"启理性之蒙"的目的。事实也确实如此，一方面，唯名论和经验论的论战过程本身，即在探讨思维与存在究竟何为第一性、思维和存在是否具有同一性等问题上，已经彰显了理性思辨的魅力，更展现了人主体的能力；另一方面，"上帝自然化"与"上帝人化"的同一过程，使理性以其自身的力量扯掉了之前覆盖在自己身上的"上帝之衣"，使理性能够走上神坛，再次彰显人自身的力量。近代哲学的"启理性之蒙"的过程，反证了理性之于启蒙的重要作用。只有理性的反躬自省、理性自身的觉解，才能够使理性生长为自为自觉的存在，才有可能使启蒙获得敞开。道理很简单，理性是启蒙的前提，启蒙与理性同一，启蒙自身内蕴着理性的光芒，启蒙与理性相辅相成。

最后，西方近代哲学通过对启蒙辩证法的不断认识和反思，而进一步将启蒙从自身解放出来，即"启启蒙之蒙"，"启启蒙之蒙"的过程也是挖掘启蒙辩证法精神的过程。如詹姆斯·施密特①所指出的那样，启蒙是分为三条路线的：其一是在与传统、理性和权威的区别中展开自身的；其二是在对理性、恐怖与支配的关系中进行论证的；其三是将启蒙与法国大革命相联系，或力图对两者予以说明，或力图从两者关系中将启蒙自身解放出来。无疑后者指的是近代哲学扮演的"启启蒙之蒙"的角色。"启启蒙之蒙"意味着启蒙应该始终暗含在西方思想文明的历史之中，始终作为其思想上的原动力和内驱力存在着。但是由于理性的觉解是一个历史生成的过程，启蒙对自身的发现和发掘也是一个历史生成的过程。特别是文艺复兴与启蒙运动之兴起才使启蒙从隐性逐步走向显性，将启蒙放在光天化日之下，努力让启蒙具有的人权、自由、民主等理想追求以直接的

① 詹姆斯·施密特（James Schmidt，1931～　），美国哲学家。

形式表现出来。正如但丁[1]所说：我是人，人所具有的一切我都具有。人具有什么呢？但丁也作出了明确的回答：人天马行空，独往独来。即人是独立的，不依赖于神，只依赖于人自己。只不过人对人自己的认识和依赖要有待于人对启蒙、理性、主体的不断自觉。

如果说“启蒙一般来说意味着从能够具有合理性的人当中制造出理性的人。导致这个伟大目的的一切机构和手段，全部加起来，就给予启蒙一词最广泛的意义”[2]，那么启蒙就不再是某个历史时期的，而是弥漫于整个西方哲学发展始终的。“我一直假定，人的命运是我们的一切努力和奋斗的尺度和目标，使我们的眼睛必须瞄准的那个点——如果我们不想迷失方向的话。”[3]对人的问题的关注，是整个西方哲学的主题。当泰勒斯提出“世界是什么”的时候，就表明人类开始对既有前提产生怀疑、对人类认识能力初步肯定、对人类生存之谜和未来走向开始思索，那么一定意义上可以说，启蒙精神已经在西方哲学的母体之中产生。此后，柏拉图的理念论，其中的理性内核就已经表露出对历史发展和人之能力的终极期待；笛卡尔的“我思故我在”，使人将自己从自然界和神的束缚中解救出来，解放了的主体也使自己从客体中挣脱出来，主体的确立使得主体和客体的存在同时成为可能，“我思”便成为推动历史发展的唯一中轴；康德通过对人的认识能力的批判，达到了对科学和道德的双重关怀。待这一解放人类、征服自然的理性和科学发展到黑格尔时代，则被黑格尔提升为整体主义、中心主义的自为状态，理性成为束缚人、奴役人的枷锁，走到了自己的反面而出现了危机。这是西方理性形而上学传统发展的历史轨迹，同时也是启蒙精神发展的逻辑。启蒙精神应该是在西方哲学母体中孕育的一种特有的文化形式，是在西方哲学历史的生成性中不断开显的东西，自人类具有理性认识能力之初便伴随着人类的发展而一同向前，并且不断地承载着人类渴望力图“启人之蒙”的“启启蒙之蒙”

---

① 阿利盖利·但丁(Alighieri Dante,1265～1321)，意大利思想家。

② 转引詹姆斯·施密特编：《启蒙运动与现代性——18 世纪与 20 世纪的对话》，上海：上海人民出版社 2005 年版，第 68 页。

③ 转引詹姆斯·施密特编：《启蒙运动与现代性——18 世纪与 20 世纪的对话》，上海：上海人民出版社 2005 年版，第 277 页。

的乌托邦理想。

启蒙精神弥散在整个西方哲学的发展历程中，表征着人自身所固有的理性能力所具有的一种天然的禀赋。启蒙之所以被称为是一种精神，在于把世界中所获得的合理的可能性因素带入人的理性当中，使得理性通过自身的推理和判断能力使一切概念得到明晰。虽然这种对启蒙精神的理解在古希腊柏拉图哲学那里已经得到某种程度的说明，如柏拉图曾经形象地以“洞穴之喻”比拟理性思想与人之启蒙之间的关系，但是中世纪哲学用理性来为信仰获得合理性说明的做法则在某种程度上抹杀了人的能动性和创造性。理性应该为人所用，却被上帝盗走，成为证明上帝合法性的工具，理性与启蒙精神的沦丧亟须解救；而且，由于人类的理性认识能力的发展是一个逐步强化的过程，所以人对启蒙的认识和反思也是一个在与理性的相互涤荡过程中不断开掘的过程——从无意识到有意识，从自发到自觉。所以，对人之力量的压抑最终导致了近代哲学中启蒙精神重新弘扬“人”之风帆，开始了新的航程；而文艺复兴、启蒙运动的兴起似乎寓意着启蒙力量的不可遏止，启蒙精神成为整个西方近代哲学主动追求的精神气质，成为一个时代的显性特征。近代哲学之所以能被称为启蒙的时代，就在于近代哲学使得理性与启蒙之间的关系得到最为清晰的说明，理性之于启蒙的意义就在于通过理性的手段使得一些含混的概念得以澄明，启蒙之于理性的意义就在于为理性的认识能力作出实践性明证。正如康德在《纯粹理性批判》第一版序言中所说：“我们的时代是真正的批判时代，一切都必须经受批判。通常，宗教凭借其神圣性，而立法凭借其权威性，想要逃脱批判。但这样一来，它们就激起了对自身的正当的怀疑，并无法要求别人不加伪饰的敬重，理性只会把这种敬重给予那经受得住它的自由而公开的检验的事物。”①在启蒙这一法庭上，理性是唯一的衡量尺度，理性也成为反抗权威的力量。所以说，启蒙精神应该是在人类历史上自然而然地发展壮大的一股人文气息，始终与人类的理性主义传统相依存，并与之一同发展壮大。它本不是断代意义上的某一时间点或时间段，却又通过西方近代特定的文艺复兴、启蒙运动使之从历史的背后走上历史的前台。西方

① 康德：《纯粹理性批判》，邓晓芒译，北京：人民出版社 2004 年版，第 3 页。

近代哲学以理性精神的高扬达到了“启启蒙之蒙”的目的。

近代哲学的“启启蒙之蒙”还表现在，近代哲学通过自身的发展彰显了启蒙自身所具有的辩证法精神，又通过这种辩证法精神的张扬反证了启蒙精神。启蒙总是试图不断地批判一切既有前提，不断地破旧立新，不断地冲破一切阻碍人的自由和发展的框架，从中解救人自身。启蒙之所以能够如此，正在于启蒙自身具有一种辩证法精神。这种辩证法精神既意味着所向披靡的批判，也意味着一种沉思和反省，是对形而上学的超越。“辩证法的理论思维方式是认识世界本身的辩证发展前提；辩证法理论发展到何种程度，人们才能在何种程度上理解和说明世界的辩证发展。作为发展学说的辩证法理论，不仅是对世界的辩证发展过程的反映，而且是自觉的、不断深化的批判反思理论思维前提的结果。”①列宁曾给辩证法下了一个定义，称其为“最完备最深刻最无片面性的关于发展的学说”②。但是，启蒙内蕴的辩证法精神并非一经诞生就被世人所认识，也不是一蹴而就地达到自觉的程度。早期哲学虽然第一次向原始神话彰显了人类理性的力量，但是却很难一下子将人从自然界中掰扯开来，中世纪神学的出现再一次将刚要萌生的人之形象压在了上帝脚下。自文艺复兴起，人之形象的重新挺立使得有关人的问题的探讨和研究成为可能。它的积极意义在于由单纯思考对象的“对象意识”发展为通过对对象的认知而反思自我的“自我意识”。自我意识的产生是启蒙辩证法被提升出来的前提，因为辩证法就是对具有一维性的、形而上学性的“对象意识”的提升，是一种“否定性的思维方式”，“它把实现一切矛盾和对立的‘和解’，达致绝对统一性的、‘大团圆式’的完美结局，视为终极的追求目标”③。也就是说，辩证法是在承认冲突、对抗、矛盾的前提下反思如何能够实现和谐与和解，它依赖主体自我意识的觉解和自我批判的勇气。正是在这个意义上，我们认为洛克是第一个启蒙哲学家，因为他开始思索我们能够理解什么，开始拷问人类理性自身的能力，是自我意识彰显的开端；笛卡尔怀疑一切的结果发

---

① 孙正聿：《孙正聿哲学文集》（第 6 卷），长春：吉林人民出版社 2007 年版，第 257 页。

② 《列宁选集》（第 2 卷），北京：人民出版社 1995 年版，第 442 页。

③ 黑格尔：《小逻辑》，贺麟译，北京：商务印书馆 1980 年版，第 178 页。

现只有主体在怀疑这件事情值得相信，也说明近代启蒙辩证法的发展已经达到将批判纵横到人类社会历史的全部领域；卢梭的名言“人是生而自由的，但却无往不在枷锁之中”①则从另一个侧面表明，我们已经开始以一种辩证性的思维看待人之处境；这种辩证性的思维方法发展至黑格尔时，达到了顶峰。他不仅看到了“否定”，甚至看到了“否定之否定”，以“圆圈”的“前进——回溯”的比喻将整个人类思想史的发展呈现出来。所以，启蒙就是辩证法，辩证法是启蒙所内涵的否定性精神，近代哲学将启蒙之辩证法精神解蔽出来，这不能不说是近代哲学人文精神的深刻之所在。

正如前文所说，启蒙精神所发现的新的主体与其说是理性的主体不如说是实践的主体，如果说从笛卡尔到康德的这一思想启蒙过程所达到的启蒙后果是弘扬了人的理性、重塑了人的主体，那么以卢梭、霍布斯、洛克等人为代表的将启蒙精神运用于政治哲学领域的思想家，则秉持着一种乐观主义的革命精神，誓要为人类求得民主和自由，也就是要在现实生活中实现启蒙的理想。正如尼采所说：“不是伏尔泰的谦和的性格，而是卢梭的充满激情的傻念头和半真半假的话，唤起了我为之哭泣的那种乐观主义的革命精神：Ecrasez l'infame！（清除卑鄙无耻的东西！）正是这种精神……让我们看看——每个人在他自己当中——能否有可能把这种精神召唤回来。”②所以，以卢梭为代表的哲人力图将启蒙理想与现实结合起来，启蒙既是一种理论理性，更是一种实践理性，启蒙的辩证法精神在理论与实践、思想与现实、自由与民主中辩证地发展着。

二、启蒙与民主

如果将启蒙精神理解为人类脱离招致的不成熟状态，从而迈向成熟状态的

---

① 卢梭：《社会契约论》，何兆武译，北京：商务印书馆2003年版，第3页。

② 转引詹姆斯·施密特编：《启蒙运动与现代性——18世纪与20世纪的对话》，上海：上海人民出版社2005年版，第25页。

过程的话,那么启蒙精神弥漫于整个西方哲学史之中。这种弥漫不但是启蒙精神所具有的思想特质的弥漫,更是启蒙精神所导致的实践活动的弥漫。启蒙在实践活动中的弥漫就是西方传统哲学追求自由与民主的过程。如果我们将柏拉图力图通过理念对世界统一性作出合理说明的努力和尝试看做是启蒙精神力图摆脱不成熟状态迈向成熟状态的确证的话,那么柏拉图并没有止步于在理想层面贯彻这一启蒙精神,也力图对启蒙精神加以实践确证。“理想国”的构建与民主制度的设想就是对这一启蒙精神现实化的合理说明。而后,亚里士多德以人是天生的政治动物宣称了人的本性:“作为人,人的幸福就在于过一种团体生活。”人之为人的本性中包括动物性和非动物性两个方面,所以人既可能行善又可能行恶。行起善来会是“最优良的动物”,可做起恶来也将会是“最恶劣的动物”、“最肮脏残暴的动物”,从而人应该受到共同体的制约。亚里士多德为人类实现自我的成熟指引了一条明路,但他最后却又将人圈进了他的城邦幻想当中,以致到后来的基督教哲学中这种民主生活的努力和尝试完全被严格的宗教等级制度所扼杀,人们不得不冷静地思考何为真正的民主,我们如何才能实现民主。这就是近代哲学启蒙的核心问题。

我们之所以能够将近代哲学称为“启蒙哲学”就在于近代哲学将启蒙的主题——何为民主?何为自由?——鲜明地提了出来。在以往的西方哲学发展历程中,虽然有时也曾将启蒙哲学的“启人之蒙”的含义在某种程度上加以表达,但尚未达到意识的自觉。而在近代哲学这里,哲人们对这一问题进行了更为深入的思考,他们认为启蒙的最终理想应该是自由,但人的自由必然要依靠民主,民主恰恰是将自由的对立面——必然放在可为人控制的范围之内,从而为自由的最终实现奠定坚实的基础——为达到自由,必然先要民主。这一时期的民主,也与古希腊时期的古典民主有着一定的区别。在古希腊的城邦政治体制下,民主意味着作为统治者的所有公民通过公民大会的方式来掌握国家权力和社会发展。这种能够充分展现和发展人的个性的政治生活方式被看做是民主的主要形式。古典民主的本意就是要通过民主的方式来维系和完善城邦的政治生活。需要指出的是,这种古典民主是一种不同于现代意义上的民主,这不仅是由于它是一种直接参与式的民主,更由于它是一种强调公共权力至上性的民主。从这种民主的运行和参与机制上来看，由于参与者只能是拥有公民资格的少数人，所以对于大多数的奴隶和贱民而言，古典民主依旧是缺少民主真实性的局部性民主。局部性民主的一个典型特征就是在民主实现的范围内，公民处于一种民主的状态，实现了民主的目的；同时相当一部分人被排除在民主之外成为专制统治下的被统治者。于是一个不可避免的困境产生了，局部性民主状态也是对民主本身的一种否定。而近代启蒙哲学的民主不同于古典民主的最大之处，在于抛弃了局部性民主（实则专制），而力图探索达到全面性民主的途径。因为在他们看来，人无分贵贱，都是平等的，所以民主也应为全体公民共同所有。所以无论是霍布斯的利维坦中的国家秩序，还是洛克的三权分立，以及卢梭的社会契约都是在探讨全面性民主。在近代哲人对民主的探讨中，表达的是人对自身自由、平等的渴望，也是对作为社会性的人如何才能生活得更好的一种解答和尝试。

霍布斯在近代启蒙的意义上谈论民主。当他认为物质是永恒存在，物质不因我们的任何企图而被创造或消灭，或增加，或减少时，他还认为作为一个思想着的思想者——人来说，“一个在思维的东西是某种物体性的东西；因为一切行为的主体似乎只有在物体性的理由上，或在物质的理由上才能被理解……我们不能把思维跟一个在思维的物质分开”①；人的意志作出的任何选择都是有原因的，根本不存在摆脱因果必然联系制约的自由意志。由此看来，人是一种自然物体，人的自然本性支配人的思想和行动，决定社会生活，因此人在共同体中生活就必须遵守客观物质实体的必然规律。在霍布斯看来，认为在人类还没有订立契约，进入文明社会以前，人们按照自己的自然本性生活着，享有的是自然赋予他们的本性自由。但这时人与人之间的关系就像“狼”一样，因为他们的自然本性告诉他们：为了生存就必须要具有对一切的权利，包括对待他人。但这种人与人是狼的关系并不符合人的真正本性，于是人们之间须达成协议、订立契约，形成国家。在国家中，人放弃了自身的一部分权利，也就放弃了自己妨碍他人对同一事物的权利的自由，在这样的利维坦中，人放弃其部分自由，才能获得民主。于是，民主在霍布斯这里就出现了机械化、制度化、契约化的倾向，或在一定意义

① 笛卡尔：《第一哲学沉思集》，庞景仁译，北京：商务印书馆1986年版，第174—175页。

上出现了只有在制度下、契约下、国家下才有可能说民主的倾向。这种倾向应该说把民主与自由及必然的关系问题联系在一起,使人类朝向民主、从而通达自由迈出了一大步,也正是在这样的思想主张基础上,洛克、卢梭等人才有"一切人将一切权利转让给一切人"的民主主张。

洛克的三权分立是对民主如何实现的积极而有益的探索。他认为人处在一种自然状态中,"那是一种完备无缺的自由状态,他们在自然法的范围内,按照他们认为合适的办法,决定他们的行动和处理他们的财产和人身,而无须得到任何人的许可或听命于任何人的意志。这也是一种平等的状态,在这种状态中,一切权利和管辖权都是相互的,没有一个人享有多于别人的权利。极为明显,同种和同等的人们既毫无差别地生来就享有自然的一切同样的有利条件,能够运用相同的身心能力,就应该人人平等,不存在从属或受制关系,除非他们全体的主宰以某种方式昭示他的意志,将一人置于另一人之上,并以明确的委任赋予他以不容怀疑的统辖权和主权。"①在这种自然状态之下,人人都拥有相同的权利和自由,并且这种自由都具有无限性。在洛克看来,当每个个体都具有无限的自由和权利的时候,如果没有来自外在的其他权威的监督和管理,个体之间就有着一种相互毁灭的危险性。洛克认为,当人处在这种原始的自然状态之中时,为了避免个人的这种自由给他人带来伤害,必须要遵从一定的自然法。"自然法,教导着有意遵从理性的全人类:人们既然都是平等和独立的,任何人就不得侵害他人的生命、健康、自由或财产。"②也就是说,个人在行使个人权利,满足自身发展的需求的同时,还应当负有"一种自由的义务",即人应当按照自然法的要求和规定去享有个人的自然权利。因为每个人都有这种无限的权利和自由,所以必须确保个体在享有权利和自由的过程中,必须要将他人可以享有同等的权力和自由的情况考虑在内。为了保证能充分地享有自由又不会给社会其他成员带来伤害,人必然要在一定的制度形式之下来行事。人为了避免自然状态下人的自然行为给个人和国家带来不必要的伤害,必须要按照一定的形式将权利集中起来

① 洛克:《政府论》(下篇),叶启芳、瞿菊农译,北京:商务印书馆1983年版,第5页。
② 洛克:《政府论》(下篇),叶启芳、瞿菊农译,北京:商务印书馆1983年版,第6页。

从而使之成为保障个人权利和自由的基础，这就是社会、国家的起源。有了高于个人的存在就可以保证个体在享有独立的权利和自由的时候有着一个相应的限度。人们彼此之间应当相互联合并放弃享有的部分自由，使得每个个体的权利都能得到保障，同时个体自由的享有也应当是在一定的监管即政府的监管之下实现的。当然，这个政府的形成应当按照自然法的要求，是人民共同意志的体现。

在洛克看来，权力的源头是人民，国家、政府等组织的建立，也是由于人民的需要，所以，人民当然享有管理国家事务的最高权力。为了保证人民始终是作为最高权力的掌握者，就要求在这个国家中，人们按照民主的方式来组织和形成社会、国家，并让国家和政府在行使权力的过程中按照民主的方式进行。即任何人要想实现其权利和发展的需要，都必须遵从民主的运行机制。只有在民主的方式下，作为个体存在的人才能最大限度地维系和发展自身。“谁握有国家的立法权或最高权力，谁就应该以既定的、向全国人民公布周知的、经常有效的法律，而不是以临时的命令来实行统治；应该由公正无私的法官根据这些法律来裁判纠纷；并且只是对内为了执行这些法律，对外为了防止或索偿外国所造成的损害，以及为了保障社会不受入侵和侵略，才得使用社会的力量。而这一切都没有别的目的，只是为了人民的和平、安全和公众福利。”①洛克也清楚地认识到，当政府、国家形成之后，其权威性是不言而喻的。然而当权威产生之后，必须要确保这个权威不会随着当权者的改变而改变其性质，则需民主这一重要的形式做保障。在洛克看来，君主专制的最大弊端就是将由人民所赋予的权力用以满足个人的私欲，如何确保人民权力始终为民所用就成了一个重要问题。洛克试图通过民主的手段，将个人的权力从君主专制的统治体制之下解放出来，以民主的方式将权力从专制的政府手中夺回交还到人民的手中，从而使得个人的权利不再处于政府权力的阴影之下。只有当产生于人民的权力真正回到人民手中并被人民所行使时，才是人的本真存在状态。否则，源自人民的这种至高权力必然会成为专制、暴政的工具。“暴政便是行使越权的、任何人没有权利行使的权力。

① 洛克：《政府论》（下篇），叶启芳、瞿菊农译，北京：商务印书馆1983年版，第80页。

这就是任何人运用他所掌握的权力，不是为了处在这个权力之下的人们谋福利，而是为了获取他自己私人的单独利益。"①暴政的产生就是由于政府、国家这样的权力中心产生之后被只图个人私欲的人所占而引起的。于是，即便是在政府、国家这样的权力中心产生之后，也必须要确保人民始终是作为权力的合法掌握者，只有这样才能使得源自人民的权力最终是在为人民而非为个人服务。人民作为国家和政府权力的来源，不是处于被统治的地位，而是作为"裁判者"存在，这既是防止政府滥用权力和产生暴政的屏障，也是国家权力为人民所用的基础。基于洛克这样的思想，可以得出的结论是，人民是国家、政府权力的源头；人民权利高于国家权利；实现和保障人民权利的有效途径是民主。这样洛克在对民主进行理解和认识的过程中，确立了"三权分立"民主的典型形式。但是洛克的民主思想没有解决这样的问题：如权力来源于人民需要，权力就应保护人民，那么统治者的权力与人民的权力的区别何在？洛克只能从分立的角度来讲，既没讲其矛盾性，更无法研究其统一性。这就是洛克留给卢梭的历史任务。

当卢梭指出"人生而自由，却无往不在枷锁之中"，可以说卢梭就已经看到了人性本身所存在的二律背反——一方面想要获得自由，另一方面在追求自然的途中总是要将自身束缚在各种各样加诸其身上的约束之中，因而人的自由总是有条件的。因此，卢梭给自身所设定的问题正如他自己所说，就是"在社会秩序中，从人类的实际情况与法律的可能情况着眼，能不能有某种合法而又确切的政权规则"②。卢梭以自问自答的方式对此问题加以解决：这种合法而又确切的政权规则便是民主共和国。卢梭不赞同专制制度，也不赞同君主立宪制度，而是独具匠心地拥护民主共和国。"民主共和国"的提出，一方面是卢梭对洛克民主加以发展的结果，另一方面更是以卢梭的自由、"公意"为核心概念努力填补形式化的民主内容的体现。因为卢梭看到，要解决社会的自由、平等、民主等问题，必须寻找到这些问题的前提基础——契约。也就是说构成权力基础的社会秩序并非源于自然，自然、暴力都不能构成合法权力的基础，一切合法权力的基础只

---

① 洛克：《政府论》（下篇），叶启芳、瞿菊农译，北京：商务印书馆1983年版，第121页。

② 卢梭：《社会契约论》，何兆武译，北京：商务印书馆2003年版，第1页。

能是契约。因为合理的契约的实质在于"每个结合者及其自身的一切权力全部都转让给整个的集体"①，即这种转让的条件对每个人都是一样的，这种契约的基本规则就是"人的一切权力转让给一切人"，每个人在订立契约之后仍然只服从人自己，并像以往一样自由，这便是民主。因而这样的自由、民主自然是空洞的、形式化的、无内容的民主。但这只是卢梭思想的一个方面，还有更为重要的一个方面——"公意"。

卢梭对上述"社会契约论"做过这样的概括："我们每个人都以其自身及其全部的力量共同置于公意的最高指导之下，并且我们在共同体接纳每一个成员作为全体之不可分割的一部分。"②这不仅是对社会契约论的思想提炼，更是提出了"公意"概念，即公意可以是众意，"众意"中除掉相异的部分而剩余的相同的成分便是公意，因而公意才是公共利益的代表，公意才是公正的、民主的，公意观念转化为实践则是法律，"唯有服从人们为自己制定的法律，才是自由"③。这样一来，卢梭认为"我们无法再问应该由谁来制定法律，因为法律乃是公意的行为；也无须问法律是否会不公正，因为没有人会对自己本人不公正；更无须问何以人们既是自由的而又要服从法律，因为法律只不过是我们自己意志的记录。"④于是，这样的社会契约就产生了"共同体"或曰"共和国"，这便是卢梭所说的民主共和国。它之所以是民主共和国，就是因为共和国的主权属于全体人民，民主共和国思想就是其人民主权论思想。

由此可见，在卢梭看来，国家权力的存在是"公意"的需求，政府权力的行使是为了"公意"的实现，权力运行的方式是民主的形态。"行政权力的受任者绝不是人民的主人，而只是人民的官吏，只要人民愿意就可以委任他们，也可以撤换他们。而且在承担国家所赋予他们的职务时，他们只不过是在履行自己的公民义务，而没有以任何方式来争论条件的权力。"⑤同洛克一样，在涉及政府与人

① 卢梭：《社会契约论》，何兆武译，北京：商务印书馆 2003 年版，第 19 页。
② 卢梭：《社会契约论》，何兆武译，北京：商务印书馆 2003 年版，第 20 页。
③ 卢梭：《社会契约论》，何兆武译，北京：商务印书馆 2003 年版，第 26 页。
④ 卢梭：《社会契约论》，何兆武译，北京：商务印书馆 2003 年版，第 47 页。
⑤ 卢梭：《社会契约论》，何兆武译，北京：商务印书馆 2003 年版，第 127—128 页。

民的关系上，卢梭同样将民主视为一种外在形式，即民主自由是人民权力得以实现的途径。但又与洛克不同，为了确保主权是真正为人民所有，主权的行使必须要服从“公意”。毕竟“公意”是人民主权和公共利益的代表。这样的社会秩序不仅是平等、自由和民主的，而且卢梭以“公意”概念的提出丰富了民主思想的内涵，使民主不仅是社会契约的形式，更具有人民主权的内容。使得民主通过外在的形式——社会契约得以确立，更使得民主通过“公意”、“人民主权”等内涵来行使国家权力，代表公共利益。

当霍布斯、洛克、卢梭等启蒙思想家集中对民主问题进行探讨的时候，一方面他们想要告诉人们如何在共同体生活中实现自身的自由和平等，而另一方面将启蒙定位为人类力图将自身从恐惧、迷信和盲从中解放出来并确立其主权的进步观念，这样启蒙不但意味着从自然中“启人之蒙”，更意味着在社会生活用知识唤醒世界、用理性祛除神话、用正义取代非正义。当启蒙哲学为自身设定这样的界限之时，它尚没有后世如霍克海默和阿多诺指出的那样成为一种“启蒙的霸权”，这时的启蒙尚是一种人类对于自身积极有益的探索，它的目的不是征服，而是完善自身。当启蒙由“启人之蒙”的原初含义变为了征服——征服自然、征服社会、征服人自身，启蒙的狂妄使得其由人自身生发出来的美好愿望变成了外在于人的某种对权力、集权追求的力量，启蒙追求民主的愿望变成了现实的集权。这就是启蒙的异化。如何使得启蒙回归其合理性和正确的轨道，也许探讨近代哲学的启蒙是具有重要意义和价值的。

三、启蒙与自由

近代启蒙哲学对自由的探讨也与理性相关。正如前文已经指出的那样，理性之于启蒙的意义不仅在于为启蒙创造一个理性主体，更为启蒙创造一个实践主体。理性何以会造出自由英雄的实践主体？这还得从历史说起。近代哲学之前，对自由的理解具有以下两种倾向：一是自由的对象化、物化，这缘于早期古希腊人类的理性之光刚刚萌发出来之时，没有完全脱离自然的人类在还没有完全掌握理性的能力之前迫于自己内在超越性本质的要求，不得不将自己的自由寄托在人之外的自然物身上，故而他们将整个世界所包含的内容都归结为自然界中的某物或某物的属性，最终导致自由的对象化和人的实物化；其二是自由的抽象化、虚无化和神化。理性精神的不断驱使令自然之物不再能够满足人对自由的要求，但由于对自身的信心不足，在现实世界茫然不知所措、极度恐慌的人生生地将自身分裂为二，并通过克隆理性精神而制造出一个全知全能的神——上帝，为自由找到了暂时的栖息之地（自由被抽象化和上帝化）。但在追求、思考和克隆的背后却隐透着理性对自身的怀疑，我怎么变成了非我？非我怎又成了我自身的满足？这追求的东西会是属人的吗？会出现在人的生活中吗？如果不会出现，那它不就是欺骗或者就是为了统治而对人的麻痹吗？

伴随着启蒙哲学的产生，人们逐渐产生了一种理性优先的观点和历史进步主义的思维方式，在启蒙的意义上，“人获得了自信，信任自己的那种作为思维的思维，信任自己的感觉，信任自身以外的感性自然和自身以内的感性本性；人在技术中、自然中发现了从事发明的兴趣和乐趣。理智在现世的事物中发荣滋长；人意识到了自己的意志和成就，在自己栖身的地上、自己从事的行业中得到了乐趣，因为其中就有道理、有意义。”①而在人的终极追求——自由的问题上，自信的“启蒙了的”人自然不需要再在人的自由之上加诸物或神，以此来保证人的自由。人已经恢复了信心，启蒙了的人完全有能力保证人的自由的合理性和现实性。于是，对自由的追求成了近代启蒙哲学的另一要义。

近代哲学对于自由的理解，主要立足于两个方面：个体的自由和群体的自由。面对以往对自由的物化和神化理解，近代哲学之父——笛卡尔，从“我思故我在”这一基本原理出发，把自我、理性的原则提高到哲学的第一位置上来，从而同中世纪神学直接对立，把自由从神那里拉回到人的身上来。笛卡尔的“实体”是他的哲学之核心所在。他认为“实体，我们只能看做是能自己存在，而其存在并不需要别的事物的一种事物”②。就是说，实体是可以自给自足的、独立

---

① 黑格尔：《哲学史讲演录》（第 4 卷），贺麟、王太庆译，北京：商务印书馆 1978 年版，第 4 页。
② 笛卡尔：《哲学原理》，关文运译，北京：商务印书馆 1959 年版，第 20 页。

的、不依赖于他物而存在的。在这里我们可以看到,笛卡尔所追求的是这样的自由——自我完满式的自由。笛卡尔将他的实体分为心灵实体、物质实体和上帝实体。人是以心灵实体或曰精神实体为本体的,物质实体则是客观世界之本体,这两个实体互不干涉,彼此独立。为了使这两个实体的存在更有根据,笛卡尔才请出“上帝”,认为只有“上帝”才能处理好二者的关系,才是最完满的实体。人作为肉体和灵魂的统一体,想达到完满的自由只有求助于“上帝实体”,这样笛卡尔就又将刚刚从上帝那拉回来的自由归还给了上帝。但必须指出的是,上帝只不过是笛卡尔不得不拽出来为自己解决形式上的矛盾而已。从实质上看,在笛卡尔心中,他那思维着的心灵实体才是他真正的自由实体,人只有作为心灵实体存在才是不朽的、自由的,也就是说人只有在理性的思考中才是自由的。

斯宾诺莎过着清贫的生活,但这并不代表他的思想就是贫瘠的,相反他在清贫中的安静生活正是为其思想的迸发进行着准备。他一边磨光学眼镜片一边思考着:只将自由归结于某物、上帝或机械的契约形式,这是合理的吗?这不能说是错误的,但却是远远不够的,没有达到对自由的最根本性认识。因此,最终在经过一段艰难的冥思苦想后,斯宾诺莎在其内心深处逐渐生成了他思想的立命之本——自因自为的“实体”。他的这个“实体”并不是凭空想出来的,而是在吸纳了以往一切他认为合理的东西的基础上建立起来的,并且同时他认为他的“实体”解决了以往对自由问题理解的不合理之处。一句话,只有实体才是自由的,亦即自由是属于实体的,如果将自由归结于其他的东西或将自由机械化,那么自由不是抽象地飘在虚空中,就是在现实中压抑、统治着人。斯宾诺莎是通过对“实体”学说系统的建立,解决他对以往各种自由问题的不满,并使自己的自由学说也自觉不自觉、自然而然地建构起来。斯宾诺莎的全部哲学就是寻求“人的心灵与整个自然相一致的知识”。为了达到这个目的,斯宾诺莎从实体(神或自然)出发,欲通过认识这一途径,达到人的自由和幸福。他认为自由就在于人能获得真正的知识,真正的知识就是人的心灵与自然相一致的知识,所以,关于自由的问题,关于真知识的知识论问题和关于心灵和自然的统一的本体论问题是紧密结合在一起的。斯宾诺莎致力于这种结合并通过“在自身内”和“在他物内”的这一矛盾的差别与统一来解决自由问题。在存在领域内,矛盾的双方表现为实体和样态；在认识领域内，表现为实体的认识和样态的认识；在自由领域内，表现为实体的自由和样态的必然。但是，在斯宾诺莎这里，“在自身内”和“在他物内”本身是没有一条绝对的不可逾越的鸿沟的，这一点他与后来的康德不同。在康德那里，“物自体”和“现象”之间存在着一条绝对不可逾越的鸿沟，这是将本体界和现象界割裂开来加以对待，最后导致人们对本体的无知。但斯宾诺莎在康德之前就已经认识到两者是可以结合、通达的，虽说只是认识上的不同，却正体现出了斯宾诺莎的伟大之处——二者只不过是同一事物的不同表现而已，它们之间是可以过渡的。他哲学的主要工作也就是去完成从样态到实体、从样态认识到实体认识、从样态必然到实体自由的过渡。因此，存在领域内的样态和实体，认识领域内的样态认识和实体认识，自由领域内的样态必然和实体自由同样也不存在绝对不可逾越的界限，而这三个领域亦正是从“在他物内”到“在自身内”的过渡的完整体现，即从存在出发，通过认识，达到人的自由和幸福，人作为“在他物内”的样态最后上升为“在自身内”的实体，这就是整个斯宾诺莎哲学的内在逻辑和实质所在。

斯宾诺莎的自由不是任意的，而是现实的。人不是一个孤立的存在物，他不可能超脱于其他存在物之外或之上而实现自由。人类发展史证明，个人一开始便是他人的产物，受社会的制约。一个人的发展总是取决于直接和间接地同自己发生交往关系的其他一切人的发展。因此，一个人在自己特定的生命发展阶段中，无论怎样“自由自在”地发展，都不能脱离他所沿着的那条历史轨迹，以及他所赖以生存的现实社会状况。自由是发自自身内在本性的一种现实的必然活动，不是去做与实际不符合的事情，不是超脱万物必然性之外的绝对意志自由，更不是为所欲为，自由表现的是神或自然或实体的必然本性。我们发展心灵的同时也是在达到完全的自我，心灵的发展只能通过我们的具体经验，所以自由并不能使我们在本质的正常功能范围以外任意活动，自由是我们本性的必然性本身，因为它使自身的基本命令得以实现，自由是由于对必然的东西的认识和接受而产生的内在满足。在斯宾诺莎看来，自由作为一种自我控制，是真实的理性自我对虚假的感性自我的控制与征服，展现了人对必然性的认识和自觉服从的主动状态，当客观的必然性还没有为人们所认识的时候，人由外物的推动和强制而行动，只是受制于外在的盲目的必然性，人们往往这样。当理智认识了客观的必然性，人就能依据自身的本性必然性而行动，把这种外在的必然性变成自身本性的必然性，奴役人的外在力量就变成了自身的理智力量，从而摆脱了盲目性，获得了自由。认识必然的程度越高，人的自由度就越高，人能否达到自由完全取决于人自身的力量是否能被充分的应用，这种力量就是人的理智。至此，斯宾诺莎在人与自然关系中定义了人的主体地位，并赋予了人这一主体以至善——自由。达到了自由，可以说就进入了人的至高境界。人的一切美好愿望都可以达成，人享受了道德生活，获得了幸福，也使自身的存在得以完善。

洛克更是利用理性对自由问题作出了进一步的研究。在洛克看来，生命、财产和自由是三项最基本的自然权利。虽然他将保护公民的财产权作为政府最重要的职能，但他更认为自由才是最本质的权利。因为没有自由的权利，也就没有契约，也就不会有政治国家的诞生。在人们自由的条件下，为了保障生命权和财产权就必须按照自由的原则订立契约，这样才能进入政治社会。所以，自由是契约精神的关键。在建立契约之后，自由同样是人们最重要的权利，保障人们的自由同样是政府重要的职责，如果政府无法很好地完成这一职责，那么公民就可以在自由精神的指引下重新选择政府，这一切都离不开人所不能丧失的自由。洛克所说的自由，并非是无所顾忌、任意实施的自由，而是有限的自由。这种自由在自然状态下，是依靠自然法的规定来限定的，人们只能在自然法限定的范围内行使自己的自由权利；而在政治社会中，就是以一切社会成员所共同遵守的法律法规为准则，以此为人们自由的界限。这并不是说人们就无法获得真正的自由，绝对的自由是不存在的，只有相对的、保障其他人自由的前提下的自由。所以，无论人们怎样指责法律的制定损害了人们的自由，但事实上法律的制定并没有损害自由而是更好地保障自由的实现。因为法律限定人们的自由，却也保障了其他个体不能干涉此个体的自由，这是放弃了一部分自由，而获得更加广泛的自由——这些自由包括在法律允许的范围内处置自身的人身、行动、财产等问题上的自由。

洛克将自由加以区分——自然状态下的自由、处于政治社会中的自由和在政治之下的自由。在这三种状态之下，共同遵循着一个前提，即自由是人最根本的权利。所不同之处在于自然状态下的自由是由自然法加以限制的；政治生活中的自由是由法律法规加以限制的；在政府之下的自由是由立法机关所设立的"长效的规则"所限制的。由于在不同的自由状态下限制自由的事物不同，因此在这三种状况下，人的自由也有所区别，体现为自然法限制的自由、国家法限制的自由和文明限制的自由。其次，自由的实现程度也有所不同，在自然状态之下，人人都具有执行自然法的权力，人人都能通过自然法的执行破坏他人的自由；同时由于自然法具有很大的相对性和空间，这就使一部分人能够突破自然法的限制，可以通过战争等方式破坏人们的自由，人们的生命和财产安全也就得不到保障，这种自由的程度也显而易见的低下；而在政治社会当中，人们都同等程度地遵循法律法规的要求。国家作为公共利益的执行者和裁决者具有凌驾于个体之上的权力，因此能够保障法律法规的强制性。在同等情况下，只要国家和政府治理得当，人们必然会得到高于自然状态下的自由。这是在规则未加规定的一切事情上能按照我们自己的意志去做的自由，而不受另一人的反复无常的、事前不知道的武断的意志的支配，如同自然的自由是除了自然法以外不受其他约束那样。

近代启蒙哲学的自由追求表达了对人类理性的终极关怀，表达了对理想生活的一种向往——理想生活应该是人的自由存在的展开程度，人面对真实的自我，自由思考。因此，在近代启蒙哲学这里所谓自由，不是一般意义上的人的自然属性，"我有自由"完全不同于"我有一本书"的概念，而是一种自我意识的实现和展开程度。因为正是在有自由的地方，才会有我们不得不置身其中的可能性，因为我们是自由的。但这并不是说（也不允许）我们就可以为所欲为，因为我们是自由的这一点恰恰是不由我们自己的。在某种意义上说，理解人的自由的进程，应以人的自由实现为标志。

可以说，近代哲学以知识、主体、理性、启蒙为基本特征，开启了一个新的时代。在这样的时代中，人之为人的意义不再依靠外界的神或物，无论近代哲学对这一问题做何回答——人的理性、人的经验、人的主体、人的认识等等，它们共同为人设定了新的尺度——人之为人的根据在于人自身。因此，在近代启蒙哲学这里，如何开启人的主体性，如何充分肯定人的自我、人的理性、人的自由，就成为近代哲学的思想主题。也正因此,近代启蒙哲学才不仅仅是一种启蒙思想,更是一种启蒙哲学——“从根本上说,哲学只有建立起思想上的本体论、价值论、道德观,才能为解释世界、社会、人生问题提供基础,也才会使人的生存、行为、意义获得思想上的依据和保证。”①

小结:近代哲学带给我们什么?

近代哲学带给我们什么?或许这个问题永远没有单一维度的答案,近代哲学带给我们以知识——以知识论立场表达着人对智慧的追求,却也以知识的追求带给我们以恶果——绝对化所导致的真理霸权;近代哲学带给我们以主体——无论是人的理性和经验都表征了主体自身的认识能力,都表征了主体对世界存在的终极性意义,却也以主体性的高擎使得主体凌驾于客体之上——主体与客体的截然二分,使得主客二元对立的思维方式根深蒂固;近代哲学带给我们以理性——理性为世界提供了合法性基础和依据,使人的存在获得根基,却也使得理性绝对化、工具化——理性变成了“理性的狂妄”,理性凌驾一切而失去了生活世界的真实意义;近代哲学带给我们以启蒙——启人之蒙、启理性之蒙、启启蒙之蒙,启蒙使人真正成为人,占有自身的本质,却也造成了“神话为启蒙所代替,启蒙却倒退为神话”的必然后果,启蒙变相地造成了现代性的危机。在这种情势下,如何理解近代哲学,认识近代哲学之于西方哲学乃至整个西方文明和人类文明的意义,是更值得我们深思的。

近代哲学的知识论追求与知识的确实性。哲学的知识性追求也许在哲学产生之初就已经发生,当希腊哲学追问世界的本原是什么之时,一旦说出“是什么”,那么这一“是”就不再是哲学的智慧,而成为哲学所寻求到的知识。但知识仅仅是作为追求智慧过程中的一个自然而然的结果。智慧以知识的方式呈现,无知识的人难谈智慧,但智慧又超越了知识。以爱智为本性的哲学绝不应该做

---

① 张能为:《康德与现代哲学》,合肥:安徽大学出版社 2001 年版,第 305 页。

知识的附庸。哲学须以尊重知识，直面人的生存现实的态度，再加上穷根究底的追问“存在”的执著，才能达到人所渴望拥有的生命“智慧”。近代哲学不同于古代哲学的特征就在于不再将智慧之追求当做哲学的“己任”，而是将知识的获得本身当做了目的，这样知识就丧失了其相对性，而获得了绝对的意义。因此，无论是唯理论对理性认知能力的绝对倡扬，还是经验论对经验与知识关系的独到理解，都表达了近代哲学根深蒂固的知识论立场，特别是近代哲学家们致力于哲学从表现形式到理论内核的知识化和科学化的企图。在近代哲学这里，知识就是人把握世界的成果，人只有以知识的方式把握世界才能赋予冷漠的世界以意义，而知识是确实性的，是唯一的，只有真理性的认识才是知识。所以无可厚非，在近代哲学这里对知识确实性和绝对性的倡扬所带来的是科学的兴盛、技术的进步和生产力的大踏步前进，这一切为人类带来了文明的生活方式和富足的生活条件，是近代哲学的知识论追求带给人类的巨大福祉。但同时，在近代哲学知识论立场的背后，也蕴涵着基础主义的文化定位和独断性的理论目标以及抽象思辨的话语方式。这些特征使得近代哲学对知识确实性的追求变为一种绝对化的对象存在。知识绝对性的范围在不断扩大，绝对性的程度在不断提高。当然，知识绝对化的本性所带来的危机也历历在目。所以，在某种程度上，近代知识论哲学带给我们的既不是兴盛，也不是问题，而是反思。在对近代知识论哲学对知识确实性的寻求中，我们发现知识不应是绝对的，而是相对的，我们能够把握相对的知识，能够在相对的领域内获得有限的知识，却无法真正穷尽全部知识；知识是流动的，而不是固定的，世界没有固定不变的本质，也不可能有固定不变的知识。世界是变化的，不稳定的。人们对变化的世界的把握也应该是流动的和渐变的，也应在不断批判和否定中发展。知识也不是远离人的客观性和无人身的理性，其本身便是人的本质的升华与净化，表达了人由必然王国向自由王国无限攀升的过程。因此，当代西方哲学提出的以时间性（海德格尔）和历史性（伽达默尔）的态度来重新理解知识，是非常重要的。没有在时间之外、历史之外的“绝对”的知识存在。也正因为如此，哲学的爱智慧之“思”才永无止境。

近代哲学的主体性高擎与主客二分的思维方式。将近代哲学称为“主体性哲学”丝毫不过分。这样一种以理性精神建立知识体系的知识论哲学与彰显人的意义世界的主体性哲学如何能够兼容呢？其根源就在于知识论哲学自始至终都是以人的认识能力的追问来表达其知识论立场。近代哲学的任务就是在思想中把握本质。“主体”既是思维着、认识着的主体，又是活动着、创造着的主体；既是科学的主体，又是民主的主体。这种主体逐步成长为康德的“自我意识”和卢梭的不断完善自身的人性。在近代哲学这里，人成为宇宙万物之灵长，是世界的主宰和中心。近代哲学以人类中心的主体性向我们揭示了世界的秘密和人的秘密——主体性的人赋予万物以存在的意义。在近代哲学对主体性高擎的同时，也相应地使得主客体关系之间的矛盾得以进一步激化。主客体关系问题在希腊哲学那里就以“思维与存在是否同一”的形式表达出来，但这一时期由于主体性尚未完全彰显，这一问题也未引起人们的极大关注。到了近代哲学这里，伴随着主体性的彰显，主体与客体之间的关系就由原来的混沌未开，到以高扬主体的方式实现了典型的主客二分。近代哲学将寻求世界的主客统一性作为哲学的主题，他们认为主客体之间是绝对对立的，如康德认为物自体是不能认识的，在主观和客观、此岸世界与彼岸世界之间划了一道不可逾越的鸿沟。这种主客体对立的观念逐渐演变为影响西方人的一种典型的思维方式。这种二元对立的思维方式在以后哲学发展的过程中被许多哲学家诟病，如法兰克福学派的阿多诺提出“主体与客体同一”的一元论，反对主客体对立的二元论；胡塞尔现象学的“意向性”理论，企图用意向活动连接乃至弥合主体与客体之间的断裂；海德格尔的存在主义，力图以存在论来消解主客体的二元对立；哈贝马斯努力用“主体间性”达到主客体之间关系的融通；还有一些后现代主义思想家采取极端的做法，在否定客体本体的基础上，进一步否定了一切本质、中心，把一切都归于个体主体的虚构。他们都反对主客二分的思维方式，但事实上又都落入主客二分思维方式的窠臼之中。这在一方面说明了这一问题对于哲学的发展极其重要，另一方面又证明了解决这一问题的确艰难。只有马克思的实践观点思维方式的提出才为真正解决这一难题提供了钥匙。无论如何，近代哲学高扬主体性的同时造成了主客二分的结果，却也在某种程度上促使人自身不断探究人的思维能力和思维方式，这从另一个方面起到了推动哲学向前发展的客观效果。

近代哲学的理性的张扬与理性的危机。如果说理性主义传统是自希腊哲学开启的西方哲学的传统，那么对理性的绝对自信可以说是近代哲学的专利。当近代哲学在逻辑推理之上确立了主体存在的命题，就表达了人的问题的基本理论预设——人是主体。但人要实现自身作为主体的地位则要依靠人的理性。这样理性就取代了上帝的位置，而获得了无上的尊严。不仅对于理性主义是如此，对于经验主义也同样是这样，经验只决定了知识的来源，理性才是知识是否能成为真理性认识的裁决者。人是理性的动物，万物的尺度。这样的思考方式一方面将主体性作为近代哲学的中心问题，另一方面又将理性至上作为近代哲学的另一原则，在某种程度上，理性之于主体的重要意义使得将近代哲学命名为"理性哲学"较之"主体哲学"更为恰当。"人获得了自信，信任自己的那种作为思维的思维，信任自己的感觉，信任自身以外的感性自然和自身以内的感性本性；人在技术中、自然中发现了从事发明的兴趣和乐趣。理智在现世的事物中发荣滋长；人意识到了自己的意志和成就，在自己栖身的大地上、自己从事的行业中得到了乐趣，因为其中就有道理、有意义。"①然而，对理性的倡导变成了对理性的迷信，并最终导致了理性独断，哲学也就成了凌驾科学与现实生活之上的思辨形而上学体系。同理，理性主义设计出来的人是技术的人，抽象的人，失去了其追求的自由本性。技术化一方面体现为人对自然的征服，体现人自身的力量，但另一方面当技术化应用于社会历史领域，就会造成"人对自然的征服表征人对人的征服"的社会理性化和抽象化，无论是理性化还是技术化，理性主义都是在总体的层面讨论人的类本质，它充其量只是对人扭曲了的本质的表征。理性的危机还表现在理性使得人类丰富多样的文化模式趋向单一化，不可避免地暴露出功利主义的特性，导致严重的后果。一是人与自然和谐关系的严重破坏，人类有遭受自然界报复的危险；二是人自身精神田园的荒芜，心理失调、道德沦丧等及由此而生的各种社会问题，皆由西方理性主义所导致，这已经被罗素、汤因比②等智慧精英所敏锐洞察。难怪在理性主义哲学之后的现代西方哲学那里，理性的内核被不断摧毁，个体表现为一种非理性的生存体验，非理性获得了空前的强

---

① 黑格尔：《哲学史讲演录》（第4卷），贺麟、王太庆译，北京：商务印书馆1978年版，第4页。

② 阿诺尔德·约瑟·汤因比（Arnold Joseph Toynbee，1889～1975），英国历史学家。

盛。无论如何,我们可以看到,理性本身没有问题,它仅仅是作为人所拥有的一种能力,而将理性绝对化才是导致问题的关键,所以一味的排除理性、抛弃理性与一味的张扬理性和尊崇理性都是不可取的。正视人的理性,选择合理性的生活才是解决理性危机的必然之路,而继续着"认识你自己"的使命也成为哲学向前发展的动力。

近代哲学的启蒙理想与现代性问题。启蒙是近代哲学的最高理想,也是近代哲学作出的突出成就。近代哲学以启人之蒙、启理性之蒙、启启蒙之蒙为己任,将启蒙理解为"意味着从能够具有合理性的人当中制造出理性的人。导致这个伟大目的的一切机构和手段,全部加起来,就给予启蒙一词最广泛的意义。"①所以,启蒙在近代哲学这里就意味着源自理性、反抗权威、承继传统。在近代哲学这里,启蒙的理想是分为两个层面来实现的:以洛克、卢梭等人为代表的契约论思想家,力图通过政治领域上的民主和自由的探讨,实现启蒙理想;斯宾诺莎、康德等人则通过理论探讨力图将人从愚昧无知的境遇中拯救出来。这两个层面互为补充,共同完成了启蒙的历史任务。在近代哲学的启蒙理想中,我们能够发现启蒙所蕴涵的反思性、否定性和批判性这一最具现代性的启蒙精神。然而启蒙却也造成了为后现代主义所"诟病"的元叙事——启蒙运动关于"永恒真理"和"人类解放"的故事。虽然启蒙思想家们相信,只要人类敢于运用自己的理性,就能把握永恒的真理,摆脱蒙昧的状态,实现人类解放和自由的理想。可是在西方社会现代化的过程中,人们惊愕地发现,经过启蒙精神洗礼之后,现代西方社会在现代化的过程中并没有实现启蒙运动的理想。两次世界大战等一系列惨烈的事实告诉人们,启蒙的现代性神话破灭了,这是一个失败的故事。那么近代哲学的启蒙理想带给我们的问题就是,何以启蒙的否定性和批判性的力量,却造成了丧失否定性的"元叙事",以致造成了现代性问题?启蒙的理想之所以造成了这样的后果,就在于启蒙的否定辩证性仅仅通过追求知识的确实性予以表达,使得"启蒙根本就不顾及自身,抹除了其自我意识的一切痕迹。这种

① 转引自詹姆斯·施密特编:《启蒙运动与现代性——18世纪与20世纪的对话》,上海:上海人民出版社2005年版,第68页。

唯一能够打破神话的思想最后把自己也给摧毁了。"①最终启蒙通过自身的抽象同一性原则既使一些事物的最终根据都集于人的主体性上——启蒙最终成为神话，同时也使得追求确定性的形式逻辑成为世界的法则——同一和控制成为启蒙的必然结果。从近代哲学那里，我们可以发现启蒙尚未经历"异化"前的状态——否定性和批判性，也就是说启蒙必须秉承着一种否定性和批判性精神，与人类形而上精神追求结合在一起，后者保证发展方向的属人性和正确性，前者则为后者的发展提供思想动力。所以我们才说启蒙造成的现代性问题，可能并非是启蒙出了问题，而是我们对于启蒙的理解出了问题。正视启蒙，正视现代性问题，不仅是近代哲学留给我们的重要启示，更是在现当代解决现代性问题的必然途径。

当近代哲学家们试图以其知识的确定、理性的天资、启蒙的力量，为人生设定意义时，却把形而上精神的追求与挚爱，变成了种种亘古不变的哲学理念，把哲学的历史性内涵异化为统治人的思想与行为的种种僵化的教条和崇拜的偶像。这样，哲学本身陷入了主观上以人为目的，但客观上却以人为手段的悖论之中。正是这种悖论，确切地说正是这种人类永恒追求与追求方式的确立，使人的形而上精神追求始终可望而不可即。近代知识论哲学虽然在彰显人存在意义的征途中也失却了人，但它的探索方式将促使哲学不断的寻找，不断的探究，哲学永远在路上。

---

① 霍克海默、阿多诺：《启蒙辩证法》，渠敬东、曹卫东译，上海：上海人民出版社2005年版，第2页。

第四篇

德国古典哲学的形而上精神

第九章 人是什么

当近代哲学将哲学探讨的问题由对“存在”与“非存在”的研究转换为对理性与自然、思维与存在的研究时,他们是想要从人的本质的角度指明人与动物的区别:人是理性的存在,人的理性是人的本质规定和存在方式,是人征服自然之本,亦是统摄万物之主。我们思想的基本趋势是要让“存在”——世界的本原、宇宙的最高实体在我们面前彰显,让所有黑暗融于光明。至于如何实现这一希望,则取决于我们对自身理性认识能力的探究,于是对近代哲学家来说,他们的主要任务就是“运用理性”告诉我们,知识的确实性根据何在以及知识如何获得。因此,哲学的最高智慧就是发现理性的确定性。但这一哲学真实性的判据也包含着对人的生存价值和意义的根本威胁,即在纯粹思想的世界里,人的生存意义何在。

如果说近代哲学是一个异彩纷呈的哲学花园的话,那么康德哲学无疑在他所处的那个时代一枝独秀,是德国古典哲学人文精神的一支奇葩。康德以“哥白尼革命”张扬了“思维之先验主体”的主体性;康德颇有见识的对形而上学的证明就是揭示人为自然立法,也为人立法的合理性;康德不仅将人为“自身”立法的合理性充分地彰显出来,更彰显了人追求“至善”的自由意志——既然人能够为自身“立法”,也就能够按照自身所固有的尺度生存和生活,何以能保障其有效性?这就在于人内心的自由,人是自由的,所以人才能为自身“立法”。

当康德把哲学的对象——人的道德自由看做自由的最高境界,为了真正说明人的世界中心位置,康德才设立了主体能力之外的、主体不能作为的“物自体”世界,物自体世界的设立也表征了康德努力追求自由的精神世界。

一、康德的问题

这里的康德问题,既不是康德哲学带给我们的问题,也不是康德哲学自身的问题,而是康德自觉地意识到并努力解决的他所面对的哲学问题。这样的问题人们愿意用康德自己的话来表述:是休谟的怀疑论使他从独断论和教条主义的迷梦中惊醒。在此意义上我们进一步问:惊醒了康德什么呢?仅仅是经验论自身的教条性和唯理论的独断性吗?显然不是。因为,众所周知,康德把“众星的天空”作为认识对象的自然界,把“道德的法则”作为人生的准则。因此康德认为人类有两类学问,一类是关于世界的知识,即科学;另一类是对于人生的指导,即伦理学。有了这两类学问,人类就既认识世界,又认识自我;既了解世界,又懂得人生,即康德真正被惊醒的不仅仅是如何认识世界的问题,还有如何认识人的问题。

早在古希腊哲学中,伊壁鸠鲁学派就曾把哲学分为三部分:准则学、物理学和伦理学。准则学是关于真理的标准和取得真理方法的学问,因而是一切学问的工具;物理学又称自然哲学,是关于宇宙的生成及其原理的学问,是关于世界或自然的学问;伦理学是关于善的学问,即关于人的幸福的学问。如果我们把准则学当做工具和方法,那么,人类主要的学问就是自然哲学和伦理学,即关于世界与人生、科学与伦理的两类学问。但是,对人类的这两类学问,从来没有人像康德认识得这样清楚。因为康德一方面从科学的观点看人,认为人作为一种动物,在宇宙中并没有多大的重要性。人的生命是短暂的,是我们这个行星上的一团物质,而我们这个行星不过是无限宇宙间的一粒微尘。有限的人类尤其是个人在无限的宇宙中是多么渺小,多么微不足道。如此看来,人生还能有多大价值?人还能谈什么崇高与伟大?康德又从伦理的角度看人,人不再是一个物质的动物,而是一个具有独立人格的自我,是一个灵物。作为一个有道德法则的人格,人独立于物质世界,有无限的价值意义。正是在近代科学的强大冲击下,科学与伦理、世界与人生、必然与自由、理性与自然的矛盾才强烈地凸显出来。康德最深刻地思考了人类面对的这一巨大矛盾，形成了他关于科学与伦理、哲学与宗教、知性与人性各依不同法则的著名学说。

当代西方哲学家罗素同样深切地感受到了这一矛盾。他问道，人究竟是天文学家所看到的那种样子，由不纯粹的碳水化合成的一块微小的东西，无能地在一个渺小而又不重要的行星上爬行，还是人是哈姆雷特所看到的那种样子，是宇宙的杰作，是世界的美，具有无穷无尽的能力呢？罗素认为，对于这些问题，科学与神学给予了完全不同的回答，哲学则是要在科学与神学之间思索世界与人生的这些根本问题。康德更深刻地把 19 世纪以来的人类性问题普遍化为人生的根本性问题，使他的著作——“三大批判”成为千古不朽的杰作。这就是说，在罗素看来，康德准确地把握了时代精神和哲学发展的主流，即主体形而上学的突出和哲学的人本化趋势。这正如康德所指出的，在这种广泛的意义上，哲学所从事的事业可以归结为这样一些问题：(1)我能够认识什么？(2)我应做的是什么？(3)我可期望的是什么？(4)人是什么？前三个问题在他的《纯粹理性批判》一书中就已经提出，第四个问题是康德年近古稀之际着意增补的。其实前三个问题已经蕴涵着第四个问题。因为我们知道，第一个问题是康德《纯粹理性批判》的主题，可以说就是“先天综合判断何以可能”的问题。康德对这一问题的回答是：我知道先天综合判断是可能的，因为它确实是先在的、先验的、必然的、绝对的，即这样的认知理性才是科学的。“先天综合判断”不仅是知识的、科学的，更是人的，是主体自身的。人主体自身的什么使认知理性成为科学，使先天综合判断成为知识呢？这便是康德要努力挖掘的感性直观的先验认识形式——时空和知性直观的先验形式——范畴，并一再告诫人们“时空”、“范畴”是人与生俱来、清楚明白、独立于经验、先于经验而依人而在的。时空是人主体自身的认知形式，范畴是人主体思维的基本范型。康德的这一问题不能不说是对近代以来知识论哲学的翻转，这不仅是在知识论层面回答问题，更是在人这一认知主体的意义上解决知识的合法性基础问题，因此更具有知识论意义，也更具有人性的道德论意义，第二个问题——我应做什么由此而达。第三个问题——我可期望什么？用康德的话来说，如果前两个问题的解决意味着科学知识是可能的和人的道德行为与价值也是可能的，其可能的重要依据在于人的认知理性之先验性、主体性。那么可否希望形而上学的可能性和宗教的可能性，二者之可能的根据在于道德形而上学和未来形而上学、在于“人类学”，即康德期盼道德、至善、自由的存在，所以第三个问题既有道德意义，也有宗教意义。知识论其实质是价值论，道德论其实质是人性论，这便是康德的第四个问题——人是什么？只有把知识论与价值论、道德论与人性论有机地统一起来，把真（求知）、善（求智）、美有机地结合起来，才是“人类学”意义上自由、至善的人。

从康德对哲学所做的界说及他在理性范围内提出的几个问题看，有理由说康德哲学的人本化趋向、人类学倾向表现在他把全部哲学问题都集中于人的问题上，集中在人是什么的问题上，并将人自身的原理或规定性加以揭示。哲学自产生以来，人类的思想方法一直是以客体为中心，先确定什么是真实存在的，人要从物的真实存在出发来探讨人自身的真实存在，即以客体存在的方式探讨主体存在，现在康德把问题颠倒过来，人是中心，主体是根据，无论在科学知识领域还是在伦理道德领域，人作为主体，都是以自身的原理为根据去行动的，根本不存在主体之外的客观标准。人为自然界立法，人在经验领域按自身的先验原理建立知识；人为了至善和自由，设定信仰，去实现完善的人生。总之，康德哲学是一切为了人，一切依赖于人，以人为根据。换句话说，康德哲学研究人的需要，研究人怎样实现自己的需要，或人实现自身需要的主体原理。哲学即人的学问，是人性原理的学问。哲学人本化了，哲学成了文化人类学。

康德发现了“自然”，因此，康德才提出了“人为自然立法”的必要而充分的条件；同样，康德发现了自由、“至善”，提出人类精神境界的追求问题是对“至善”的人生境界的探询，成为贯通康德哲学的主旨性问题。他借着对古代哲学的回观把哲学概括为“求达至善”，这种概括正是他对自己所建构的哲学之理论旨趣的真实表达。自培根、笛卡尔以来的近代知识论哲学几乎毫无例外都以某种价值观作为其哲学更深刻的底蕴，即探究人类认识、知识、真理得以存在的合法性根据问题。康德哲学对近代知识论哲学真实蕴涵的揭示和提升则在于，他把哲人的智慧聚焦于“至善”、“自由”上，代表着道德形而上学和理性形而上学所蕴涵的生命祈向和生命智慧，并赋予其现代内涵，康德的“人学”思想才更具有现代性意蕴,康德才更是现代意义上的哲学家。因为,“至善”作为一种形而上永恒追求的境地是就人而言的,动物没有价值取向,“神”也无所谓价值取向。在人的眼里,“神”已经在“至善”的位置上;对于“神”来说,“至善”从不成为一个问题,因为神本身就是“至善”。人则寄希望于在追求“至善”中自我超拔、自我成全,确立自己价值主体的地位。因此,人人心中皆有追求先验的道德律的自由意志。从更深层次来说,人人皆有其天赋的不可让渡的自由权利。因此,实践理性告诉人们,人本身即是目的,或人即是目的本身。“人是目的”是对近代哲学以人为本位的知性本位之认同,更是对这知性本位更为内在本质的价值主体之认同,它同“至善”追求的主旨相互贯通构成康德哲学的真实蕴涵。所以,康德哲学是近代哲学的终结,是现代哲学的开端,是以往全部哲学的汇聚,更是以后全部哲学的源泉。

我们再回到此文开头,即康德的“众星天空”是为了说明“人为自然立法”,“道德法则”是为了追求至善。人为自然立法体现人的自由,但人在自然中有待于自然之必然而并不自由;人为自己的道德立法出于“好的意志”,人处在为“好的意志”所确立的道德世界中才是真正的自由。先验的“好的意志”所确立的道德律不在于意志的对象或意志的内容,它所提供的“应当”只在于意志的反省或意志本身的纯正或高尚。因此,康德所要求的道德是自律且自立的。它不以任何其他的“好”为目的,只以自身的“好”为目的;它指示人的行为只是出于“义务”,而不出于任何爱好。在这个意义上,康德的道德形而上学可称为“好的意志”的形而上学,它从“好的意志”起始,又最终归结于“好的意志”。“好的意志”是道德宇宙的太阳,由此为人的道德立法是“哥白尼式的革命”在人的实践领域或目的王国的贯彻。因此,康德不仅在《纯粹理性批判》中颠倒了以往哲学的客、主位置,确立了人作为主体的内在规则;而且在《实践理性批判》中颠倒了以往哲学、神学的人与上帝的位置,确立了人类精神境界追求的永恒主题。人类精神境界所恒久面临的最大问题就是人类精神的永恒追求。如果人们不能自己确定这一问题,那么起码康德为我们确立了这一问题并使这一问题既在知识领域进行,也在道德实践领域发生;既是理论,更是实践;既是思想,更是方法;既是科学,更是道德。

二、康德的回答

康德对自己提出的问题作出的明确回答是：人是目的。康德哲学以此为纲领性范畴，并成为其全部哲学的最终归宿。

首先，康德哲学以具有自身规定性的、能动的主体的自我意识为起点，建构出对主体自我意识进行反思的理论。全部哲学、全部人生问题都是人自身的问题，即人作为主体的规定性问题。康德认为，人作为主体，作为能思的自我，也就是理性，反思主体也就是对人的理性加以考察。所以，哲学作为主体的反思也就是理性的批判，哲学就是从不同的方面考察、批判理性。在《纯粹理性批判》中，康德意在通过对“纯粹理性”能力的批判和分析，确认人的理论认识能力的各个组成部分，阐明它们在科学知识形成过程中所以可能的条件，论证“先天综合判断何以可能”这一知识论的根本命题，进而提出知识存在的合法性根据在于思维的先天原理，达到为自然立法的目的。人为自然立法是范畴演绎的最高点。因为自然就是现象的总和，范畴就是对于现象以及对于一切现象总和的自然规定的规律，我们所说的认识对象不是物自体，而是存在于我们主体之内的现象，所有现象都必须统一于统觉，统觉正是借助于先在范畴才使杂多的现象得以统一而实现着人为自然立法。所以人实质上就是以范畴规律去规定作为现象总和的自然。这就是康德所说的人的理性认识能力。

康德认为，理性作为人类认识的最高能力，是指人心中要求把知性所得到的知识、规则、定律等等，再加以“综合统一”，把它们概括为最高、最完整的知识系统，以达到把握无条件的绝对知识的能力。它虽然不能对感性直观有所规定，但却能通过提供“目的”概念，引导我们在更高层次上把握自然，把自然看做是系统的、有目的的统一。康德在《判断力批判》的“目的论”部分，更是不遗余力地论证说，如果我们只是停留在知性的水平上，那只会局限于对自然的较低级的机械因果论的解释。而这种解释是不适用于有机物系统的，因而必须用另一种“目的因的因果关系”，即一事物自身既是结果又是原因的因果观来认识有机体,把其中的各个部分看成是互为目的和手段的。并且,我们还要用"自然目的"这一具有范导作用的理念,一方面把自然看成一个有机体的互相关联的系统,另一方面还存在着一条联结起机械性原理与目的论原理的超感性原理,导致"按照经验性的规律已给出的那些现象的链接来反思整个自然"①。康德在《判断力批判》中要提供给我们的是既是手段又是目的、既是结果又是原因的因果目的论链条。这样的链条不在自然界中,也不在人的先验知性认知能力中,而在人的理性认识能力中。因为人的理性认识能力是人类最高的认识能力,它必然是合目的的;人的理性认识能力是想把整个现象界的知识建构为最系统的知识,也必然合目的。这样的合目的,又集中在人的理性认识能力之上。也就是康德的理性认识能力不是近代知识论意义上的主体服从客体的认识,也不是主体认识形式与客体认识对象的一致性认识,而是主体自身具有的自我认识、自我规定、自我反思的认识能力。这样就不是人被动地反映自然,而是人能动地、主动地创造自然;不是人单纯地认识自然,而还认识人自己;人为自然立法,也为自己立规。这样康德以前所未有的高度突出了人的主观能动性,提高了人的主体意识,也以前所未有的深度表现了近代哲学的求知精神、主体精神和理性精神,并把这样的精神发展为具有人的意义与价值的人类形而上精神,使笛卡尔以来的"我思"发展成为不断使人成为哲学的起点和中心,使人成为人自己的手段与目的的哲学。

其次,在康德的《道德形而上学探本》一书中,"人是目的"更是康德推出的道德立法根据。康德从伦理学角度对"目的"加以界定:"充做意志自决所根据的客观理由的根据就是目的。"②所以康德才从"人是客观目的"的思想出发指出,没有理性的自然存在物,以及由人的行动得到的对象,都只具有相对价值,因而我们称之为"东西"。我们称之为"东西"的自然存在物,由于缺乏理性而不能思维,所以是不能含有任何目的性的。自然存在物也就不能作为最高目的而存在,而只能作为工具和手段存在。反之,我们把有理性者称为人,因为他的本性

① 康德:《判断力批判》,邓晓芒译,北京:人民出版社 2002 年版,第 15 页。

② 康德:《道德形而上学探本》,唐钺译,北京:商务印书馆 1957 年版,第 40—43 页。

就证明他是目的,而不能只当做工具。人既然是应受尊重的对象,所以一切对他的任意对待就要受到某种限制。人并不单单是主观的目的,不是因为他是我们行为的结果,他的存在才对于我们是有价值的目的;人也是客观的目的,就是使他的存在既是目的,又没有什么其他只用做工具的目的可以代替他,否则宇宙间绝不会有具有绝对价值的事物了。康德进一步指出:"假如真有个最高的实践原则,或是支配人的意志的无命令式,那么它一定是意志的客观原则,一定能作为普遍的实践规律。这个原则一定是由'原因其自身是目的就当然是人人的目的之对象'这个概念引出来的。这个原则根基在于:有理性之物是以自己为目的的存在。因此实践的命令如下:你需要这样行为,作到无论是你自己或别的什么人,你始终把人当做目的,总不把他只当做工具。"①康德所谓的行为是指道德行为。道德行为不能有来自冲动的主观目的,因为它们都是被一个有理性的东西随意选为行动结果的目的,都是相对目的。它们只有和主体的某一特殊的欲求相联系才获得价值,其本身并无价值。这种价值不能为一切有理性东西,也不能向每一意志提供普遍必然原则,不能提供实践规律,这些相对目的仅仅是假言命令的根据。然而意志又不能没有目的、没有规定,如果这样,意志就成为全无规定、随心所欲的空忙。由于普遍必然命令的根据必须出于理性自身,必须是客观的,它的定在自在的就有绝对价值,它作为目的能自在的就是确定的、具有内容的规律的根据。康德认为,能够满足以上条件,唯一有资格作为定言命令的根据,作为实践命令的根据的东西就是人。所以,每个有理性的东西都服从这样一条规律:不论是谁在任何时候都不应把自己和他人仅仅当做工具,而应该永远看做自身就是目的。所以,在康德的道德哲学中,人作为有理性的存在,是自在的作为目的而实际存在着。他们不单纯是这个或那个意志使用的工具。在他们的一切行动中,不论是对自己,还是对别人,任何时候都必须被当做目的。只有他们才被称为人身,其他无理性的东西则被称为物件。因为,他们的本性表明自在的就是目的,是一种不可以被当做手段使用的东西,从而是限制一切任性的最高条件,人是绝对不允许随意摆布的,必须是受尊重的对象。所以他们不仅仅是主

① 康德:《道德形而上学探本》,唐钺译,北京:商务印书馆 1957 年版,第 40—43 页。

观目的，作为我们行为的结果而实存具有为我们的价值，而是客观目的，其实存自身就是目的，是一种任何其他目的都不可代替的目的，一切其他东西都作为手段为他们服务，除此之外，任何地方都找不到有绝对价值的东西。

再者，康德的《判断力批判》通过审美判断力和目的论判断力的探讨也体现了其目的论思想。在康德美学思想中，他强调美的主观性，认为美的问题根本不是美的客观存在问题，而是美的判断，即人在什么情况下作出美的判断问题。审美判断不是知识判断，所以不是逻辑判断。审美判断主要内容是情感（快感）而不是概念，而快感并不是表象的一个属性，它只存在于它对我们的关系中，表示主体自己受到对象刺激时是如何感觉到的。因此，审美判断是由主观决定而不是由客观决定的。美和目的的关系十分密切。一个审美判断是一个对象使人产生一种美的感受，使人主观上感到愉快，即具有目的性。美的这种合目的性，就它不是某个具体的客观的目的，而是主观上的一般合目的性，被称为没有具体目的的一般合目的性；这种目的性只联系对象的形式，是一种形式的合目的性，被称为没有目的的合目的性形式。所以康德说："构成鉴赏判断的规定根据的，没有任何别的东西，而只有对象的不带任何目的（不管是主观目的还是客观目的）的主观合目的性。"①

"目的性"概念是贯穿康德的《判断力批判》始终的。无论是对自由美和依存美的分析，还是对美的理想、艺术的规定的研究，无不以目的性为准绳。康德认为美有两种——自由美（纯粹美）和依存美。自由美虽没有明确的目的，但却符合目的性。自由美被称为这物那物的（独立存在的）美，它不以任何有关对象应当是什么的概念为前提。之所以没有目的，因为审美判断不涉及概念，不以任何一个物种的完善性、不以杂多的复合性所关系到的任何合目的性为基础。在对一种自由美做评判时，鉴赏判断是纯粹的，它不预设任何一个目的的概念。之所以合目的性，因为对象的形式适合于主体的想象力与理解力的自由活动与合作，因而它是事物本身的美。依存美作为依附于一个概念（有条件的美）而被赋予那些从属于一个特殊目的的概念之客体，是以这样一个概念及按照这个概念

① 康德：《判断力批判》，邓晓芒译，北京：人民出版社 2002 年版，第 56—57 页。

的对象完善性为前提。依存美要依存于概念、利害计较和目的之类的内容和意义,属于受某一特殊目的概念制约,如有所表现的造型艺术和音乐等等。所以依存美都是以一个目的概念为前提的,这个概念规定着此物应当是什么,规定着它的一个完善性概念。所以,无论自由美还是依存美都含有人的目的在里面,都是符合目的性的。

美的理想,也就是美的标准,是审美趣味的最高范本和原则。它由两方面因素所组成。一方面,它关涉到一种最高的不确定性的理性概念;另一方面它又不能用概念来表达,而只能在个别形象里表达出来。康德指出:"要想从中寻求一个理想的那种美,必定不是什么流动的美,而是有一个有关客观合目的性的概念固定了的美。"①这就是说,要根据对象的本质所规定的目的来判断这对象是否达到了理想美。由于只有人才是按照理性来决定它的目的,所以只有人有一个美的理想,它存在于人的形体中。因为人的形体表现着支配人内心的那些道德观念,如仁慈、纯洁、道义等,这正是康德所说的人性的目的。

康德认为,艺术是通过以理性为活动基础的意志活动的创造。他视艺术为自然与人、规则与自由、审美与理性的统一,把自由看做是美的艺术的灵魂。在创造艺术作品时,艺术家心中须先悬想一个目的,然后按照这个目的去构思作品的形式。艺术作品是含有艺术家的目的在里面的,如果没有艺术家的目的在里面,那么艺术作品就不可能创造出来。所以艺术是含有人的目的性的。康德还认为,艺术毕竟是人为的产物,它的合目的性形式是人所构建出来的。而自然则不同,自然是作为人在其中也是一个环节的系统整体。因此,不能只是把自然的形式与我们的主观愉快相联系,而要把自然的存在自身看做具有客观目的。因而艺术美是依存美,它是在无目的的目的性即美的形式中表达出理性,提供"美的理想"。

自然美、依存美、美的理想和美的艺术到无目的的合目的性、客观的合目的性、直至"美是道德的象征",康德的美学正是以"目的性"概念为主线,把道德观和感性形象结合起来,以实现道德世界与自然世界的结合,以实现其目的论。康

① 康德:《判断力批判》,邓晓芒译,北京:人民出版社2002年版,第69页。

德把自然、社会作为一个统一的大自然系统,在其中,人不过是自然链条的一个环节。在这个巨大的链条中,没有任何部分是无用的东西,它们是相互依存,互为因果的。任何一个事物,都有其内在的目的概念,这一概念决定了它必然会实现自身的内在规定性。而人作为有理性的自然存在物,是唯一能规定自己的目的、能对自然作出价值判断的存在,因而他是自然的最高目的。但人作为最高目的这个概念,是包含了他作为"道德的存在者"的规定的,并且这一规定来自"本原的存在"、"世界的最高原因",即我们所假定的上帝。这样,我们就不但为人在自然中找到了一个最合适、最高的位置,而且还从上帝那里寻得了他作为至善的目的的根据(这正是典型的康德的理论方式。他虽自信,但总觉得作为凡人,他的声音毕竟是微弱的,因而总要借助于自己所否弃的上帝,来作为自己理论的后盾)。并且按照目的论,最终目的概念是无论如何总要实现的,其成功可能是不需要任何条件的。这样,在这一大自然系统里,我们就能实现自然向人的生成,就能产生文化。通过教育、艺术和科学,把文雅和教化输入社会中来,使人变成文明的人。自然的必然和道德的自由,在目的论里最终得到了统一。但这种统一已不再是审美观念中的道德象征了,也不再只是一种反思判断力的思辨了。统一的归宿,已从思辨的头脑中,触及了人类作为一个族类的现实历史过程,触及了人类存在的社会基础。因为形形色色的自然生命不管如何符合目的,安排的如何巧妙合理,如果没有人类,就毫无意义,也毫无目的可言。人才是自然界不断创造的最终目的。这个人不是指认识的人,世界并非作为人的沉思对象才有意义;这个人也不是指自然的人,即人的幸福。尽管个人总是把幸福作为自己的主观目的,但幸福并不是创造世界的最终目的,自然并不给予人的幸福以什么不同于动物的特殊偏爱或恩宠;理性存在者倘若只考虑物质上的幸福,不考虑道德的价值,他的存在就只有相对的价值,而没有绝对的价值,这样理性存在者也就是没有目的的。所以,理性存在者的价值和目的就不在于享受什么,而在于能自行选择目的的能力,这就是文化。但是也并不是所有文化都成为最终目的的,文化要成为最终目的,只是在于它与道德有关,在于间接促进道德;在于人做什么,在于它恰恰可以不做自然锁链的一环。"善的意志才是人的存在有唯一能借以具有某种绝对价值、而世界的存有能根据以拥有某种终极目的的欲求能力。”①因此，自然的最终目的就是这种道德的人，只有服从道德律的人，才是有超感性能力的自然存在物。这种作为道德本体的人的自然存在，才是无条件的目的本身，才是作为现象界的整个自然的最终目的和归宿。

康德一方面将主、客二分（纯粹知识理性），另一方面又将主、客相融通（实践理性、判断力——合目的的主观合目的性与客观合目的性），然而，这两方面都仆从于他的“人是目的”的终极目的。要达到“人是目的”，就要经由知识、德性、幸福、信仰、至善、自由等路径。所以“人是目的”不仅是事实判断，也是价值判断，更是审美判断。“人是目的”在“真”、“善”、“美”的统一中统摄为康德哲学真正的、全部的、真实的目的，康德哲学是以人为目的的目的论。康德哲学揭示了人能够成为人，人使人成为人，人应该成为怎样的人的道理——人活着；人实践地活着，人审美地活着。

三、人究竟是什么

不言而喻，康德对人的问题的解答具有创新精神。人的问题不仅仅是知识论层面的，更基于自由和“至善”的价值层面；人不仅仅是手段，更为重要的是人是目的。但是康德人是目的的思想表达和实现仍然是在思想层面、先验层面的思辨意义上达到的。康德针对传统哲学将人实物化、物化、元素化、机器化、对象化的思维方式进行了哥白尼式的革命，但是革命的结果是将人放在了纯粹思想的领域内，使得人高高在上，缺乏现实的生活世界基础，即康德没有将人的真实根据还给人，从而未能使人的真实的本性在现实的活动中展开。正如恩格斯所指出的那样：“康德只谈‘善良意志’，哪怕这个善良意志毫无效果他也心安理得，他把这个善良意志的**实现**以及它与个人的需要和欲望之间的协调都推到**彼岸世界**。”②康德之后的德国古典哲学在这个意义上说就是致力于解决康德思想

① 康德：《判断力批判》，邓晓芒译，北京：人民出版社2002年版，第299页。

② 《马克思恩格斯全集》（第3卷），北京：人民出版社1960年版，第211—212页。

的内在理论困境的前提下发展起来的。德国古典哲学家以提高人的理性从而提高人的地位为己任,把自己的哲学理解为从人的理性观念来考察世界,即把观念理解为既不同于神学观念,也不同于日常生活的理性观念,广泛深入地论证了人的理性的无限至上性和无限能动性,扩展了人对世界的主宰意识,提高了人在世界上的主体地位,使人从有限理性的存在成为无限理性的绝对存在。

那么,康德对"人是什么"的回答所具有的内在理论困境是什么呢?我们能否在卢梭提出的"人生而自由,却无不在枷锁之中"这一著名的现代性启蒙的命题意义上去理解呢?卢梭看到了启蒙的悖论,康德也看到了世界的分裂。康德认为人有原初的道德禀赋,也有自然恶的倾向。人是自由的,但却时时受制于自然必然性的奴役,道德与幸福总处于对立之中,知识与道德分裂两端,人虽然是目的,但现实中总是表现为手段。康德期望人能通过社会的不断教化、文明化与道德化建立起人的尊严,但是他是无力解决人在现实道德生存图景中的诸多悖论,便只好祈求于上帝,企望于虚无的"伦理共同体"的帮助以实现他的道德至善的理念,而对于现实社会他也只能是期待着一个有法有自由的"公民状态"的出现。这一切都不过是他的主观愿望罢了。可以看到,康德整个批判哲学展现出这样一幅人类学图景:科学知识的无穷无尽,人类文化的不断进步,道德与幸福,自然与人,自由与必然不断从分裂趋向统一,世界为人而存在和生成。康德揭示的这幅图景的深刻之处在于,他没有停留在人的双重性认可之中,而是深入探寻人的双重性根基,认为人的感性和理性、自然性和社会性、他律性和自律性、善与恶、好的意志与坏的意志等都是现象和本体二元世界的性质、规律不同所造成的,即人的双重属性之根基在于本体世界之二元所致,本体世界之二元(本体界与现象界)不仅决定了认识的可知与不可知、经验与超验,而且还决定了人性自身的二律背反。在此,康德思想之深刻性再一次彰显——本体论、知识论、人性论三者的内在贯通。在三者贯通中,我们也承认其缺失了重要一环——本体界(自然界)、知识论、人性的社会现实基础。因为,离开社会历史的真实存在去探讨人,简单的用逻辑、思辨的方式去推演人的本性,就很难揭示人之为人的根本。

康德之后的哲学家试图消解康德的本体和现象、客体与主体、存在与思维的二分,努力实现主客统一、思存一致。如费希特①以自我去消解康德的本体,在其知识学中一方面努力发挥康德哲学中主体能动性的原则,把人自身的问题作为知识学的中心,提出"自我"作为哲学的对象和出发点,用"自我"归约"他我",使自我与他我同一,其结果仍是自我意义上的"我",成为康德的右手。谢林②则成为康德的左手。也就是说谢林沿着康德的客观主义理论前行,努力论证本体的绝对客观性在于神,客观世界的本质是神定的、天命的,人的主体性应服从于天启真理。黑格尔一方面批判康德的"二元"分裂哲学,一方面批判费希特、谢林的片面性哲学,认为流行的哲学"均在于说明思想与客观对立的性质和效用,而且关于真理的问题,以及关于认识真理是否可能的问题,也都围绕思想与客观的对立问题而旋转"③;另一方面力图将康德所分裂的本体界和现象界重新弥合起来,他将理性作为弥合的力量,"理性出现在世界上,具有绝对信心去建立主观世界和客观世界的同一,并能够提高这种确信使其成为真理"④。黑格尔在这里用精神的力量去统摄主观世界与客观世界无法达到在现实生活世界中实现二者结合的效果。同时也将"理性"抽象为"绝对理性"使理性自身的思辨力量走向绝对和单一。所以康德的问题仍然没有得到很好地解决。

其实,这一理论困境体现在先验理性规则与现实的悖论上。康德给人类颁布的理性规则中的理性不是一般的理性,而是超验的、超人性的纯粹理性。在他看来,任何所谓"人的本性"——自然的、社会的、先天的、后天的,都不可能达到纯粹理性,不可能构成人的行为之理性根源。只有源于纯粹理性的规则,才成为指导人们行为的普遍有效的规则。也正因为规则的纯粹性完全脱离日常经验和具体的社会历史条件,也就成为空洞的形式,失去其存在的根基。正如恩格斯指出的:"原则不是研究的出发点,而是它的最终结果;这些原则不是被应用于自然界和人类历史,而是从它们中抽象出来的;不是自然界和人类去适应原则,而

① 约翰·戈特利布·费希特(Johann Gottlieb Fichte,1762～1814),德国哲学家。
② 威廉·约瑟夫·谢林(Wilhelm Joseph Schelling,1775～1854),德国哲学家。
③ 黑格尔:《小逻辑》,贺麟译,北京:商务印书馆1980年版,第93页。
④ 黑格尔:《小逻辑》,贺麟译,北京:商务印书馆1980年版,第410页。

是原则只有在符合自然界和历史的情况下才是正确的。"①虽然康德在目的论中要求人们把自己和他人都当做目的，赋予个人绝对价值和尊严，但是康德在目的论中强调的是抽去个人差异的整体和共同规律的作用。用黑格尔的语言来表述，康德的目的论只是一个空虚的抽象。在这个失去了个性和强调共同性的整体中，个人的尊严和绝对价值如何实现，康德没有给出解答。马克思在这一问题上作出了回答，与康德不同，他所追求的不再是超验的理想性存在，而是真实的现实性存在。所以他立足于人的现实实践活动，将超验的"本体世界"回归到人的尘世生活当中，将其变成经验的、为人的存在。不仅如此，马克思也吸取了黑格尔的辩证法，但将黑格尔的理性辩证法，变成了实践辩证法，用实践取代理性成为弥合两个世界的力量——而实践才是两个世界结合的关键。

亚里士多德的"第一哲学"，即探究终极原因、宇宙本原或研究"作为存在的存在"的形而上学，是任何哲学都以直接或隐性的方式所内在的包含的不可或缺的本质维度，其深层本质是人的超越性生存本性及其本质精神的自觉显现，是内在于人之生存的本体论诉求和终极关怀的理性表达。从康德开始，西方传统哲学将对人的本质的思考纳入到哲学家的研究领域当中来，因而如何在人的生存论基础上重新恢复人之为人的本质所在成为当代哲学关注的一个时代课题。人是"自我目的"、"自身根源"、"自为本性"、"自由自觉的存在"，这就是近代晚期德国古典哲学和马克思提出的基本观点，也是西方哲学两千多年发展所取得的最为重要的思想理论成果。可以说，只有到了这时，人们对于"人"才算有了一个基本合于人的看法。人是立足形而下的世界，在人与自然的互动过程中，在人的自我创造性活动中，在追求形而上的世界过程中才成为人、成就人自身的。

---

① 《马克思恩格斯文集》(第9卷)，北京：人民出版社2009年版，第38页。

第十章　自由是什么

应该说，卢梭在《社会契约论》中的名言"人生而自由"代表了启蒙以来或曰近代以来西方哲学对人的自由问题的理解。但本应自由的人却"无往不在枷锁之中"。因此在现代性之意义上，卢梭揭示了自然、知识、理性、科学之自由与伦理、道德、德性之自由的二律背反。卢梭是康德哲学的思想先驱，他从卢梭的自由思想中吸取了人类的自主概念，使自由问题进一步丰富着现代性意义的二律背反，即自然的自由之必然性与实践自由之必然性的可能性。相信人类的命运需要自己为自己立法。"康德作为德国古典哲学的开创者，把自由作为整个大厦的拱心石"①，叔本华对于康德关于自由的彼岸性的论点备加称赞："在自由观点上……这里根本就是康德的哲学导向我的哲学以康德为宗所从出的那一点。"②康德关于自由的思想代表着一切伟大的思想家对于人类自身的关心和警醒，正是有像康德这样的思想家在关怀着人类，才会使人类在发展过程中有可能不断地纠正迷失的方向，不断向人的真正自由启蒙。

一、启蒙与自由

在康德所处的时代，哲学正处于独断论与怀疑论的困境之中，其境遇如康德

① 康德：《实践理性批判》，邓晓芒译，北京：人民出版社2003年版，第2页。

② 叔本华：《作为意志和表象的世界》，石冲白译，北京：商务印书馆1982年版，第681页。

所言，正从一个原先儿孙满堂并享有无限权威和荣耀的贵妇人而沦落为流离失所的可怜老妇。独断论对理性自身的能力并不进行批判的考察，便盲目地相信理性的力量，依据理性的原理去建构绝对真理的体系，并对自己的学说采取专制主义的态度。而怀疑论则作为"哲学领域中破坏性极大的游牧民族"，虽对独断论具有一定的矫治作用，但是它对理性的断然否定又使理性的可靠性被破坏无余。"由于对教条主义（独断论）——它什么也没有告诉我们——感到了厌烦，同样由于怀疑论——它什么都不向我们保证，甚至连自甘于无知这种坦率态度都不承认——也感到了厌烦"①，康德才提出了理性批判理性自身的艰巨任务。这种理性对自身的批判工作，一方面区别于独断论，它要通过对自己的审视而澄清自己的能力，从而使理性的僭越得到否定；另一方面又区别于怀疑论，它要在自我考察中肯定并伸张理性应有的合法权利。在这个意义上，康德的理性批判的意义是双重的：既是对理性的肯认和倡扬，又是对理性的反省和限制。那么，康德的理性批判的目的仅仅是为了理性本身吗？康德理性批判的价值旨趣究竟何在呢？

康德曾经明确地指出："哲学领域的下列问题：(1)我能知道什么？(2)我应当做什么？(3)我可期待什么？(4)人是什么？由形而上学回答第一个问题，伦理学回答第二个问题，宗教回答第三个问题，人类学回答第四个问题。但从根本上说来，可以把这一切都归结为人类学，因为前三个问题都与最后一个问题有关系。"②在这里，我们看到，康德哲学的核心问题是人的问题。康德提出的前三个问题都从属于"人是什么"这一最终问题，这就鲜明地表现出康德运思的中心及其哲学的整体性的人学立场。海德格尔对此曾评论道："人类理性的最内在的关切在自身中结合了上述三个问题。在这里，人类理性的能够、应当和可以都成了问题。"③而理性作为人性的内在表征，理性对自身提出的问题也正是人面向自身所提出的问题。这种提问本身即是人对自身的理性启蒙。

---

① 康德：《未来形而上学导论》，庞景仁译，北京：商务印书馆 1978 年版，第 29 页。

② 康德：《逻辑学讲义》，许景行译，北京：商务印书馆 1991 年版，第 15 页。

③ 海德格尔：《海德格尔选集》，孙周兴译，上海：三联书店 1996 年版，第 106 页。

康德将启蒙界定为“人要从归咎于自己的未成年状态中走出来”，勇于并自觉地运用自己的理性。这表明，康德进行理性批判的真实用意在于敞开人本身，在于实现对人的启蒙。在《实用人类学》当中，康德明确地表达了自己的这种立场：“在人用来形成他的学问的文化中，一切进步都有一个目标，即把这些得到的知识和技能用于人世间；但在他能够把它们用于其间的那些对象中，最重要的对象是人：因为人是他自己的最终目的。”①一些学者敏锐地触摸到康德哲学的脉搏，指出：“人们把康德比做苏格拉底，因为他的哲学富有人情味。爱利亚的智者第一次把哲学从天上降到人间，使它扎根于大地，抛开宇宙而去研究人。人的问题对于康德是一个首要问题。他虽然并没有忘掉宇宙，但人对他却是最重要的。在思考存在和意识的规律时，康德的目的只有一个：使人能够变得更富有人性，使人生活得更美好，使人幸免于无谓的抛洒鲜血，不再受愚妄和幻想的摆布。”②这一看法是中肯的，通过理性的批判而实现对人的启蒙，正是康德哲学的中心意旨。

康德的理性批判首先是从理性“能够知道什么”开始的。在康德看来，这一问题是解决“我应当做什么”和“我可期待什么”的前提。康德从“我能知道什么”向“先天综合判断何以可能”的追溯，引出了康德关于人本身的重要论断——“人为自然立法”。在对知识合法性的考察中，康德改变了以往的研究思路，由客体转向了主体，从“知识与对象相符合”转向了“对象与我们的认识相一致”，突出了认识主体的先验能力在认识过程中的能动作用，高扬了人的理性的能动性。康德强调人作为自然立法者的根据就在于人所具有的先验的自我意识。在这里，人的主体性主要是在先验形式的逻辑意义上得以成立的，而不是在实体或经验的意义上得到明证的。

难能可贵的是，康德对人的主体性的张扬并没有仅仅落实在人与自然的理性关系上，他对理性的考察也没有仅仅停留在对理性能力的盲目崇拜上，康德敏锐地把握到理性对作为本体的“物自体”的认识所出现的“二律背反”，正是在对

① 康德：《实用人类学》，邓晓芒译，上海：上海人民出版社2002年版，第1页。

② 古留加：《康德传》，贾泽林等译，北京：商务印书馆1997年版，第12页。

这种“二律背反”的省察中，康德意识到了理论理性的局限性，从而使对理性的考察由理论理性进入了实践理性领域。在二者的关系上，康德认为，理论理性与实践理性均为同一个纯粹理性，但是，它们又是同一个理性在不同方面和领域的运用。实践理性高于理论理性。这是因为，人之为人的理由和尊严不取决于我们知道什么，而在于我们怎样去做。在这个世界上，唯一能使这个世界获得意义的，并不是人的认识能力，而是人的实践能力。人的实践能力使人自己给自己以价值。认识能力对应的是知识领域，而实践能力对应的是道德领域。知识只是理性的基本目的，道德才是理性的最高目的。在这里，我们似乎看到，康德对理性的考察所解决的“我能够知道什么”这一问题远远没有达到康德哲学的最终目的，解决这一问题的目的似乎是为了引出对第二个问题“我应当做什么”的关注。这样，当我们回过头来再来看康德的《纯粹理性批判》时，也许我们对海德格尔的看法会表示理解，海德格尔在《康德与形而上学》中指出：“当《纯粹理性批判》这部著作被当做‘关于经验的理论’，甚至是当做实证科学的理论来解释时，它的意图还是被彻底地误解了。‘纯粹理性批判’与知识论毫无关系。”①海德格尔认为，康德对纯粹理性的批判只不过是“关于方法的一部引论”，是为了建立关于人的全部形而上学所做的思想奠基工作。正是由于这种思想奠基才把相关于认知理性的知识领域引向了相关于实践理性的道德的领域，理性才由“自然”上升为“自由”，从“为自然立法”走向“为自由立法”，人由此才被贞定为“世界的最后目的”。

至此，“自由”成为康德哲学中的核心概念。事实上，早在写作学位论文时（1755 年），康德就对这一问题进行了思考，只不过当时受卢梭的影响，这一问题带上了较多的社会色彩。在后来的三大批判中，“自由”概念更成为康德整个“批判哲学”的中心和贯穿三大批判的一条主线，尽管康德在《纯粹理性批判》中并未声称已经建立起自由的实在性，但他确实宣称在先验观念论的基础上已经建立起自由的可设想性，即它与自然的因果机制的相容性。在《实践理性批判》中，他宣称已经展示了自由的实在性，并且将自由概念刻画为纯粹理性乃至思辨

① 海德格尔：《海德格尔选集》，孙周兴译，上海：三联书店 1996 年版，第 94 页。

理性系统之总体建筑的拱心石。最后,在《判断力批判》中,康德提出,通过自然的合目的性概念,判断力使得从自然概念领域向自由概念领域转变成为可能。从根本上看,康德的批判哲学是一种自由的哲学。古留加也认为,在康德的"先天综合判断如何可能"这一问题的背后,实际上有另一个更为重要的问题:人的自由为什么是可能的?自由究竟在哪里?正是自由问题的二律背反——"人是自由的",以及相反,"没有任何自由,在人那里一切都是自然的必然性"①——把康德从独断论的迷梦中唤醒,并使他转向对理性自身的批判。

康德目睹了他那个时代形而上学所遭遇的困境,对康德来说,他只能接受休谟对理性的批判精神,而不能同意其得出的结论。休谟的怀疑论否定了科学知识的普遍性,而康德对科学知识具有普遍性是深信不疑的。休谟的怀疑论使康德要做的工作是在通过对理性的批判、限定理性的使用范围的同时,肯定理性的实践运用并重新确立理性的权威。同时,休谟基于极端的感觉论立场,排除了一切先天原则的可能性,消解了人的主体性自由;而康德认为,休谟在从我们按照规律而确定的不必然性推论到这条规律本身的不必然性时,是犯了错误的。相反,康德要证明经验前知识的可能性,从而高扬人的主体性自由。休谟虽然承认人有心理能力的自由,但他却把自然因果性原理推广于说明意志活动,而康德则认为,自由与自然因果性原理是不相容的,意志活动只能用自由因果性来说明。康德也区别于卢梭将自由归结为自然,他将自由归结于理性。自由与自然是相区别的甚至是对立的,在经验自然界毫无自由可言,只有在物自体世界,人的道德律不受自然干扰才会对人的行为下命令,在道德实践中体现出巨大的实践力量。这里的"自由"是不为感性东西所决定的选择能力,它以理性为基础,是理性的自我决定,因而才是"自由"的。正是这一自由,使人超出了作为自然现象的存在,成为不受自然因果束缚的本体性存在。

休谟和卢梭对传统理性主义的质疑深深地影响了康德的自由思想,但康德对理性和自由的理解完全超越了休谟和卢梭。康德批判理性的目的不是要否定理性,而是要在实现理性和自由统一的基础上重建理性的权威。在康德看来,理

① 古留加:《康德传》,贾泽林等译,北京:商务印书馆 1997 年版,第 12 页。

性和自由悖论的出现源于传统理性主义者没有真正理解理性的内涵。他们所谓的理性充其量只是感性和知性。康德要把理性二重化为思辨理性和实践理性，其目的是要限制思辨理性的滥用，即以知性来说明自由、灵魂不死和上帝等理念的做法，同时又要肯定理性的自由本性，即主体具有超越现象界而追求本体的倾向以及道德上的自我决断能力。正是通过康德对休谟的批判和对卢梭的超越，自由思想在康德哲学中的核心地位才逐渐得以确立。

康德对于自由的追问方式是独特的。他的自由观表明，对于自由的追问应顾及自由的两个层面，即自然事实层面和价值层面。由于康德自由思想是以对理性的坚定信念和为拯救本体论意义上的自由为出发点的，因而他更关注人的内在自由。人不仅应当把自我交付给自然事实的存在，更应把自我交付给价值存在，人的意志决定不应受事实存在的支配，而应以价值存在为根据。因为科学理性是现实的有限理性，不足以充当人类生存的价值基础。康德的自由观意味着，要获得自由，不仅要研究“头上灿烂的星空”，更要认识“心中的道德律令”。所以，康德立足于人的本性，从两个层面上追问了自由的本性：首先，康德的三大批判从先验的层面探求了自由的可能性和实在性；其次，在一系列历史、政治哲学著作中，康德又探寻了人在经验层面上实现外在自由的可能途径。康德的三大批判及其一系列著作建构了一个庞大的自由思想的体系。这一体系既确证了科学理性思维方式从本体论角度最终解决自由问题的不可能性，又确证了人在超必然性知识的道德价值领域追寻自由的可能性；既追问了先验层面上的内在自由的可能性和实在性，又顾及了从经验层面上探寻实现个人外在自由的途径；强调了人之自由的实现既需要内在道德法则的约束，又需要外在完善法律的强制。

二、自由何以可能

对康德来说，自由构成了纯粹的、甚至思辨的理性体系的整个建筑的拱心石，可以说，对“自由”的追求构成了康德哲学的内在动力。康德将以往知识论的思维模式打破，确立了知识得以可能的先在的思维模式，使对象符合知识，并在先验的思维模式之上探讨先验自由的逻辑可能性与实在性。自由是人的终极追求，康德认为它源于人的理性试图认识彼岸世界的本性，因而对它的讨论只有在本体论范围内才有其终极意义。康德拯救了自由，将自由安置在本体界，摆脱了现象界铁一般机械必然性的支配，进而将人的主动性凸显出来，人在自然面前不再消极无为，被动反映对象，而是积极地建构对象，使对象符合思想范畴。人面对自身，不再对上帝唯命是从，而是全力承担起属于自己的责任，做自己真正的主人。现象与本体的划分为人的存在找到了根据，人作为本体的人，作为理智的人，才是真正的自我。

在确立人的自由问题上，康德独辟蹊径，他既没有从人对自己情欲控制的角度，也未从对自然因果律认识的角度来探讨人是如何获得自由的，而是从世界和人存在的双重性来拯救人的自由。人作为现象界的存在，时间是其存在的形式，而在时间中的存在已被证明是严格受自然必然性的制约而不可能获取自由的。但是，人又是本体的存在，在本体界，时间已不是其存在的形式，人遵循的是自由的因果律，按自由的因果律行事，人成为自由的存在。康德对人自由的拯救只能是一种幻想，因为世界上的任何事物都是时间中的存在。问题的实质不在于人是否存在于时间之中，而在于面对严格的自然必然性，人是否具有能动性。按照马克思主义的观点，人完全能够认识自然必然性，并通过实践活动改造自然，从而在自然界里获得自由。

（一）自由在逻辑上的可能性

众所周知，康德把世界分为现象界和本体界，在现象界范围内展开的关涉自然的概念是理论哲学，在本体界范围内展开的关涉自由的概念是实践哲学。在康德看来，思辨理性与实践理性是不能混为一谈的，前者遵循的是自然概念，后者遵循的是自由原则。同时在先天的知识中，思维主体自身所形成的知识是能够加之于客体之上的，而在本体的范围内，人的知性是无能为力的。一旦对纯粹理智概念和由之而生的原则作出限制，人们就有可能思维自由，也就是说自由的思想至少不包含任何错误。对先验感性、知性和理性进行考察时康德发现，当理性追求无限、整体时，没有可供应用的先验形式，所使用的仍然是知性范畴。知性范畴是不能应用于整体的，“整体只能作为理念而不能作为对象。理念是本体，对象属于现象界。”①这就不可避免地出现了理性的幻相或者叫做理性的诡辩。但这一幻相同纯粹理性的谬误推论不同：关于主体的推论是为本不应该去寻找对象的东西去找一个对象；而“二律背反”主要说明“世界”作为整体是否有对象与之相符合的问题。正因为理性把知性的范畴应用于经验以外，所以理性的知识既不能证实也不能证伪。“二律背反”并不是讨论某一个片面的主张，而是讨论理性学说的相互冲突以及相互冲突原因的主张。

关于先验自由，康德认为就其宇宙论意义来说，是自发地开创一种状态的力量。它不受自然因果关系决定，相反，它在现象之外，规定自然界的因果关系。在这种意义上说，自由是一种纯粹的先验理念。康德清楚地认识到西方近代以来的哲学思想在自由问题上表现出了两极观点：经验论肯定自然的因果性，强调主体顺应自然必然性的重要；唯理论肯定主体的能动性，强调主体的自我决定，认为主体有自我决定的自由。康德以自己的方式表述了这场论争：自由与必然的二律背反。

《纯粹理性批判》中先验理性的第三个冲突是这样表述的：正题：按照自然律的因果性并不是世界的全部现象都可以由之导出唯一的因果性，为了揭示这样一些现象，还有必要假定一种由自由而来的因果性。反题：没有什么自由，相反，世界上一切东西都只是按照自然律而发生的。② 在这一二律背反中，康德明确提出了两种因果性——自然律的因果性（我们称其为自然因果性）和由自由而来的因果性（我们称其为自由因果性）。自然律的提出对于正题的论证既至关重要，又使得其证明困难重重。“如果一切都是按照单纯的自然律而发生的，那么任何时候都只有一种特定的开始，而永远没有一个最初的开始……没有什么序列的完备性，但是既然自然律恰好在于：没有先天的得到充分规定的原因就

① 张世英：《康德的纯粹理性批判》，北京：北京大学出版社1987年版，第213页。

② 李秋零编译：《康德书信百封》，上海：上海人民出版社1992年版，第54页。

不会有任何东西发生。”①因而我们可以看出它所包含的矛盾，一方面要求严格的规律性，即对自然因果性的严格服从，它是一个无限的链条，按照先验理性为我们指出的，它不能在其无限的链条上找到一个开端；另一方面，由于自然律的严格性，因而也就具有对因果性的解释的充分可靠性，任何事物之间的因果关系都要求对之进行严格的分析和考察，其充分性为严格性提出了一个必要的条件。如果没有其充分性对其本身提出解析性的证明，其严格性只能沦于盲目的崇拜。将自然律本身赋予其充分可解释性，这也源于对人的知性品格的承纳。但是，问题仍然没有得到解答，而只是转移到新的层次上，因为充分规定的原因不会要求在一个无限的序列中得到说明，无限的说明链条正是对充分性缺乏的补足。正如康德所言：“自然虽然给知性提出了困难的任务，要它到原因序列的越来越高处寻求诸事件的根源，但它也许诺了经验的彻底的合规律的统一性作为补偿。”②因此自然律所包含的双重规定，即充分规定与无限回溯规定或严格的统一性的规定是自相矛盾的。通过这样的论证，正题的观点似乎是确定无疑了，因为即使有人反对由自然因果性的不充分而推出自由因果性是不合法的，以自然因果性的不充分最多能得出一个否定性结论，即自然因果性并不是在任何情况下都是合适的，不足以解释存在的一切事物，无从得出一个肯定性的结论，因而二者并不是矛盾对立的。但这一难点并不难解释，因为康德并未对自由提出过精确的肯定性定义。相反，尤其在《纯粹理性批判》中，他只是对其做了否定性的理解。他将自然因果性和自由因果性作为我们可设想的仅有的两类因果模式。“我们就只能对发生的事情设想两种不同的原因性，一种是按照自然的，一种是出自自由的。”③因为自然因果性的不充分恰好说明因果性作为先天的知性范畴只能适用于现象界，而不能适用于本体界；而自由因果性只能在本体界提及。因此，自然与自由界限分明，两种因果性界限分明。

在宇宙论中，康德认为我们不能用自由来迷惑众人的眼睛，也不能用自由来

---

① 康德：《纯粹理性批判》，邓晓芒译，北京：人民出版社2004年版，第275页。
② 康德：《纯粹理性批判》，邓晓芒译，北京：人民出版社2004年版，第376页。
③ 康德：《纯粹理性批判》，邓晓芒译，北京：人民出版社2004年版，第433页。

搪塞我们完成不了的探索,自然是拒绝自由的。从纯粹宇宙论和纯粹科学的角度来看,只有自然和无规律,或者我们所把握到的与没有为我们所把握到的区分。这里就为自然的宇宙论和科学的发展指出了一条避免误入歧途的通道。同时康德秉承其本体与现象二分的哲学立场,认为自由因果性作为先验理念适用于本体界。因此,康德以其自然因果性确立了"知性为自然立法"的原则,明确了科学及其知识是可能的,以克服休谟的怀疑论和不可知论;同时,康德也提出了"人是有限的理性",又把人类知性(理性)限定在现象界,在现象界之外开拓出人类的自由领域,在对"科学何以可能"进行发问并作出明确回答的基础上,进一步发问"形而上学何以可能",并力求加以解答。如果说"知性为自然立法"说明了科学的可能性、必然性、正确性的话,那么就等于证明了自然因果性的必要性、正确性。如果康德按此理路进一步说明"形而上学何以可能"的话,就一定要求救于"自由因果性"。自由的先验理念存在的必要性根据是:一切现象服从于现象界的自然因果律,这个自然因果律将不符合充足理由律——因为按自然因果律将要无限循环地追溯原因的原因,使追溯无止境地循环下去,却无法说明世界存在的终极原因。因此,在自然因果律之外,还必然存在着不同于自然因果律、符合充足理由律的自由因果律,这才是真正的终极性原因。这样康德一方面将自由剥离出自然的地盘——因为如果自由僭越到自然的地盘,就会出现自然界两套因果律的彼此矛盾。另一方面康德又在先验世界为自由寻找到合理的存在理由——因为如果没有自由的存在,将无法解释自然因果律的原初生成。所以,在康德的《纯粹理性批判》中,自由即意味着先验自由。"自由在这种意义上就是一个纯粹的先验理念,它首先不包含从经验中借来的任何东西,其次它的对象也不能在任何经验中被确定的给予。"①于是,我们清楚了康德在《纯粹理性批判》中的这样一个用意——在什么情况下一个概念才是不可设想的。自然因果律的可能在于自然的必然性,自由因果律的可能在于思辨、先验理性的超验性。"一个概念如果不是自相矛盾的,那么总是可能的。如像'一个方的圆形'

① 康德:《纯粹理性批判》,邓晓芒译,北京:人民出版社2004年版,第435页。

这样的概念是自相矛盾的,因而是不可能成立的。"①即自由的自然是不可能的,自然的自由也是不可能的;自然因果律是必然可能的,自由因果律也应是必然可能的。

这里,我们可以发现康德对自由的探讨具有本体论意蕴。陈康先生曾说:"在《纯粹理性批判》产生后建设一种万有论(本体论)至少不是一件容易的事。"②因为康德是西方哲学史上第一个对本体论作出系统批判的思想家,其对本体论的批判通过自由与自然的二律背反已可窥见一斑。按照康德的一贯表达方式和论证形式,"先验"这个对于我们的思维来说无时不在的性质必然成为自由的一大显著特征。他本人也承认在其先验辩证论中所论及的是具有先验色彩的自由,自由的先验性对于任何领域的运用都是合法的。"我们所说的自由在宇宙论的理解中就是自行开始一个状态的能力……自由在这种意义上就是一个纯粹的先验理论。"③如果我们能够做到完全单纯地从自然宇宙论的角度对自然与自由进行描述,这种先验的自由在宇宙论中当然会被排斥。从纯粹宇宙论和纯粹科学的角度来看,只有自然和无规律,或者我们所把握到的与没有为我们所把握到的区分。自由不能仅仅停留于宇宙论领域,并且严格来说,只有超出宇宙论领域,它才能拥有一席之地。在此,我们必须说明一下,康德在《纯粹理性批判》中常常提到的宇宙论问题,即本体论、理性心理学和宇宙论都作为形而上学,它们都超出了经验的范围,这点是它们共同的特征。但不同之处在于后两者是从经验出发沿着一条上升的道路超越经验,而前者是与经验隔绝的,即本体论的领域在经验领域之外,这是康德的本体论所具有的重要特点。为此康德强调的自由超出宇宙论领域就是力求使自由超出经验范围,其理应存在于本体世界,这才是康德真正的本体论。所以康德提出的自由与自然的二律背反,已经不只是在知识论范围内探讨问题——虽然康德哲学的出发点是为了寻求和解决知识的有效性——而是在探索知识得以确立更为前提性的基础:本体论。在康德这

① 杨祖陶、邓晓芒:《康德三大批判精粹》,北京:人民出版社 2001 年版,第 241 页。

② 陈康:《柏拉图、巴门尼德四篇》(译注本),北京:商务印书馆 1982 年版,第 6 页。

③ 康德:《纯粹理性批判》,邓晓芒译,北京:人民出版社 2004 年版,第 433 页。

里,自由不仅存在,而且是不容怀疑的先验自由。在本体世界,物自体这一本体自主自因、自在自为,所以它是自由的,不受自然因果律的限制,是一种先验的自由状态。自由既是物自体具有的特性,也是物自体本身,是物自体的代名词。"所谓自由,就其宇宙论的意义而言,我指为'自发的创始一种状态'之力量。"①正题就是为这种原初状态——康德称之为物自体的存在提供支撑,也提供理由。先验自由抛开自然界留守在本体的领地,并成为物自体得以自我存在、自我丰盈的原因。当然,康德只是将自由划归到本体的世界,在现象界中,自然的因果律仍然占据着首要的地位发挥着重要的作用。在现象世界,自然界按照自己的规律因果更替,不断繁衍,生生不息。反题实际上是为现象界这种自然因果律或者说必然的情形提供存在的充足理由,为自然争取领地。因为"(自由)首先不包含从经验中借来的任何东西,其次它的对象也不能在任何经验中被确定的给予"②,所以它是绝对自由的。

自然在现象界拥有不容忽视的基础性地位,具有不容拒斥的合法性。自由在本体界自我持存,虽然它无法成为知识的对象,但是它本来就不需要人类的理性来为它辩护,它的存在具有先验性和绝对性,所以它的存在也具有绝对的不可抗拒性。康德认为在现象的世界自然以其充足的功用拒斥自由,在本体的世界自由以其绝对的权威拒斥自然,两者在同一个世界无法同时存在或一者为另一者存在的先决条件。知识是遵循严格的因果链条的,康德认为:"如果一切都是按照单纯的自然律而发生的,那么任何时候都只有一种特定的开始,而永远没有一个最初的开始……没有什么序列的完备性,但是既然自然律恰好在于:没有先天的得到充分规定的原因就不会有任何东西发生。"③处于先验领域的自由是外在于自然因果性的,按照康德的一贯表达方式和论证形式,"先验"这个对于我们的思维来说无时不在的性质必然成为自由的一大显著特征。他本人也承认在其先验辩证论中所论及的是具有先验色彩的自由。自由既然是先验的,自然也

① 陈康:《柏拉图、巴门尼德四篇》(译注本),北京:商务印书馆 1982 年版,第 6 页。

② 康德:《纯粹理性批判》,邓晓芒译,北京:人民出版社 2004 年版,第 435 页。

③ 康德:《纯粹理性批判》,邓晓芒译,北京:人民出版社 2004 年版,第 275 页。

应该摆脱自然因果律的经验限制。因而我们既不能简单地从自然因果性推求自由因果性,也不能由于对自然因果性的接纳而否定自由因果性。因为我们在进行这样的讨论时,已经把我们的视线限定在宇宙论的狭小空间之中,而真正的自由早已存在。在康德看来批判的结果是不要把理性中的任何领域随意扩大或者把任何领域任意缩小,理性的每个部分都应当时刻注意其各自的限定。在更大的意义上,我们认为思维的每个部分都应当具有清晰的自我认识。

康德通过对自然与自由的划界实际上也是对人的理性能力进行划界,对理性能力认识世界产生警惕性,以一种审慎的态度以免理性行使了超越的用途。康德通过对自然与自由关系的论辩,认为理性虽然不得超出可能经验的界限,但却在经验的世界中拥有无上的权能。至此,康德以自然和自由的关系不但使得自由在本体世界中找到了位置,也在自然存在的经验世界或现象界中重新回答了人的认识何以可能的问题:现象界只有在成为人类认识对象的时候才是可能的。至此,康德的自由和自然的关系的探讨有了本体论和知识论上的双重意蕴。

康德通过对自由问题二律背反的分析,把自由划归为本体领域。现象与本体的划分为人的存在找到了根据,人作为本体的人,作为理智,才是真正的自我。自由只有在这时才真正属于人的世界,才是真正值得追求的。但是,这种思辨上、逻辑上解决二律背反的试图在实质上仍然是一种思想上的假设。因此,康德面临的问题是还必须找出能够足以证明作为本体主体(因而也是作为道德主体)的人的确具有这种独立于自然律之外的自由。在康德把自由划归道德主体领域之后,面临的问题是如何证明这种自由是确实存在的。

(二)自由在实践领域的实在性

在康德那里,形而上学问题本质上是人的问题、自由问题,是关于人的道德实践问题。在思辨理性领域,自由概念作为被预设的先验自由,在思想意义上起着消极限制作用;而在实践理性领域,自由作为意志自律和意志自由在实践意义上起着积极作用。康德直接从自由的概念开始。“自由”的应有之义是不受任何限制,它本身就是无条件的、绝对的,自由是实践理性的直接现实,不存在“何以可能”的问题。

从亚里士多德开始，西方哲学家所说的实践常常是指道德实践。康德也使用狭义的实践概念来讨论人类道德活动的基础。他认为，道德实践的基础是纯粹理性，而不是经验论者和启蒙学者所说的感觉或情感。“自由概念对于一切经验论者都是绊脚石，但对于批判的道德学家也是开启最崇高的实践原理的钥匙”①，对于康德而言，理性是一种自发的能动力量，如果理性能够不受任何外在于自身的因素约束，这样的理性就是纯粹的。纯粹理性的意义就是自由。从本体论的意义上说，自由就是不受任何外在东西决定的存在。自然领域中的理性要服从决定论和自然规律；实践（道德）领域中的理性是自由的，不为任何外在东西所决定；人作为自然理性和实践理性之存在者，不受经验因素决定，当然是自由的；自由是道德活动的先决条件；唯有自由的人才能自主自觉地、而不是被迫地行善；唯有自主自觉的行为，才有道德价值；被迫作出的事情，既不是善，也不是恶。

纯粹理性作为超验的道德本体而成为自由的本体原因，在实践方面具有绝对的先验主体性。自由作为纯粹理性在伦理道德上的表现即实践理性，纯粹理性自身有实践力量，力量来自普遍先验的理性；但实践总要依靠具有感性经验的个体，才能使前者现实地获得客观实在性。先验自由是否有现实性，可从两方面来看：对于纯粹理性来说，它要求先验的自由成为一个认识对象，只能是把自由作为现象界的界限所作出的逻辑假设；但是对于实践理性来说，它要求先验自由在纯粹理性的实践能力基础上成为一个实践对象，实践理性是理性主体所具有的实践自由这一不证自明的事实，证实了先验自由的正确性。因为“批判哲学不仅在思想方面，而且还在道德实践方面将使理性感到满足，这是一个不可遏止的趋势”②。“先验的自由”就是纯粹理性决定意志动机的实践对象。“先验的自由”既是理性（预设）的对象（原因性概念），同时也是意志（实践）的对象。康德把理性与意志的这种实践的综合关系特别归属于“实践理性”，以区别于理性。从实践理性出发，“神”和“不朽”的“理念”同样可以预设。形而上学本体

---

① 康德：《实践理性批判》，邓晓芒译，北京：人民出版社2003年版，第7页。

② 李秋零编译：《康德书信百封》，上海：上海人民出版社1992年版，第248页。

论就能够在实践理性的基础上建立,实践理性高于思想理性或曰纯粹理性。

从消极意义上看,实践自由是指独立于感性冲动强制的自由选择,它可以受感性刺激却不为其所左右,是摆脱了诸种经验性决定因素束缚的自由。但是,自由具有的积极意义表现在:“如果不是有德性法则及和它一起的实践理性的加入,我们是永远不会冒险把自由引入科学的。”①这样,实践自由就可在独立性自由和自决性自由两种意义上被理解。前者是理性主体把自身从别的外在东西中独立出来并能自为的一种能力,它摆脱了自然因果性链条的束缚和牵制,力求在自身内在机制中寻求外在现象界的事件之因;后者则是理性主体依自身所创制的道德法则来决定自己做或不做什么的自由;而道德法则不表示别的,只表示纯粹实践理性的自律,也即表示自由的自律。前者解决自由和必然的矛盾性;后者表明理性依自由观念所创制的规则去行动的能力,它直接把自己的意志作用于现象界。前者是摆脱他律的自由;后者是发挥意志能动性的自律式自由,并在其中展开了对人之道德的深入批判。

先验自由为实践理性的能动性的发展奠定了观念基础,为实践自由提供了思想前提。每一物件都是按照规律起作用的,唯独有理性的人有能力按照对规律的观念,也就是按照原则而行动;或者说,由于人具有意志,而使规律见之于行动必然需要理性,所以意志就是实践理性。它充分体现了道德主体的能动性。由于“自由是一切有理性的东西的意志所固有的性质”②,康德赋予了道德主体的意志以自由。

在康德看来,知识不能把握整体,所以人不能通过知识去达到自由。人若能够通过把握整体而达到自由,人就一定是作为道德主体的人。作为道德主体的人与作为感性肉体的人是不同的。作为感性肉体的人是自然界的一部分,处于现象世界的因果系列之中,是不自由的。但是人还有高于现象界的一面:人作为道德主体的自我是超感性、超经验的,不受因果规律支配,作为道德主体的人是自由的。那么在道德领域内的自由问题,是否可以像牛顿等科学家追求知识的

① 康德:《实践理性批判》,邓晓芒译,北京:人民出版社 2003 年版,第 39 页。
② 康德:《道德形而上学原理》,苗力田译,上海:上海人民出版社 1986 年版,第 102 页。

普遍必然有效性的先验原则那样，追求具有普遍必然有效性的道德律令？康德的回答是肯定的。作为感性肉体的人，受制于自然律；作为道德主体的人，合乎意志自律。

康德从形而上学或本体论的高度来说明自由的意义。本体论意义上的自由如何能成为道德实践的基础呢？这就是“善良意志”。自由是以自身为目的的活动，当人的活动本身摆脱了一切经验因素，包括社会的约束力、自然情感以及个人好恶等等方面的约束，而只以善良自身为目的时，意志是自由的。那么，如何保证主体活动具有道德价值和道德意义呢？

一方面，自由意志自身制定自己所遵循的道德法则，并以此作为行动应自负其责的固有根据。因为只有意志是自由的而非他律的时候，它才能对自己依据自身制定的法则所产生的后果负有完全的责任。道德主体的主体能动性才达到自律。另一方面，由于赋予道德法则以纯形式性，康德就借此保证了意志自身的纯粹性和自由。因为构成行为的道德价值的重要条件，就是道德法则必须直接决定意志，而不在于行为所预期的效果，也不在于以这种预期效果为动机的任何行为原则。否则，道德主体的意志就会受自然法则的制约而不是受自由道德法则的制约，行为的道德价值就会以感官快乐、幸福或利益为判断标准。道德主体对行为的后果就失却了“自负其责”的依据，就会使道德陷于相对主义。因为我们的行为不能只合乎道德法则，至关重要的是出于对道德法则的尊重而产生的行为必要性，即责任。由此，康德从形而上学的高度，赋予了道德主体的自由意志以主动性和创造性，并提出了“意志自律”的理性要求。

善良意志以自身为目的，就是要以摆脱了一切经验因素的理性规则为指导。服从规则与自由是不矛盾的，因为善良意志所服从的是运用自身的力量、为了自身的目的而制定的规则，这样的规则就是自律。善良意志为自己立法，这就是道德自律。善良意志的自律被康德称为绝对命令。绝对命令相对于假言命令而言，假言命令要求人们按照目的与手段的关系来行事，以经验为基础；而绝对命令是直言句式表达，它没有条件句，是以自身为目的的合理要求。康德认为一切以自身为目的的合理要求，都有这样的普遍形式，绝对命令具备合理性（完全按照理性的规则）、普遍性（普遍的规律）和自足性（不假任何外在条件的规定），它因此是理性的自律。

康德认为,实践自由的逻辑归宿就是至善。人在康德那里,既是理性的存在者,自觉地服从道德律,并以之为行动的最高原则;又是感性世界的一员,天生的趋乐避苦的特性使他总要以幸福原则为行为动机。道德的最高追求是至善,而至善究其根本是至高的道德与充量的幸福的完满的配衬一致。然而道德与幸福的完满统一却是很难由人来实现的,因为道德为自由的因果律(道德律)决定,而幸福为自然的因果律所决定。换句话说,至善的实现意味着幸福意志与道德法则的完全契合。幸福作为在道德制约下并作为修德的必要结果,它与修德的配衬一致使善达到完满状态。但有理性存在者的有限的生命期间是无法完成这种圆满契合的,完全的圆满必须设定理性存在者本身及其人格的无限延续,这就是说必须设定灵魂不死,即康德所主张的"道德的神学"的悬设。至善作为一种德福统一的境界,在感性世界或许永难实现,但它却作为一种崇高的理想以耀眼的光芒指引人类的前行之路。

这样,一方面人作为现象界的认识主体即自然人,受自然因果性他律的制约,思辨理性所设定的先验自由在逻辑上只具有消极的独立性;另一方面,人作为本体界的道德主体即自由人,又通过自由意志为自己立法,即达到自律,实践理性的实践自由具有了主动性和创造性的实际意义。康德说:"由道德法则所成立的作为自由的原因性和由自然法则所成立的作为自然机械作用的因果性,除非将前者视为人的存在本体,存于纯粹意识中,将后者视为现象,存于经验意识中,则二者决不能共存于同一主体(即人)内。"①可以看出,由于康德将理性主体划分为现象界和本体界,再由此试图达到观念意识上的统一,这种统一只能是外在分裂式的,并非有机的,所以,自然因果的先验自由与自由因果的实践自由,尽管作为理性自由,都突出了人的主动性,但这只是为自然人向自由人的过渡提供了思想桥梁,二者还缺乏统一的感性基础,而"只有审美判断的审美自由感才能为此奠定感性基础"②。

---

① 康德:《实践理性批判》,邓晓芒译,北京:人民出版社2003年版,第4页。

② 康德:《未来形而上学导论》,庞景仁译,北京:商务印书馆1978年版,第79页。

（三）先验自由向实践自由过渡

在前两大批判中，自然与自由两个概念分置于思想和实践两个领域。因为在理性的王国里，自由的应然性和必然性能够得到证明，而其实然性却非理性力所能及。“现在，虽然在作为感官之物的自然概念的领地和作为超感官之物的自由概念的领地之间固定着一个不可估量的鸿沟，以至于从前者到后者根本不可能有任何过渡，好像这是某种两个各不相同的世界一样，前者对后者不能发生任何影响；那么毕竟后者应当对前者有某种影响，也就是自由概念应该使通过它的规律所提出的目的在感官世界里成为现实；因而，自然界必须能够这样被设想：即它的形式的合规律性至少会与依照自由规律可在它里面实现的那些目的的可能性相协调。”①自由概念应该使通过它的规律所提出的目的在感官世界中成为现实，因此，应该有这样一种从自然人向自由人过渡的桥梁，它根据自然人切身感受到的某种特殊情感，促进了内心对道德情感的感受性，从而向人们启示出超验道德世界的规律。这是康德给自己提出的任务，在他看来，只有判断力的批判才能解决这一难题。

康德认为，判断力有规定着的判断力和反省着的判断力两种。反省着的判断力在建立前两大批判的联系时，审美判断力是其第一阶段，目的判断力是第二阶段，审美判断力在总体上起着基础性作用，协调着人的想象力和悟性。在人们的审美经验性活动中，作为主体的人必须要获得情感自由才是最重要的。即在审美领域，自然和人、必然和自由的关系就显现为审美主体对外界自然的观照并且获得一种“无功利性”的自由愉悦，且它是自由的，也是必然的，这种情感自由的获得就为先验自由和实践自由的实然性证明提供了感性基础。把自由引入审美领域，使审美与人的存在相关联，开始具有了形而上指向。

康德通过对“人是什么”的追问，把对美的思考与对人的存在的理解结合起来。在康德看来，人的存在恰恰在于其有限性，在于其对本体性的道德与自由的追求和向往。而审美，作为既不同于快适、也不同于对善的愉悦的一种人所特有的存在方式，其最高境界即是象征着、启示出这个本体性的道德和自由的境界。

---

① 康德：《判断力批判》，邓晓芒译，北京：人民出版社 2002 年版，第 10 页。

这样，康德就一举超越了此前经验派和理性派研究，使审美开始具有了崭新的学科品格和思想旨趣：美学不再是对审美心理的经验性描述，不再是低级的感性认识的完善，而开始具有了形而上的本体指向。从这时开始，对美的思考才真正成为对人的思考，对美的重新确立才真正成为对人的肯定。

在康德看来，人的存在恰恰是不纯粹的，既不完全是动物的，也不完全是理性的，而是二者的某种奇妙的结合。而人的尊严和价值恰恰在于他能不受制于各种感性经验的束缚，时时向往着那永恒的道德境界。从这一点出发，作为在人的存在中有其根基的美，恰恰不应是纯粹的，而必须和理性观念结合起来，这种和人的有限性存在密切相关的"自由"才是康德"美的理想"的真正基础。

康德把自由引入审美，使审美本身具有了"自由"的内涵。对康德来说，自由不仅作为本体性的存在成为人的审美追求的最终指向，而且自由也经过审美化进入了审美领域，内在于人的审美过程之中。这种"落入凡间"的审美化的自由首先表现为审美的纯粹性和先验性，即在对美的评赏中想象力和知性的自由游戏。在对审美的分析中，康德通过四个契机说明审美的非经验性：无利害的愉悦感、审美自由摆脱限制方面的能力、主观的合目的性和形式主义的普遍性。这四个契机都基于一个共同的基础，即通过审美发现人是自由的，并由此指出人类本性中某种共同的、本性的东西。审美的诸种特征的规定绝非偶然，它们本身就是彼岸自由的此岸化，或审美化的自由。同时，这种自由还体现在对崇高评赏中人自身的理性能力上。在崇高中，尽管自然对象以其体积的巨大或威力的强大超越了人的感性能力的把握，但人却能唤起自身的理性能力与之抗衡并最终战胜之。因而人的理性能力恰恰是无限的、自由的，是对自身有限性的超越。这一自由来自于本体性的自由，体现着本体性的自由，成为对人的最高肯定。从这个意义上来说，自由已完全融入审美活动之中，规定着审美的精神气质和审美得以可能的内在根据。

康德直接从质上探讨鉴赏判断的自由本质。"只有对于美的欣赏的愉快是唯一无利害关系的和自由的愉悦"①，要想使审美自由得以存在，其最本质的前

---

① 康德：《判断力批判》，邓晓芒译，北京：人民出版社 2002 年版，第 38 页。

提就是“无利害关系”，这是因为，作为感性的审美自由区别于先验自由和实践自由的自明性。先验自由通过对受自然法则支配而发生的各种事件因果作用的演变以证明其存在的可能性，实践自由则通过其意志自律证明其存在的可能性。虽然实践自由以先验自由为基础而且高于先验自由，但归根结底，它们都属于理性自由。而审美自由是依据反思判断力在想象力与知性或想象力与理性的和谐共生中自我立法，使审美的自由体验得以实现。这样，就使得前两大批判中的先验自由和实践自由从可能性证明中走向了实然性证明。并且，这种在感性世界中的审美自由的真实而无利害关系的自由愉悦体验的获得，使得受自然法则制约的人能真实地意识到自己的自由及道德法则，对超验本体界的设想也就变得具有实在性根据了。因为审美判断自由同时促进了心意对于道德情绪的感受性。显然，在康德看来，在先验自由过渡到实践自由时，人类理性只证明了其可能性中的应然性和必然性，而审美自由则证明了其实然性，可以让主体的人在现实自然中真实感受先验与超验的自由愉悦的快感。

审美作为自由的象征，与康德对人的理解有着密切联系。人的存在，在康德看来，既是作为现象的存在，也是作为本体的存在。而审美愉悦的特性在于，它既不同于感官的快适，也不同于对善的愉悦，而是人所独有的现象。在审美自由的三个维度始终彼此契合，彼此呼应，构成一个完整的整体，使审美具有了内在而超越、现象而本体的丰富性，成为人的存在的生动体现。在这里，我们似乎可以找到康德对“人是什么”的最终解答。审美作为“自由的象征”，首先意味着“自由”并不就是审美，或者说，审美永远也不是完全意义上的自由，只是能激起人们对自由的向往和追求。正是这一点使康德美学始终具有开放性、超越性，始终具有进一步提升的空间。自由是绝对的、本体的、彼岸的，在审美中，人们倾听到这一彼岸的召唤，投身到对这一彼岸的追求之中，并在这一追求之中体味到人性的尊严和自身使命的崇高，从而使审美具有了形而上的本体意义。另一方面，自由虽然并不就是审美，但也并不是高高在上，与审美两相隔绝的。毋宁说，自由的精神已渗透到审美的血脉之中，已融入审美多样性的活动之中，由此康德才认为对自然美的兴趣是一个良善灵魂的标志，才认为只有具备一定道德修养的人才能欣赏崇高。从这个意义上来说，这一本体性的自由恰恰就内在于审美，在审美中得到某种直观性的显现。这种既内在又超越的特性决定了审美的基本品格,使之既保持了与人相亲近的活生生的经验形态,同时又能使人体味到自身的超感性的使命,不断获得进步和提升。

纵观康德自由思想的逻辑进程,其中存在的矛盾也是显而易见的:尽管康德不同意将人当做“实体”(无论是感性的“实体”还是理性的“实体”)来对待,但康德对理性的推崇较之前人却有过之而无不及(他试图通过理性来划定人的自由领域);康德本人不是一个禁欲主义者,但他对理性的无限推崇却导致了感性与理性在人身上的二元分裂;虽然康德最后试图在理性的范围内将自由与必然统一起来,但由于理性与感性在人性上的二元分裂,导致自由与必然无法调和的矛盾,这在康德自由观中始终是一个问题,这是康德自由思想最终不得不倒进上帝怀抱的一个很重要的原因。康德一再强调只有道德的人才是自由的,但道德在他那里却变成了由先验理性所演绎出来的具有普遍性和绝对性的命令,正如叔本华所批评的:“这显然是一伸手就可以抓住的矛盾,既称意志是自由的,又要为意志立法,说意志应该按照法则而欲求——‘应该欲求’——真是木头的铁!”①康德自由思想中矛盾的症结所在,就在于他试图从抽象的纯粹实践理性出发来推演出人的自由与道德,其结果是将人的道德与自由变成为脱离人的感性社会生活的抽象形式。马克思主义从来都认为人的本质“在其现实性上,是一切社会关系的总和”,因此不能脱离人所处的特定历史条件和社会关系来抽象地谈论人的自由与道德。正如恩格斯所说:“人们自觉地或不自觉地,归根到底总是从他们阶级地位所依据的实际关系中——从他们进行生产和交换的经济关系中,获得自己的伦理观念。”②这也许正好击中了康德自由思想的要害。

如同马克思曾指出的那样,康德“是从道德和宗教之间的根本矛盾出发的,因为道德的基础是人类精神的自律,而宗教的基础则是人类精神的他律”③。没有康德对理性主义自由观的实践论转向,就没有黑格尔运用其强大的辩证法力

---

① A. Schopenhauer, *Die Welt als Wille und Vorstellung*, Suhrkamp Verlag, 1986, s. 377.

② 《马克思恩格斯文集》(第9卷),北京:人民出版社2009年版,第99页。

③ 《马克思恩格斯全集》(第1卷),北京:人民出版社1995年版,第119页。

量,从逻辑和历史相统一的角度来解决人的自由问题。马克思正是吸取了康德、黑格尔自由观的积极因素,同时又扬弃了他们唯心主义的杂质,把人类实践活动看做是自由的真正源泉,从而将自由放回人的现实生活中。康德的自由思想第一次将人从自然律与宗教神学的束缚中解放出来,他高扬人的主体性与能动性,使人从自然和宗教的奴仆一跃成为自己的主人,从而也就为确立人的尊严和价值打下了牢固的基础。

三、面向人的真正自由

康德"在近代哲学上恰似一个贮水池地位的人,可以这样说,康德以前的哲学流向康德,而康德以后的哲学,又是从康德这里流出的"①。自由是康德从本质上为人类和其他动物划清界线,是对人类本质的高度抽象的把握。所以,无论是先验自由,还是实践自由,人是其唯一的目的。当人类发展到被各种外在形式(诸如物欲、神意、情感等)所束缚之时,康德的自由思想无异于一股清凉的风,使人类从一切受"他律"的状态中清醒:人的一切行为都应当具有普遍有效性,不能仅以一己私利为目的,更不能把人当做工具、手段,无论是自己还是他人。康德思想代表着一切伟大的思想家对于人类自身的关心和警醒,正是有像康德这样的思想家在关怀着人类,才使人类在发展过程中有可能不断地纠正迷失的方向。市场经济为人类创造了极大的物质财富,尖端的科学技术能使人自由地翱翔太空,但这一切不能取代人的道德自由,不能取消人之为人的根本,失去了这种内在于人的根本所在,人类就失去了自己的家园,人类的灵魂将无以安身。

(一)自由与人的生存

当代人类生存和发展主要面临着两方面的矛盾:一方面,人与自然界的矛

① 安倍能成:《康德实践哲学》,于凤梧、王宏文译,福州:福建人民出版社 1984 年版,第 27 页。

盾，主要表现为环境危机和生态危机的加剧；另一方面，人同自己所创造出来的世界的矛盾，即人同自己的活动及其产物的矛盾，其突出表现就是现代社会的“技术统治”，使人类追求生活意义和存在价值的活动趋于萎缩乃至消失。而要对人类所面临的这两方面的矛盾加以反思，就必然要上升到人与世界关系的高度。现代思想家，如弗洛伊德①、尼采、海德格尔，以及法兰克福学派，都深刻地揭示了人的生存状态，认为人的生命本质是非理性的。从而将传统的理性观击碎，把乌托邦送入坟墓。这样一来，人的存在就更加尴尬，这是一种自由的尴尬，即人虽自由却无所适从。此时，人所背靠的传统是虚妄的神圣，所面对的未来是价值的虚无，生命的苦难只能由人自己来承担，人不得不选择自己的生命意义。思想上，这种困境在于：一方面，既然人与世界是相互外在、相互对立的不同实体，那么，人对外部世界的认识也就成了问题；另一方面，在这种二元论世界观之中，人也就成了一个实体，一个理性存在者，一个单面人，对于哲学来说，如何在它的知识宇宙中安顿人的意志与价值活动，就成了一个迫切而严重的问题。在实践上，随着科学技术的胜利，人类对大自然的掠夺、生态危机、环境问题开始凸显，并日益威胁到人类的生存和发展，对人的理性再一次进行反思，本质上是一个高度康德式的问题。

康德的自由思想中对科学理性限度的质疑源于卢梭的思想，但康德不同于卢梭，他以理性的二重化重新树立理性的权威并说明科学知识的普遍必然性。康德认同卢梭的人的自由的实现不在于科学理性的无限扩张，而在于人类道德的进步。在康德那里，科学理性是现实的有限的理性，因而它不足以充当人类生存的价值基础，而道德理性乃是抽象的、理想的理性，它是人类自由的终极价值基础。如果把现实的有限的理性当成无限的理想理性，以科学理性或工具理性为价值，那么人类就可能失去自由的价值基础。康德的自由思想意味着，要获得自由不仅要研究“头上灿烂的星空”，更要认识“心中的道德法则”。因为人作为一种有限的理性存在者，他不会满足于做一个自然存在物，他必然思考人生的目的、价值和理想等问题。人类对自身道德的关怀有利于为人类文明确定某种价

① 西格蒙德·弗洛伊德(Sigmund Freud，1856～1939)，奥地利哲学家。

值取向,有利于为科学技术这一认识和改造世界的工具和手段确定目的、价值和方向。如果人类缺乏终极关怀,那么科学技术越发达,人类面临的危险可能越大,因为一个道德堕落的发达社会一旦失去控制,其后果是不堪设想的。

康德的自由思想高度弘扬了人的主体能动性而被称为主体性运动的开山人。但是康德发动的主体性运动,并不只限于知识论领域。他在伦理学领域内,以人为实践理性的主体,发动了人类善的行为领域内的"哥白尼式"的革命。如果说在知识论领域,主体的认识主体性表现为"人为自然立法",那么,在伦理学领域,主体的道德主体性则表现为"人为自己立法"、"理性为自身立法"。在社会生活领域内,则是"人为社会立法",以自由本身为目的和根据的立法在不同领域发挥的作用是不同的。知性为自然立法并不能改变我们受制于自然必然性的命运,而且丝毫也改变不了我们作为有限的自然存在物的地位。理性为自然立法就不同了,它体现的是人类理性克服自然的限制而自己立法自己遵守的自律性自由,从而使我们有望通达至高无上的自由境界,论证了人不同于任何自然存在的价值和尊严,"人能够具有'自我'的观念,这使人无限地提升到地球上一切其他有生命的存在物之上,因此,他是一个人"①。

康德的自由使得人的生命意义得以实现,他通过理性批判为理性的诸功能"划界",他以限制科学知识的方式为自由、道德和形而上学留地盘,以此来解决人类理性如何在严格服从必然自然法则的同时仍然能够保持自由的问题。今天,当我们为科技社会的异化问题所困扰的时候,康德限制科学知识、凸显理性自律的威力,对我们以伦理精神制约、协调科技的发展,保证人类文明的正确走向无疑具有深刻的启发意义。虽然道德力量并不能创造奇迹,但它却能驱动人们去行动,正是由于人们的行为,才改变了文明的进程——建设文明或毁灭文明。

康德的自由是主体纯粹形式,摆脱了经验的内容,这也是对人的异化的一个批判。现代人越来越被物的东西所吞没,忘记了人的精神自由,即人失去了家园,这种家园就是人的精神家园。正如马尔库塞所认为的那样,人不仅在肉体上

① 康德:《实用人类学》,邓晓芒译,上海:上海人民出版社2002年版,第3页。

成了工具的一部分,而且在心灵上也受到技术的侵蚀,人的身心自由被严格局限在技术的需求之内,技术的进步是以人丧失自由为代价的。所以康德所说的这种纯粹的自由对于我们摒弃物欲、追求更本真的自由是有一定参考价值的。

康德从有限而向往无限的人的本性出发,通过世界的二重化和理性的二重化,把自由从自然必然性领域提升到道德领域,并把长期游离于人之外的自由归还给了具有实践理性的人本身。在他那里,人不是因拥有知识和智慧而自由,也不是因上帝而自由,人乃是因为能够在道德领域自主自律而自由,自由乃是具有理性的人的本质。从这个角度看,康德先验哲学的建构是在自由问题的探索陷入困境时,从先验的层面上对人之自由进行拯救的一种努力。不管这种努力是否完全成功,但康德解决问题的方式无疑在自由思想的发展史上具有不可磨灭的贡献。

(二)自由与人的价值

人类精神中蕴涵着一种追根溯源、探究无限的不安分的天性与无止境的渴望,总要超越现实生活与当下世界去追求可能生活和未来世界,总要跨越对象层面去发掘人的价值意义。这种天性与渴望反映在哲学思索中,就构成了对人类命运的终极关怀,即对世界的本原以及人类安身立命的基石进行穷根究底的追问,对现实与未来、自我世界与对象世界的深层矛盾作出终极的回答,从而给人以启迪、感悟与教化。终极关怀的问题来自于对现实生活的关怀,其实质是切入现实问题的根本症结,关涉现实发展的最终后果。追求永恒、超越生命的有限性,把握人之为人的终极价值,对人类这唯一知其必死而又渴求不朽的高等动物而言,是个古老而常新的问题。当人们面对死亡带来的价值困惑,以及生存价值和意义的虚无时,对生命终极价值的求证就成了哲人的使命。尼采用铁锤式的思考方式破坏了一个旧世界,干脆以虚无主义对抗虚无主义,让人们自己成为价值的创造者,但是当我们很难以超人的态度超越虚无主义的时候,康德的道德理想主义仍然是一条可以选择的道路。

自意大利文艺复兴到18世纪启蒙运动,人们都将以人的肉体感受性的原欲为基础的幸福作为人文意识的主导指向,幸福的价值在他们那里被至上化,并有效地冲击了中世纪的神学道德，使那些被教会贬斥为人的肉体感官欲望的幸福从禁锢中解放出来。但它却矫枉过正地使人们发现自己又一次处于严重的道德危机当中，道德的神圣光环暗淡了，人们在物欲、肉欲和权力欲中陷溺。当“百科全书派”的人们仍醉心于幸福的价值及对科学理性高度信任之时，卢梭已经看到美德随着科学与艺术的光芒在我们的地平线上升起而逝去。深受卢梭影响的康德，从未轻觑过满足人的肉体感受性的幸福的价值，但作为一位深睿的哲学家，他在肯定人的幸福价值的同时也肯定人的道德价值，并把道德价值置于制约者的地位。

康德的自由思想对人类理性的终极关怀进行了探索。康德是启蒙主义的继承者，又是启蒙主义的批判者，或者可以说康德把近代哲学的启蒙主义推向了一个新的阶段。为了自由这一崇高理想，康德批判了近代哲学的科学理性主义，力图解决启蒙主义的基本精神内部发生的矛盾，即理性和自由之间的冲突，重建价值与理想。他认为人类有两个不同的世界，即感觉世界和理性世界或自然世界和自由世界。虽然这两个世界都与人类的存在有极为密切的关系，但它们对人类的意义却截然不同。就有形的感觉世界而言，自然法则是他律的。人作为自然中的一员与其他一切自然存在物一样，只不过是自然无穷无尽的因果锁链上的一环，只不过是有限的存在物。然而就那无形的理智世界而言，道德法则却是自律的。在这里，人不仅是自然存在物，而且是理性存在者。而作为理智世界中的一员，人是自由的，并无限地提高了他所具有的人格、理智的地位和价值。当然，我们不可能从认识上确证这个理智世界的实在性，但是至少可以在实践领域中从这个法则所指派给我们的有目的的命途中推断出其实在性。这个命途不限于今生的条件和限制，而是指向无限的。

当康德以自律来表达自由时，我们看到，康德把人作为主体所具有的终极价值地位与人对自身的自律内在关联到一起，就使得康德所把握到的人既区别于动物，也区别于神。动物只知服从规律，神只知颁布法则，而人却自己服从自己颁布的法则。正是人作为主体的道德自律，才使人获得了做人的尊严和价值，才使人具有了真正的人格。人既然是世界的最后目的，人的最高追求也就是成为人自身。人对自身的追求在于达到至善。这种至善也就是“我可以期望什么”

的终极指向。人不仅作为认识主体而存在,更作为道德主体而存在,还同时作为信仰主体而存在。当"头上的星空"和"内心的道德法则"灌注人心并引起人有加无已的赞叹和敬畏时,实践理性的绝对指向所承诺的就是神的存在。在康德看来,神只是作为理念而存在,它并不是知识的对象,它只是一种悬设,是一种存在于人的价值指向中的终极之境。在这里,康德把神人化了,他一反以往把人看做是神的手段的传统宗教主张,而把神看做是人实现至善的手段,从而颠倒了神学与道德的关系——不是使道德依附于神学,而是使神学依附于道德。应当说,在众多的启蒙思想中,康德的理性批判是审慎的。在他的理性批判中,他不仅敞开了人的主体性,而且还敞开了人的有限性。这在当时弥漫着"无边无际的理性"的"理性的时代"背景下是难能可贵的。可以说,康德所达到的理性是"人"的理性,而在黑格尔那里,理性则成为"神"。在这里,我们看到,同时敞开人的主体性和有限性,成为康德批判哲学所遗留的可贵的精神遗产。当然,如何对待这种精神遗产也成为后世哲学思想分化的引线。

康德从先验的层面上探求了自由的可能性和实在性,又探寻了人在经验层面上实现外在自由的可能途径。作为大陆自由主义的代表之一,康德对自由主义思想的发展作出了独特的贡献,这表现在他为个人自由确立了坚实的思想基础。他确证了以科学理性思维方式从本体论角度最终解决自由问题的不可能性,又确证了人在超必然性知识的道德价值领域追寻自由的可能性;既追问了先验层面上的内在自由的可能性和实在性,又顾及从经验层面上探寻实现个人外在自由的途径;在一系列政治和历史哲学著作和论文中,康德探讨了如何恰当的界定个人权利和公共权力的限度以确保个人在社会政治领域中获得充分的外在自由等问题。康德的自由主义基于一种道义原则,这一原则实则是先验哲学中的道德法则或绝对命令。康德认为,保护个人自由是政治社会的主要规范性作用,因为存在着客观的道德法则,去施加尊重这些自由的义务。由于康德将自由奠定在道德法则之上,因此他强调人之自由的实现既需要内在道德法则的约束,又需要外在完善法律的强制。康德拯救了自由,将自由安置在本体界,将自由从自然必然性中解放出来,进而将人的主动性凸显出来,人在自然面前不再消极无为,被动反映对象,而是积极地建构对象,使对象符合思想范畴。人面对自身,不再对上帝唯命是从，而是全力承担起属于自己的责任，做自己真正的主人。人的存在找到了根据，人作为本体的人，作为理智，才是真正的自我，才会全力构建属于人自己的价值和理想世界。

（三）自由与生活之根

哲学作为形而上学，为了认清人类自身的处境和命运而探求人生的价值、意义和归依，绝非是与人生无涉的贵族游戏，也绝不会消泯于卑微琐屑之中。只要人类继续存在下去，就需要生存论上的终极关怀，就需要本体论上的超越之问，就需要关于自由、真理、智慧、理性、人道、正义、理想等永恒的信念。就此而言，哲学是人类的本质性成分，换言之，人在其天性中就包含着哲学的成分。形而上学是人对自身及其活动所引发的问题的反思，同时也是人对问题的追问式思考。数千年来，人类的思想家为了认清这个陌生的世界，把它建设成为人类的精神家园进行了不懈努力。于是，便有了科学、艺术和文化，有了分门别类的各种具体科学，并通过哲学的中介而构成一个真、善、美的统一体。哲学总是试图从总体上把握世界，探索宇宙的最终和谐，调整人类与自然的不和谐。它关于“存在”的形而上追问，就是使这个陌生的、遮蔽的存在世界通过人的认识、亲近和关照而加以敞亮，为人类的生存找到一个安身立命之所，使人类能够过一种有秩序、有价值、有理想的生活。因此，哲学作为人的本性之所在，能够为人类生活建立一种信仰，以之为精神的归宿，哲学的宗旨就是建立一个信仰体系，以此作为人类的精神家园。

人的问题对于康德而言是一个首要的问题，康德的所有思考都是围绕这一问题而展开的。对人的思考和界定并不始自康德，但康德的思考显然具有崭新的问题性，从康德的前三个问题来看（即“我能认识什么？”，“我应当做什么？”，“我能希望什么？”），康德不是从实体（存在者）的角度来考察人，而是从“存在”的角度来考察人，探讨人的独特的存在方式。“人是什么？”的问题触及的恰是人的存在问题。很显然，这里的“什么”并非是人的宾词，而是在询问人的存在方式。具体而言，则为知识论、伦理学和神学。尽管自然科学的发展一度使人产生理性万能的幻觉，但康德在以往形而上学的困境中已觉察到了人的理性的限度,他努力通过自己的思考,对人的理性能力进行批判,划定理性的界限,在此基础上追问人的可能的存在方式,为未来“科学的”形而上学奠基。因此,“人的有限性”思想是康德对人的存在的基本设定,这一思想贯穿了康德整个批判哲学。

康德以“至善”这一道德理想为人类自由和人类文明确立的人的存在论根据和哲学精神是具有深刻的意义的。人不仅生活在自然界,人还有理想的生活,理想生活应该是人的自由存在的展开程度,人面对真实的自我,自由思考。因此,所谓自由不是一般意义上的人的自然属性,“我有自由”完全不同于“我有一本书”的概念,而是一种自我意识的实现和展开程度;不是人拥有自由,而是自由规定着人,因为正是在有自由的地方,才会有我们不得不置身其中的可能性,因为我们是自由的。但这并不是说(也不允许)我们就可以为所欲为,因为我们是自由的这一点恰恰是不由我们自己的。在某种意义上说,人的自由的进程应理解为以人的自由实现为标志。怎样把人视为目的,充分肯定人的自我,人的自由,这都是值得我们思考的问题。“从根本上说,哲学只有建立起思想上的本体论、价值论、道德观,才能为解释世界、社会、人生问题提供基础,也才会使人的生存、行为、意义获得思想上的依据和保证。”①康德从形而上的层次给予人们以一种终极关怀,告诉人们尽管现实生活是不完满的、不尽如人意的,但在现实生活之上还有一个完美的、更值得追求的“至善”境界。并且,如果人们能够合理地认同这种超越世俗社会的价值,那么人们就会以德性来日益改善我们的现实生活,而不是以利己主义日益恶化我们的现实生活。

人生不应仅满足于知识和利益,人要关心自己的灵魂,使灵魂有所寄托,使精神有个家园,使良心有所慰藉。要做到这一点,人必须找到一种可靠的、稳固的实在性,而且必须比人自身更实在和稳固,否则难以成为人的寄托。因此,人的精神本能地需要形而上学。这是人性的原理,是人不可改变的生活方式。形而上学作为超验的知识,是关于物自体的。康德要全面地关注人,关注现实生活的人的生存状态,他就不可避免地要恢复在思想理性中否定的形而上学,以作为他建立哲学思想的最后依据。康德把自由问题从知识论领域拉走,将其归为一

① 张能为:《康德与现代哲学》,合肥:安徽大学出版社 2001 年版,第 305 页。

个形而上学问题的思想直接决定了现代西方哲学自由思想的总体走向。当代西方思想家常常把自由问题当做一个形而上学的问题与上帝、灵魂并列在一起。

康德自由思想表明康德对理性与信仰、哲学与宗教采取并存兼容的态度，这一态度最终被黑格尔克服。黑格尔在康德的“二律背反”中看到了理性的特殊能力，这种能力可以超越无法提高于知性水平之上的某种思想的界限。与康德的消极理解不同，黑格尔认为理性的这种能力的积极意义就在于：辩证法是一个逻辑规定到另一个逻辑规定的内在演进，它不是从任何假设性断定开始，而是随着概念的自我运动，在思想自身的逐步展开过程中呈现出它的内在结论。马克思在对德国思辨哲学的唯心主义宗教倾向的彻底批判中继承了康德的自由本体论思想，明确宣布：“人是人的最高本质”，并由此出发展开社会改造的现实批判——必须推翻那些使人受屈辱、被奴役、被遗弃和被蔑视的一切关系。马克思赋予实践能动性以变革“现存世界制度”的物质力量——“批判的武器当然不能代替武器的批判，物质力量只能用物质力量来摧毁”①。从而找到了人的自由和解放的现实道路，彻底摆脱了人的自我异化对于宗教和政治的虚假依附关系。

尽管康德没有真正解决人的自由问题，但其自由思想的实践论转向为近代正统理性主义自由观的形成奠定了基本方向。没有康德的这一转向就没有后来黑格尔的辩证理性的超越性，也就没有马克思基于感性实践活动的自我超越性而对人的本质和自由的辩证的历史的解答。康德以后的德国古典哲学家沿着康德所开辟的自由道路前进，并着力解决康德在自由观上的困难。马克思哲学直接来源于德国古典哲学，但又不是简单地加以继承，而是对此进行了扬弃。

在马克思看来，康德的实践理性和善良意志乃是法国自由主义在德国采取的独特的形式，虽然具有革命的内涵，但“康德只谈‘善良意志’，哪怕这个善良意志毫无效果他也心安理得，他把这个善良意志的**实现**以及它与个人需要和欲望之间的协调都推到**彼岸世界**”②。马克思不赞成康德把此岸世界（现象界）与彼岸世界（本体界）割裂开来，把自由推向可望而不可即的彼岸，他把这两者统

① 《马克思恩格斯文集》（第1卷），北京：人民出版社2009年版，第11页。

② 《马克思恩格斯全集》（第3卷），北京：人民出版社1960年版，第211—212页。

一在他所创立的历史唯物主义学说中，但他又继承了康德关于实践哲学（本体论）优先于思想哲学（知识论）的基本思想。马克思正是站在历史唯物主义的立场上，从现实的个人出发论述了自己的自由观："一切人类生存的第一个前提，也就是一切历史的第一个前提，这个前提是：人们为了能够'创造历史'，必须能够生活。"①

① 《马克思恩格斯文集》（第1卷），北京：人民出版社2009年版，第531页。

第十一章　形而上精神是什么

到康德那里,西方哲学的人文精神已经通过其"人为自然立法"上升到了一个前所未有的高度,然而历史的哲学与哲学的历史并未止步,仍然沿着它的原有方向,借助其内在的固有惯性,冲上所能达到的最高点,"从康德开始,哲学分外倚重德国人。思辨的凯旋令人瞠目,那个后来被人们称做德国古典哲学的时代大家辈出:先是费希特,接着是谢林,最后是黑格尔,作为德国乃至整个欧洲的无冕之王出现了"①,这就是黑格尔哲学。如果说康德哲学是以人为主题、以自由为目的,探讨人的认识能力并以此达到统摄客体的哥白尼式革命,那么黑格尔哲学则是以形而上精神为主题,将西方哲学内在蕴涵的这种隐性精神以显性的方式呈现;如果说康德哲学通过"人为自然立法"已经完成了近代以来哲学所固有的命题"主体与客体的统一",那么黑格尔哲学则用形而上精神将康德所达到的外在形式的统一真正还原为内在形式与内容的一致;如果说康德哲学在人与自然关系之间存在一种生命挣扎感充斥其中的悲剧色彩,黑格尔哲学则通过思辨的韵律表达了人对自身能力的自信而充满着喜剧的色彩。这种喜剧性色彩,黑格尔是通过确立哲学或形而上精神的第一原则——"合理性"与"现实性"的关系,找寻类似于笛卡尔那样的合法性基础——实体即主体,来建构概念的、思辨的形而上逻辑体系来体现的。

---

① 黄克剑:《心韵——一种对西方哲学的解读》,北京:中国青年出版社 1999 年版,第 111 页。

一、先在的原则

如果透过希腊古典哲学与德国古典哲学这两大古典哲学的关联观察康德和黑格尔哲学的话，康德哲学类似于柏拉图哲学，他探寻问题的过程是不断回归柏拉图的理念的过程，“最高的范本，鉴赏的原型，只是一个观念，这必须每人先在自己的内心里产生出来，而一切鉴赏的对象、一切鉴赏判断范例以及每个人的鉴赏，都是必须依照着它来评定的”①。也就是说，康德哲学总是以类似柏拉图的理念作为自身追求的理想范本，使自身的主体性处于一种向上的张力之中，理念在康德这里并非外在于人的某种境地或境界，它是由人自身在内心里产生出来的，具有先验依据，因而康德的理念既具有非经验的思辨性，又具有内在生发而非外在制约的强制性。黑格尔哲学与康德哲学相比更类似于亚里士多德哲学。亚里士多德的实体虽然衍生于柏拉图的理念，但却比理念包含有更多的经验因素——基于经验事实构成现实事物的灵魂，因此黑格尔哲学较之康德哲学少了纯粹理念的单一性，多了经验的丰富性的现实气息。

在《法哲学原理》中黑格尔指出：“凡是合理的都是现实的，凡是现实的都是合理的。”也许这一箴言最能表达黑格尔哲学所依据的原则——合理性与现实性的一致。恩格斯指出：“在黑格尔看来，决不是一切现存的都无条件地也是现实的。在他看来，现实性这种属性仅仅属于那同时是必然的东西……但是必然的东西归根到底会表明自己也是合乎理性的。”②现实性并非是指称一切存在着的事物，并非现实存在的事物都具有现实性，“凡是现实的东西就是合理的东西。但人们必须知道并区别开什么是真正的现实的东西，在日常生活里一切都是现实的，但现象界与现实性之间却存在着区别”③。现实性首先不是可能性。

① 黄克剑：《心韵——一种对西方哲学的解读》，北京：中国青年出版社1999年版，第111页。

② 《马克思恩格斯文集》（第4卷），北京：人民出版社2009年版，第268页。

③ 黑格尔：《哲学史讲演录》（第2卷），贺麟、王太庆译，北京：商务印书馆1960年版，第248页。

虽然在黑格尔看来可能性已经是内在的或潜在的现实性，但它在最初的形态上只是一种形式的或抽象的可能性，因为可能性所涉及的范围较为宽泛，可以说凡是能够设想的就是可能的，例如我们可以设想一个“人面狮身”的怪物，因为这种设想本身并不存在矛盾，即使我们尚没有人发现或通过感官观察到这样的怪物，但并不代表这样的怪物一定不存在。这就是形式逻辑的充足理由律所带来的：只要找到一个例证，就能够证明事物存在，而当对事物的确定关系所知越少的情况下，对可能性的发生就越无法把握。因此黑格尔提出“具体的可能性”与“抽象的可能性”，即具体条件下的可能性是现实条件的总和，这种可能性才有可能称为潜在的现实性。现实性其次不是偶然性。也就是说，一些现象的存在由于其存在带有偶然性，就不能够成为现实的，而只有在合乎理性和必然性的前提下的存在才能称为现实性，“就定义一般说来，一部分是现象，仅有一部分是现实。在日常生活中，任何幻想、错误、罪恶以及一切坏东西、一切腐败幻灭的存在，尽管人们都随便把它们叫做现实。但是，甚至在平常的感觉里，也会觉得一个偶然的存在不配享受现实的美名。因为所谓偶然的存在，只是一个没有什么价值的、可能的存在，亦即可有可无的东西。”①因此偶然性就不是现实性，那么偶然性又是什么呢？黑格尔回答：“我们把偶然性的东西看做是这样的一种东西，它能存在或不存在，能这样存在或能那样存在，而其存在或不存在、这样存在或那样存在的根据不在自身之内，而在他物之中。”②这样的偶然性就存在双重特征：一是偶然性之所以为偶然性就在于其以外在于自身的事物作为自身存在的根据，因此它总是表现为多变性、不确定性和随机性；二是必然性只有通过偶然性才能表现出来，偶然性之于必然性的意义在于它并非毫无规律的过程，它总是以必然性极限为特征而表现为一个合乎规律的过程。

那么现实性究竟是什么呢？在黑格尔看来，“所谓现实并不是指当前的此时此地的特定存在而言……一个事物是可能的还是不可能的，取决于内容，这就

① 黑格尔：《小逻辑》，贺麟译，北京：商务印书馆 1980 年版，第 44 页。

② 黑格尔：《小逻辑》，贺麟译，北京：商务印书馆 1980 年版，第 301 页。

是说，取决于现实性的各个环节的全部总和，而现实性在它的展开中表明它自己是必然性。”①可见，黑格尔认为现实性是与必然性联系着的，而真正的必然性必定是内在的必然性，其以自身为存在的终极条件，并自己为自己创造条件，自己为自己开辟道路，而对其来说从可能性变为现实性是一种必然。因此，必然性就是“自我运动”的内在原则，“是一种将条件转变为实质，将实质转变为条件，亦即转变到实存一边去的运动。或者可以说，活动仅是从各种条件里建立起实质（实质本来是潜在于这些条件里）的运动，并且是通过扬弃诸条件所具有的实存，而给予实质以实存的一种运动。”②正是必然性决定其合理性，也是必然性决定其现实性。

对现实性我们有了以上理解，那么何谓合理性呢？从概念上看合理性就是“合乎理性”。黑格尔在《小逻辑》中对合理性概念做了进一步展开：“观念或理念并不是仅藏匿在我们的头脑里，理念一般也并不是薄弱无力以致其自身的实现与否，都须依赖人的意愿。反之，理念乃是完全能起作用，并且是完全现实的。”③理念或合乎理性的东西既是真实的又是能够在现实当中实现的，因为这既符合思想的本性，又符合现实的本性，一方面思想绝不仅仅是存在于我们头脑当中抽象的、思维的存在，它时时存有一种不断现实性的冲动，思想之所以为思想即作为一种抽象化存在体现，正在于其将现实状况中的问题加以思想形态上的把握，又时时力图通过其作用于客观现实而不断使思想转化为现实，所以，“理念一般说来并不是那样薄弱无力的东西，以致它自身的实现和不实现，都必须以人们的意愿为转移”④，也就是说理念总是伴随着人们的意愿而变化，而人们的意愿总是依据于现实而又作用于现实性，所以理念转化为现实是理性的一种内在冲动；另一方面，与其将现实视为理念的对立物而存在，视为与理念的思想性完全相反的具有实存性的存在，不如将其视为理念自身的实现，即合乎理性的东西，“现实亦即并不是那么坏和不合理，如像那些盲目的、头脑简单或厌恶

① 黑格尔：《小逻辑》，贺麟译，北京：商务印书馆1980年版，第300页。
② 黑格尔：《小逻辑》，贺麟译，北京：商务印书馆1980年版，第301页。
③ 黑格尔：《小逻辑》，贺麟译，北京：商务印书馆1980年版，第296页。
④ 黑格尔：《小逻辑》，贺麟译，北京：商务印书馆1980年版，第296页。

思维的和堕落的实行家所想象的那样”。也就是说,现实首先不是盲目的,它是由理性指导并由理性规约其产生的,它更不是因为其本身的不合理性才作为一种“现实”的存在,现实本身就是一种合理性,即理性的实现。

凡是合理的都是现实的,凡是现实的都是合理的。这一箴言道出了这样一个道理,合乎理性的事物都是具有必然性的事物,而具有必然性的事物必然要实现为现实性以呈现自身,而具有现实性的事物必定体现为必然性,这一必然性本身也应该是具有合理性的。与其说黑格尔的这一基本原则在于为现实性的合理性作出论证,不如说其揭示了更为深刻的道理:凡是合理的,都是必然变成现实的;凡是现存的,都是必然灭亡的。这是整个人类社会历史发展的规律,这是人类社会历史否定性发展的思辨力量所在。难怪恩格斯在《路德维希·费尔巴哈和德国古典哲学的终结》一书中,根据黑格尔的意见,发挥黑格尔哲学中的辩证发展的思想,从合理性和现实性一致的命题,得出了革命的结论:“凡在人类历史领域中是现实的,随着时间的推移,都会成为不合理性的,就是说,注定是不合理性的,一开始就包含着不合理性;凡在人们头脑中是合乎理性的,都注定要成为现实的,不管它同现存的、表面的现实多么矛盾。”①“现实性决不是某种社会状态或政治状态在一切环境和一切时代所具有的属性。”②事物的现实性并不是停滞不动和永远不变的,在历史上和现实中曾经是现实性的东西,随着时间的推移就会失去自己的必然性、合理性而死亡,而合乎历史必然性的新的现实就会应运而生。因此,任何一个东西在其刚刚诞生时就会包含着终究要死亡的因素,在其充分体现必然性合理的争得生存权利时,就会含着终究要丧失必然性无法合理继续生存的因素。“在发展进程中,以前一切现实的东西都会成为不现实的,都会丧失自己的必然性、自己存在的权利、自己的合理性;一种新的、富有生命力的现实的东西就会代替正在衰亡的现实的东西。”③在黑格尔所确立的合理性与现实性原则这里,体现出鲜明的革命性和思辨性特点,无怪乎海涅从其中探到了

---

① 《马克思恩格斯文集》(第4卷),北京:人民出版社2009年版,第269页。
② 《马克思恩格斯文集》(第4卷),北京:人民出版社2009年版,第268页。
③ 《马克思恩格斯文集》(第4卷),北京:人民出版社2009年版,第269页。

即将来临的德国革命的讯息，它也展示了人类社会发展起承转合之间的内在逻辑。另一方面，当黑格尔将现实性等同于必然性，又将合理性等同于必然性之时，却也将合理性和现实性所内涵的自由性被必然性所完全吞没，可能性和偶然性所蕴涵的自由被逻辑主义的必然转变为必然性的命运。或许，西方传统哲学在黑格尔哲学这里已经完成了一个命定的轮回：从古希腊早期哲学关于"命运的思考"与"挣脱命运的羁绊"的理性思考中重回到"命运"的枷锁之中，也许正是"人无往而不在枷锁中存在"命定了哲学或形而上学的宿命——摆脱必然，重获自由，这也是历史留给现代西方哲学的使命。

至此，黑格尔确立了其哲学的第一原则——合理性与现实性统一的原则。但仅仅确立原则是不够的，黑格尔一直崇尚斯宾诺莎式的构建体系的方法，他对斯宾诺莎的赞誉"要么是斯宾诺莎主义者，要么不是哲学"，固然表达了他对斯宾诺莎的崇敬，但更明确地表达了他对构建体系的方法的追求。在合理性与现实性原则的审视之下，黑格尔也发觉了斯宾诺莎学说的弱点——"实体"本身能动性、合理性和现实性的缺乏使其不能成为以自身为根本原因而成就自身的事物，缺乏一种转换的生机和活力，使得斯宾诺莎的体系既不能成为合理的，更不可能成为现实的。因此实体这样的概念是不符合黑格尔的基本原则的。黑格尔仍不放弃，力图寻找一种能动的使其自身既具有合理性更具有现实性的存在，这就是他从康德和费希特那里寻找到的自我意识。黑格尔从前人那里得到的教导是，构造体系必须找到合法性基础，合法性基础不但要具有斯宾诺莎实体的清晰性，更要具有实体自身的主体能动性；不仅要被表述为实体，更要被表述为主体。因为只有这样它才不仅具有合理性，还更具有现实性。

二、合理的基础

从合理性与现实性一致的原则出发，黑格尔开始寻找其哲学合法性第一基石的道路。黑格尔的探讨继承了近代哲学的问题。如果说近代哲学上帝自然化的结果是把人类的终极关怀指向非人格化的"实体"，无论它是精神的还是物质的，它都是世间万物存在的根据，也是将主客体、心物统一起来的最高存在；那么上帝人化的结果就是使人成为哲学的中心，人为自然立法，用人统一主体和客体，人的理性精神也将被绝对化。即实体的绝对化和理性的绝对化通过上帝的自然化和人化的成果以绝对的形式结合在一起。黑格尔之前的休谟、康德就已经揭示出人的认识不能论证本质的局限，人是有限的理性。本原、本体的存在又非人的认识能力所能把握。主体与客体仍然二分，思维与存在还在对立，实体和理性无法统一，认识论与本体论处于矛盾中。黑格尔批判了康德以前的“二元”分裂的哲学，认为流行的哲学“均在于说明思想与客观对立的性质和效用，而且关于真理的问题，以及关于认识真理是否可能的问题，也都围绕思想与客观的对立问题而旋转”①。

黑格尔在《精神现象学》中指出：“一切问题的关键在于：不仅把真实的东西或真理理解和表述为实体（substanz），而且同样理解与表述为主体（subject）。”②黑格尔认为只有这样才能真正解决近代哲学以及康德哲学遗留下来的问题。以往的西方传统哲学总是秉承着以实体的方式代表着种种不变的基质，且不说希腊哲学就是以实体本体的方式表征着世界的本质，此后的基督教哲学，特别是在托马斯·阿奎那那里仍然将最基本的存在——上帝表述为“上帝实体”，近代哲学依然延续着这样的方式。笛卡尔三种实体的划分代表着一种理论进路，其进步意义在于以三种并存的实体取代了唯一的“上帝实体”，但如何寻找到统摄三种实体的力量，笛卡尔缄口了。斯宾诺莎则代表了另一条进路，不再对实体加以区分，用唯一的实体建构整个思想体系。这样虽然避免了困扰笛卡尔的问题——两个实体的统一问题或多个实体并存的问题，却也带来了另外一个问题，即实体概念的泛化或实体的僵化。如何用失去能动力量的实体完成对自身的统一也成为斯宾诺莎解决不了的问题。也许是看到了斯宾诺莎的问题，康德走上了相反的道路。他不再确定实体，或仅以近代哲学所发现的本体的力量构造其思想体系。他要以“哥白尼式革命”达到对近代知识论哲学的颠倒。所以，康德

① 黑格尔：《小逻辑》，贺麟译，北京：商务印书馆1980年版，第93页。

② 黑格尔：《精神现象学》（上册），贺麟、王玖兴译，北京：商务印书馆1979年版，第10页。

给人类颁布的主体的理性规则中的理性不是一般的理性，而是超人性的纯粹理性。在他看来，任何所谓"人的本性"都不可能达到纯粹理性，不可能构成人的行为之理性根源。只有源于纯粹理性的规则，才成为指导人们行为的普遍有效的规则。也正因为规则的纯粹性，完全脱离日常经验、具体的社会历史条件，康德给人类颁布的理性规则就成为空洞的形式，失去其存在的根基，自然也就失却了实体的意义。

黑格尔在前者研究的基础上力图寻找到既作为实体的存在，又作为主体存在的存在，这就是绝对理念。黑格尔赋予绝对理念以实体和主体的双重性：一方面，绝对理念是唯一客观存在的实体，是宇宙万物的本原和基础；另一方面绝对理念又是不断运动、发展、变化的主体，宇宙万物都是绝对理念自我认识、自我实现的辩证过程的外部表现，都是绝对理念的产物。思维和存在在绝对理念上达到了统一。具体说来，绝对理念首先是作为一种实体的存在。如果说在柏拉图那里，实体是与可感事物、与非存在相对立的可知世界的存在或精神性实体的存在——理性存在，那么，在亚里士多德看来，实体是"是其所是"的是，而不是"是什么"的什么，当把什么说出来时，那只是宾词，而实体只能做主词，是主体。正如亚里士多德自己表述的那样，实体是既不述说一个主体，也不依存于一个主体的东西。也就是说，实体乃是众多具体事物的统称。在黑格尔这里，实体是意识的经验对象，是特指"这一个"，类似于亚里士多德在《范畴篇》中所说的"第一实体"，即个别的事物。但这一个别具体事物必须以普遍的形式表现出来，"因此我所说出的，永远仅仅是一般的东西或共相"。从个别的感觉经验的具体事物出发上升到最高的层次之间的逻辑过程就是绝对理念的生成和完善的过程。所以黑格尔的"实体"就是绝对理念本身。在黑格尔看来，"凡生活中真实的伟大的神圣的事物，其所以真实、伟大、神圣，均由于理念。哲学的目的就在于掌握理念的普遍性和真形相。"①因此，黑格尔的"绝对理念"作为"实体"，又是为"人的崇高何以可能"提供根据。

"绝对理念"不但表现为实体，更表现为主体。马克思在《神圣家族》中写

① 黑格尔：《小逻辑》，贺麟译，北京：商务印书馆1980年版，第35页。

道:“在黑格尔的体系中有三个要素:斯宾诺莎的实体,费希特的自我意识以及前两个要素在黑格尔那里的必然充满矛盾的统一,即绝对精神。”①正如前文所说,黑格尔虽然推崇斯宾诺莎,但也认为斯宾诺莎把实体看做是抽象的、僵死的东西,看做是脱离了人及人的活动的纯粹自然。黑格尔认为斯宾诺莎的“实体”,不具有自由的“绝对的人格”,不是绝对理念,而是理念尚在被限制的必然的形式里,没有“任何发展、任何精神性、能动性了”。在黑格尔看来,斯宾诺莎的“实体缺少人格的原则”,“神仅被规定为实体,而不是主体或精神”。在斯宾诺莎的表述中,实体被想象为一种吞噬了一切内容的“普遍的否定的威力”,而不是从自身中发展这种内容。黑格尔通过分析斯宾诺莎认识到,实体作为世界的原因和原则,应该是一个在自身的展现过程中自我实现的过程,因此实体应该是“活的实体,只当它是建立自身的运动时,或者说,只当它是自身转化与其自己之间的中介时,它才真正是个现实的存在,或者换个说法也一样,它这个存在才真正是主体。实体作为主体是纯粹的简单的否定性,唯其如此,它是单一的东西分裂为二的过程或树立对立面的双重化过程,而这种过程则又是这种漠不相干的区别及其对立的否定。”②在这里,黑格尔所说的“主体”又并非是像康德那样的绝对主体(即统摄一切的主体),他清楚地看到了“绝对主体”所造成的时代问题,“这个时代之走到对于理性的绝望,最初尚带有一些痛苦和伤感的心情。但不久宗教上和伦理上的轻浮任性,继之而来的知识上的庸俗浅薄——这就是所谓的启蒙——便坦然自得地自认其无能,并自矜其根本忘记了较高兴趣”③,因此只有超越这种绝对主体化原则才能解决理论和实践遗留下来的问题。这样黑格尔所说的“主体”与前面所说的“实体”一样,只是绝对精神不断发展和外化的过程或阶段,是实体即主体的“实体主体化”和“主体实体化”的双向过程。实体通过主体化不断剔除僵死和固定,而获得能动和生机;主体通过实体化不断排除独断和盲目,而获得现实性依据。两者共同构成了绝对理念的自我生成运动,“它把实

① 《马克思恩格斯文集》(第1卷),北京:人民出版社2009年版,第341页。

② 黑格尔:《精神现象学》(上册),贺麟、王玖兴译,北京:商务印书馆1979年版,第11页。

③ 黑格尔:《小逻辑》,贺麟译,北京:商务印书馆1980年版,第34页。

现一切矛盾和对立的'和解',达致绝对统一性的、'大团圆式'的完美结局,视为终极的追求目标。……主体性原则所造成的人与自然、人与社会共同体的分裂在精神创造性活动中被彻底扬弃和克服,在此意义上,'精神'又被称为'绝对','绝对'即为'无对',它消除和克服了一切冲突和对立,完成自身为不依赖于任何前提和条件的自足'圆圈',而这一'圆圈'的完成即意味着自由事业的完成。"①

可以看出,黑格尔的实体首先可以等同于意识对象,而主体则等同于自我意识自身,所以马克思才说:"人的本质,人,在黑格尔看来=自我意识。"②因此实体即主体,就可以看做是意识对象与自我意识的统一。其次,黑格尔的实体也指称自在的存在,主体则指称自为的存在,黑格尔曾经指出:"认知着的实体先于其形式或概念形态就在那里存在着。因为实体是还没有发展的自在存在。或者说,是在还没有展开其运动的简单性中的根据或概念。"③而自在的东西要成为人的认识对象,就要通过人的认识进入到认识范围变成自为的存在,因此实体即主体就是主体认识对象的过程,就是主体通过自身的认识活动将实体这一自在的存在变为自为存在的过程。再次,实体在黑格尔这里虽然指称"这一个",却也通过"这一个"的语言指代功能代表了一种普遍性的一般;而主体在黑格尔这里也并非指称现实的或单一的主体,而是概念的主体或绝对的主体,作为个别自我的总体而存在。因此,黑格尔的"实体即主体"就是从意识对象到自我意识、从自在存在到自为存在、从个别特殊到普遍一般的过程。"精神——自在的就是实体,因而也就是意识的对象。但是,这个本身即是精神的实体,就是它变成它自在的是那个东西的过程;而且只有作为自己回复到自己的变化过程、精神自身才真正是精神。精神自在的就是运动,就是认识的运动,——就是自在转变为自为,由实体转变为主体,由意识的对象转变为自我意识的对象,也就是说,转变为同时以被扬弃了的对象,或者转变为概念的运动。"④

黑格尔的"实体即主体"实质上表征了存在与存在者之间的活动的直接同

① 黑格尔:《小逻辑》,贺麟译,北京:商务印书馆1980年版,第178页。

② 《马克思恩格斯文集》(第1卷),北京:人民出版社2009年版,第207页。

③ 黑格尔:《精神现象学》(下册),贺麟、王玖兴译,北京:商务印书馆1979年版,第267页。

④ 黑格尔:《精神现象学》(下册),贺麟、王玖兴译,北京:商务印书馆1979年版,第268页。

一。这种同一又是通过存在——绝对理念的自我生成运动而达到的。所以,实体即主体既表征着黑格尔哲学所表征的原则,更表征着黑格尔哲学所构建的逻辑体系。在黑格尔那里,神圣的绝对理念作为放大了的理性决定着整个世界的根本运动,自己设定自己,自己实现自己,即进行着“建立自身的运动”。而所谓绝对理念的运动,就是一系列纯粹概念(范畴)的逻辑推演,构成一个严密完整的体系。这个概念体系是现实存在的理由和基础,是(逻辑上)先于事物的。这不但符合黑格尔关于合理性与现实性之原则的基本要求,也符合黑格尔对形而上精神的根本设想。与此同时,绝对理念自身的运动在践行着“实体即主体”这一合法性基础的同时,也构成了黑格尔的整个思想体系。所以,黑格尔关于绝对理念全部发展历程的思想表达,就绝对理念既是实体又是主体,特别是主体实现自我的过程来说,这是本体论;就绝对理念作为概念和范畴进行演绎、转化、发展过程来说,这是逻辑学;就绝对理念作为精神的自我认识过程或具体真理的形成过程来说,这是认识论;就绝对理念是精神的自我否定、自我超越的辩证运动发展来说,这是辩证法。黑格尔真正实现了哲学史就是哲学的思想表达,实现了本体论、逻辑学、认识论、方法论的有机统一的哲学体系建构。

三、严整的体系

以合理性与现实性统一为合法性原则,以实体即主体为思想基础,黑格尔开始了构造其思想体系的过程。马克思曾经对这一体系有如下认识:黑格尔的思辨哲学并不是某种超然于世界之外的玄思和遐想,而是形而上学的改了装的现实的存在。马克思指出,黑格尔的思辨哲学体系有三个要素:“第一个要素是形而上学地改了装的、同人分离的自然;第二个要素是形而上学地改了装的、同自然分离的精神。第三个要素是形而上学地改了装的以上两个要素的统一,即现实的人和现实的人类。”①因此,黑格尔是以“最抽象的形式”表达了“最现实的

① 《马克思恩格斯文集》(第1卷),北京:人民出版社2009年版,第342页。

人类状况”，即：“个人现在受抽象统治，而他们以前是互相依赖的。但是，抽象或观念，无非是那些统治个人的物质关系的理论表现。”①这就是说，作为黑格尔哲学之“实体”和“主体”的“绝对理念”，是根源于理论所表现的现实——被“抽象”所统治的现实；黑格尔哲学为人的“理性”、“自由”和“崇高”所寻求到的“根据”，正是这种统治现实的“抽象”。

黑格尔以合理性与现实性的统一为合法性原则，以“实体即主体”为思想基础，以绝对理念为核心概念，以绝对精神转化为存在、存在转化为绝对精神的绝对精神的自我实现过程为逻辑理路，以构建起始于绝对理念又归结于绝对理念的思辨体系为价值目标，以绝对精神超越前一阶段形成新阶段的自我反思和自我批判的否定性思维为思想方法，开始了对绝对精神自我发展的逻辑体系的构建。接下来就让我们具体从被黑格尔改造了的自然、精神和二者的统一来看黑格尔的思辨体系是如何构成的。

黑格尔建构体系的第一步是确立绝对理念的生成性。黑格尔把从意识到直接经验再到绝对理念的过程看做“意识在这条道路上所经历的一系列状态，可以说就是意识自身向科学发展的一篇详细的形成史”②。正是由于在《精神现象学》中黑格尔解释了作为其整个哲学体系核心的绝对理念的产生过程，所以马克思才说，《精神现象学》是“黑格尔哲学的真正诞生地和秘密”③。绝对精神经历了意识、自我意识、理性、精神、宗教和绝对精神等演变的阶段，最初的绝对精神只是以个人意识为表达形式的感性确定性认识，不但它的认识对象是具体的个别的事物，而且对具体事物进行认知的主体也是个别的和特殊的。在黑格尔看来，感性认识似乎是丰富的、生动的、多样的，但实际上是贫乏的，只能用“这一个”、“那一个”之类的贫乏的语言来表征，因而它是初级的、朴素的。在这里我们似乎可以发现，黑格尔这里蕴涵着后来现代西方哲学语言学转向的痕迹。语言无法表达事物，语言越是丰富多样，对事物的表达越是苍白无力。因此感性

---

① 《马克思恩格斯文集》(第1卷)，北京：人民出版社2009年版，第59页。

② 黑格尔：《精神现象学》(上册)，贺麟、王玖兴译，北京：商务印书馆1979年版，第55页。

③ 《马克思恩格斯文集》(第1卷)，北京：人民出版社2009年版，第201页。

确定性的个别认知必然要上升到更高阶段，也就是知觉阶段。当我们对具体的感性确定性事物进行分析时，必然要进入知觉阶段，即对具体事物中承担着的各种性质进行分析。如我们的感性确定性事物是桌子，我们进一步就要认识桌子的形状、颜色、大小等特性，“这是一张红色的小方桌”实际上就表达了我们用概念对事物进行判断的过程，在这个判断过程中就要涉及个别与普遍、主体与客体以及一与多等关系。但在知觉阶段，知觉把握事物的方式是静观的，一方面，没有在运动和变化过程中把握事物，就难以把握事物变化的实质；另一方面，知觉由于其静观性也容易产生错觉，因此知觉就要转化发展为知性。知性实质上就是意识关注对象，是意识自身沉浸在对象之中的一种状态，是意识追求一种普遍性、共相的过程。黑格尔也发现了知性阶段存在的问题，并以力学为例：物理学经常探讨“力”，力本身表现出这样的特质：其一，它是与自身同一的抽象的存在，若不具体说来，它既不是磁力、电力，也不是重力、拉力，它仅仅作为一种最为抽象的概念而存在；其二，这一抽象概念又总是要在具体的场所或时空内具体的表达出来，即通过磁力、电力、重力、拉力等具体的形式表现出来。这样其中就存在矛盾：当我们疲于奔命去试图寻找抽象概念的“力”的同时，又不得不在具体的特殊场所中研究力的具体表现过程。于是知性便陷入一种幻想：感官世界与超感官的物自体世界之间的界限是无法被消除的。为了解决这一矛盾，知性作为意识的最高阶段也需要向自我意识转变，“黑格尔意义上的普遍意识乃是弥漫于一切事物中的，这种弥漫必将扬弃现象与物自体之间以及主观意识与普遍意识之间的一切界限”①。

自我意识虽然看似应该是意识的一个组成部分，但在黑格尔这里实质上表达着一种方向上的转换，即从抽象的概念式的理智活动过渡到感性对象化活动当中，类似于康德从纯粹理性到实践理性的过渡。黑格尔看来，在纯粹抽象的思辨中无法解决的问题应当放在具体的感性活动中去解决，这代表了一种合理的路线。黑格尔在这一阶段主要解决一个问题，即需求与满足之间的辩证关系。人作为一种生命的存在具有欲望，而只有当欲望指向另一个存在的时候才是人

① 俞吾金：《德国古典哲学》，北京：人民出版社 2009 年版，第 543 页。

的欲望,在现实生活中欲望之间的冲突是时常发生的,在冲突中就产生了主奴关系:为了理想敢于冒险的人成为了主人;惧怕生命而依赖于别人的人就成了奴隶。主奴关系辩证发展的理论前提是理想与现实的矛盾;主奴关系辩证发展的过程是主奴关系的解体与再生;主奴关系辩证发展的结果是此岸世界与彼岸世界相互转换过程中意识与自我意识的不断一致。而意识与自我意识的一致、合题就是黑格尔的理性。“当意识获得了个别的意识即是绝对的本质这样的思想时,意识便返回了它自身。”①理性阶段分为观察的理性、道德的理性和自律的理性,三者之间的关系是一个逻辑上升的过程:当观察的理性完成了对自我意识的观察之后就完成了从外在到内在的过渡,自然要进入道德理性和伦理学的范畴之内。道德理性发展的极致是自律的理性。自律的理性既不是外在的也不是抽象的,而是理性为自身设定的,是自我意识在行动中实现的规律。如果说前三个阶段,即观察的理性、道德的理性和自律的理性是个体意识发展的必要环节,那么当理性以个体意识的方式达到极致的时刻,理性必然变为精神,也就是说理性必然要以社会的或历史的方式予以表达,故精神的发展阶段就是历史的发展进程。黑格尔将精神又分为三个阶段,即伦理、教化和道德。前者对应古代社会,教化对应中世纪和近代社会,道德阶段则特指德国古典哲学。精神阶段是客观精神的发展阶段,它与前面的主观精神发展阶段的相互结合就是黑格尔所说的绝对精神或绝对理念。黑格尔对绝对精神作出了这样的定义:“绝对知识是在精神形态中认识着它自己的精神,换言之,是精神对精神自身的概念式知识。”②绝对知识在黑格尔这里就是绝对理念的存在形式,它需要以概念的方式通过自我意识来进行认知。

以上如果是黑格尔对绝对理念的生成性问题的解答与确立的话,那么黑格尔建构体系的第二步就是确立绝对理念如何在自然、精神以及二者统一的意义上完成对自身体系的构造。在黑格尔看来,逻辑学是绝对理念发展的第一阶段。通过存在、本质、统一之间的概念辩证和逻辑上升,绝对理念完成了在主体思维

① 黑格尔:《精神现象学》(上册),贺麟、王玖兴译,北京:商务印书馆1979年版,第154页。
② 黑格尔:《精神现象学》(下册),贺麟、王玖兴译,北京:商务印书馆1979年版,第266页。

领域内的全部历程。因此,它只有脱离开这样的纯意识领域才能发展自身,所以精神必然会脱离自我,进入自然。自然无疑就是自我异化的精神。“异化”这一概念是黑格尔体系中的重要概念,与我们通常所理解的异化不同的是,这一概念不但指称背离自身或转变成为一种异己的存在的含义,更包含有在另外的领域发展自身的含义。因此,黑格尔的异化不但表征着绝对精神进入自然领域是对原有存在的一种异在性的发展,更代表着绝对精神只有进入到自然领域才能成为真正自由的绝对理念或绝对精神。基于这样的理路,黑格尔把自然哲学分为机械论、物理论和有机论三部分,这三部分是严格按照自然界物体存在状态加以区分的。机械论是自然界所有物体都必须遵循的规则,具有绝对外在性的特点;物质或物理的有限机械论表征着时空中的具体物质在力的作用下的机械运动,其特征是力的作用所体现的机械性。因为力一旦消失运动就停止,所以这种机械论是有限的。当然黑格尔承认有一些机械论是无限的,如天体力学,天体之间的相互作用通过引力、吸力和斥力等形式呈现,运动是绝对的,即无法设想这样的力的相互作用的停止和运动停止。黑格尔认为这是真正意义上的物理论。物理论的特点是对个别性物体的考察;包括对普遍个别性、特殊别性和整体个别性这三方面个别性的考察。黑格尔从绝对机械论的天体论出发,认为天体是自由运动的物体,而要素是物体成为物体的要素,要素的运动就是气象;特殊性、个别性即比重、内聚力、声音和热等是物体相互区别的要素;最后对整体个别性——磁、颜色、电和化学过程加以理解。当个体性超越了内在差别达到与自身的统一,就作为有机体存在。有机体是自然哲学中最高的部分,动物有机体是自然有机体的最高体现。当动物有机体扬弃自身的生命个体,有机体之生命性就发展为精神或曰从自然状态进入到人类状态。这样绝对理念就完成了其在自然中的生成过程而面向和返回到其自身——精神哲学。精神、绝对精神以人类的真实状态再次出现。

重新返回精神世界的绝对理念在精神世界中的运动就是黑格尔的精神哲学。在精神哲学里,黑格尔首先要解决的问题就是如何从不自由的自然过渡到精神的自由,这需要在自然和自由之间寻找到相互关联之物——灵魂。黑格尔的灵魂并非如笛卡尔的灵魂一样是作为与物理世界相互对立的实体的存在,而是在其本性上就与物理世界以相互渗透的方式而存在。所以灵魂的最初等级是自然灵魂,即表征灵魂所处的自然状态或规定灵魂所处的自然变化,前者诸如对气候、地理等因素的限定,后者多是对年龄、性别等的规定。在这一阶段中,自然灵魂难以对其作出主客的区分,其界限还很模糊,也就是说灵魂还不能把自身同外界存在区分开。自然灵魂之上是感受灵魂,就是灵魂能够自觉地将自身所感受的身体与其他身体相互区别,而这种自觉是通过类似休谟的“习惯”的力量而达到的。最高阶段的灵魂是实在灵魂,它是前两者的结合。在这一阶段,黑格尔指出:“肉体性首先不是别的,而是直接性形式,因而这种肉体性对于精神形成于肉体之内而言不能作出什么阻抗。”①也就是说灵魂的存在使得肉体沦落到了次要地位,即主客之间的二分已经形成,才使人类学自然要过渡到现象学。黑格尔在这里所说的现象学相当于他在《精神现象学》中所说的意识、自我意识和理性,即是主客二分产生之后意识对客观事物的把握,是从意识上升到理性的客观过程。进入到这一过程的精神哲学以心理学为研究对象,并划分为理论理性、实践理性和自由精神三个方面,分别对应于人的认识活动、道德理性与自律理性。显然,黑格尔的这种理论探讨继承了其德国古典哲学前辈康德在“三大批判”中从理论到实践再到自由的思路,将主体精神的最高阶段设定为以自身为对象、不受外物牵制的自由。自由必然与外界存在的事物发生关联,如何使得外界的必然更好地服务于个体的自由,这便是黑格尔的客观精神。

在客观精神阶段,黑格尔探讨了抽象权利、道德和伦理。承继前面对主体精神自由阶段的探讨,黑格尔带着如何在客体与主体共同形成的世界实现自由的问题,展开理论思考。与自由相关的是抽象权利。每一个独立的个体要想获得这样或那样的形式自由,就必然产生一种保障这种自由实现的抽象权利,这首先涉及“所有物”——“所有权所以合乎理性不在于满足需要,而在于扬弃人格的纯粹主观性。人唯有在所有权中才是作为理性而存在的。”②也就是说在对所有权的斗争中,纯粹主观的人格才能剥除其外衣进入到社会的范围之内。对于所

---

① 黑格尔:《哲学科学全书纲要》,薛华译,上海:上海人民出版社2002年版,第253页。

② 黑格尔:《法哲学原理》,范扬、张企泰译,北京:商务印书馆1961年版,第50页。

有权的问题，黑格尔认为需要协调个体自由意志与他人自由意志之间的矛盾，即需要订立契约，以建立法权对抗非法权。这是一种以牺牲部分自由来获取相对自由的措施。但仅有这些只能在对外在事物的占有关系中获得自由，而无法真正从自身之内确定自己，这就需要进入道德阶段。与前者相比，道德阶段的意识不需要被占有物确定其自身，只需要在内在状态中确定自身。这又分为三个组成部分：故意与责任、意图与福利以及善和良心。对于故意与责任黑格尔说得很明白："我的所有物，作为外在物，处于各色各样的联系中……如果它们对他人造成损害，这诚然不是我自己的作为，但其损害应多少由我负责。"①他用俄狄浦斯在命运的捉弄下杀父娶母后悔恨地刺瞎双眼的故事做例子向我们说明这一事实。他认为只要是"我的事情"就应负有责任。而今人大半将无关乎故意的行为看做是处于与不具有"我的事情"的相互关联当中，自然就进入了意图与福利。意图与故意的不同之处在于后者指一些细小的事件，前者不仅指称这样的事件存在，而且事件的发起者还能够对事件所造成的后果进行预测。而之所以还会产生这样的意图就在于福利，即事件本身能够满足主观的愿望、需要、激情等，这种意图和故意之间的关系只能表征个体意图和个别福利。这当然需要超越，需要进入更高的层面——善与恶。与康德不同，黑格尔对善的探讨不是基于"审美"层次的至善，而是放在道德领域进行探讨：其一，在行善之前必须要知善，知善就是一种义务和一种应当；其二，善还要与福利相互结合，即善要将福利作为内容；其三，善一旦被主观上加以内化，就会变成一种独断的良知。黑格尔认为，即使是良知，一旦独断化和绝对化就会转化为恶，所以恶并非是善的反面，而是善的绝对化。因此一种无法被主观的良知所绝对化的伦理就成为道德至上的存在。

众所周知，黑格尔的客观精神已经是进入到社会历史领域的精神，因此，对伦理道德等问题的探讨主要集中于对家庭、市民社会和国家的理解。黑格尔认为家庭是基于"爱和感觉"的伦理性而建立起来的团体或组织，是伦理性和团体性的统一。当个人走出家庭进入社会时，基于"爱和感觉"的伦理性消失了，每

---

① 黑格尔：《法哲学原理》，范扬、张企泰译，北京：商务印书馆1961年版，第118页。

一个成员都有独立的人格、独立的意志和自己的特殊利益;家庭团体也消失了,代之以基于社会关系的社会联合体,即市民社会。在市场交换关系下,每一个成员都有自己的需要并在与他人的市场交换中去满足这种需要。交换过程必然会产生社会伦理的堕落与无序,因而需要产生国家这样的实体对市民社会进行理性规范。因此,国家既融涵家庭的"伦理性"特征,又包括市民社会的"个体独立性"特点,国家成为普遍性与个别性、特殊性与一般性、共性与个性的统一体。按照黑格尔的逻辑,事物的发展总是经历"正——反——合"的发展过程,那么国家自然是高于家庭和市民社会的更为高级的存在形式。黑格尔回顾了国家的发展史,将日耳曼王国放在了人类历史的顶峰,历史哲学的终点也标志着客观精神的终点。精神经历了主观阶段和客观阶段后最终必然走向正、反之合的绝对精神。

黑格尔的绝对精神就是艺术、宗教和哲学所构成的逻辑体系。艺术在黑格尔看来是感性形象。绝对精神自身要不断完善自身就要通过把握感性形象,不断还原感性形象而达到对事物的把握。而这在黑格尔看来如此把握感性形象还不完全符合绝对精神之"绝对性",而需要用一种更为纯粹的精神生活来代替艺术,这便是宗教。宗教特别是基督教的三位一体的神格,与黑格尔所推崇的绝对理念的普遍性、特殊性和个别性如出一辙。黑格尔非常推崇基督教哲学中关于上帝存在的存在论证明,认为这种存在论证明与其自身的绝对理念的体系走着相同的逻辑理路。因此,黑格尔最终通过基督教走向了"本体论"证明本身——哲学。在哲学中,绝对精神达到了彻底的自由,绝对精神在哲学中成为了反思的思想。这就将绝对精神最核心的内涵揭示出来——绝对精神的实质就是一种否定性、批判性、反思性的现代性精神。因此,黑格尔在《法哲学原理》的序言中说到:"哲学要直到现实结束其形成过程并完成其自身之后才会出现",就像"密涅瓦的猫头鹰"一样,"要等黄昏到来才会起飞"。也许,在黑格尔看来,哲学正是以这样的反思性才能表征时代精神的精华,才能真正作为"思想中把握的时代"。精神或理念经过漫长的辩证运动不断丰富自身,最后在他自己的哲学中返回自身。因此,哲学的真实性就在于"对事物的思维着的考察",亦即哲学是在思想中把握世界或存在。至此,黑格尔在自然界、人类社会及其政治思想领域,在否定之否定这个运行机制下,依次使"绝对精神"分阶段地先后外化到自然、社会和人类的精神生活中,进行着从低一级的个别,到特殊、普遍,再到高一级的个别、特殊、普遍这样循环扬弃的运动。最后,"绝对精神"完成了其自身认识、发展世界的使命,作为最高真理、最高存在物回到了原来的精神世界。

黑格尔的绝对理念从精神世界出发又重新回到精神世界。这种回归并非简单的重复,而是经过对自身反思之后的超越,因此黑格尔眼中的绝对精神是一种具有自我否定、自我批判和自我超越的精神。正如冯友兰先生理解的那样,认为黑格尔的绝对理念建构的哲学体系典型地体现了一个人从零岁到六十岁的生成历程;典型地体现了这一历程的自我生成、自我超越、自我完成性,即到六十岁的人才可盖棺定论为一个怎样的人——集自然、社会、思想于一身;集自然界、人类社会、人类思维于一体的哲学体系就是这样的绝对理念的人。黑格尔以绝对理念建构其体系的研究呈现出以下特征:其一,对绝对理念的思考代表了对哲学形而上精神的思考。绝对理念本身所表达的不断否定性的向上动力,正是哲学形而上精神的重要呈现。其二,对绝对理念的思考从绝对理念开始又回到绝对理念自身,表达了一种哲学无前提的思想。黑格尔认为哲学不应该有前提,而是有起点,体现出哲学的发展性的特点。哲学不是可以从任何一点开始,而是为了目的必须设定起点,一旦设定起点,必须是贯穿全过程的,起点不单单是起点,也是终点。黑格尔强调把自己的绝对理念视为前提和结果,目的是使这个概念直接达到对立面的统一,这就超越了近代哲学的各家各派只从一个角度(或经验、或天赋)研究哲学的弊端。其三,也是更为重要的是,黑格尔对绝对理念的思考,形成了独具特色的辩证思维,将辩证法的批判否定精神真实地表达出来了。

四、思辨的力量

黑格尔哲学通过现实性与合理性统一的原则的确立奠定了其哲学探讨的基本原则,又以实体即主体对其思想体系的合法性基础的绝对精神之特征的揭示,建立了其整个形而上学思辨的思想理论体系。我们可以发现,黑格尔形而上学的思想理论体系的构建体现出典型的思辨特征。这不仅体现在黑格尔最具思辨性的逻辑学当中,还体现在黑格尔哲学的原则、基础、体系、方法的全部过程当中。我们按照这一思路说明其思辨的力量,一是遵循黑格尔哲学自身的思想理论进路,二是也力图将黑格尔自身所蕴涵的形而上精神或曰思辨的力量更为鲜明地揭示出来。

首先,逻辑范畴体现思辨的力量。其逻辑首先是辩证逻辑。原因是黑格尔对康德以来的辩证法思想进行了研究,认为康德恢复了辩证法的权威,并认为辩证法的权威应以概念范畴的方式体现。可辩证法的范畴应是无限的,应是无数的,不是有数的十二个范畴。所以,黑格尔从费希特那里借用了自我、非我和自我与非我的统一,以建立正、反、合的逻辑形式,构建其思想理论体系。黑格尔看到了无论哪一种形式都是对前一种形式的否定,正是概念、范畴在逻辑上的不断否定才有体系不断上升的过程。"当黑格尔试图将逻辑学与形而上学合一时,他头脑中的形而上学概念已经摆脱了沃尔夫时代以来德语哲学界的一般看法,即形而上学当由本体论、理性心理学、理性宇宙论与自然神论诸部分构成。"①这就是说黑格尔没有在其哲学体系中作出以上划分,而是将整个体系看做是本体论、认识论、逻辑学的统一。绝对精神作为黑格尔哲学的本体既是实体又是主体,是对思维与存在关系问题的解决,是历史观、认识论和辩证法三者的统一。从绝对理念出发,黑格尔认为思维与存在的关系首先是事物与自身的关系,思维是物质的本质,事物是思维的表现,事物归根到底总要符合事物的本质,所以,思维与存在是同一的。人类的认识活动就是认识存在于事物中的思想,因为我们的思想能够思考存在于事物中的客观思想。其次是存在论、认识论和辩证法的统一。黑格尔不但达到了本体论与认识论的统一,而且实现了对肯定与否定、绝对与相对、一般与个别、本质与现象的辩证逻辑思维。在黑格尔这里,绝对作为普遍本质的内在性,作为实在的肯定性,必然包含否定性,即绝对只有在自己的否定性中才能获得真正的实在性。这样近代哲学就彻底克服了世界的二重化,不仅达到了心物的统一,而且达到一般与个别、本质与现象的统一,即本体论、认

① 俞吾金:《德国古典哲学》,北京:人民出版社2009年版,第576页。

识论和逻辑学的统一。为此,黑格尔以本体逻辑、主观逻辑、理念学说为基本思路,以对存在学说、本质学说、概念、判断、推理以及生命理念、认识理念和绝对理念的探讨为基本内容,形成了完整的逻辑学的逻辑体系,其逻辑学作为形而上学的一部分体现出巨大的思辨力量,具有典型的思辨特征。

其次,现实性与合理性统一的原则体现哲学的反思力量。"凡是合理的都是现实的,凡是现实的都是合理的",黑格尔对合理性和现实性的理解是哲学反思性思维的集中体现。"反思"实际上包含两重内涵:一是以现实为对象,将对现实的理解上升到理论层面,在理论上加以把握;二是以思想为对象反过来而思之,就是对在思想中把握的存在进行进一步的反思,从而规约现实的发展和时代的走向。如果这样的理解能够概括反思的特点,那么黑格尔所说的合理性与现实性的关系正是反思的基本体现。现实之所以是合理的,就在于对现实的把握和理解建立在对现实的合理认知基础上,所以现实的合理性也包含着理性的合理性在其中;而合理性之所以能够成为现实,不但因为其符合现实性存在的种种条件,更以理性的合理性为现实性的存在提供了重要的条件。前者可以概括为"哲学是时代精神的精华"或"哲学是思想中把握的时代",而后者可以概括为"哲学是对时代发展的引领"或"哲学是具有前瞻性的理论"。可以说,正是哲学这种反思的力量使得时代发展与理论自身的发展之间保持着一种紧密的联系。在黑格尔看来,哲学是思想中把握的时代,与其纠结于思想中存在的种种问题而无力解决,不如在对时代精神的把握中寻找答案。因为时代精神的把握既包含有现实性因素在其中,又包含有理性对现实反思的因素在其中。因此,无论黑格尔所指称的合理性的现实,还是现实化的合理性都是力图将哲学的思辨力量灌入对时代精神的反思和把握当中,只有对时代精神的合理把握才能使其具有合法性,也才能使其不至于因为丧失合理性而成为非现实的存在;也只有合理性的时代精神的提出,才能使得理性向着合理性、合法性的维度继续对现实进行前瞻性和反思性的把握。所以,黑格尔对现实性和合理性的理解是对哲学反思性特点的集中理解和把握。

再者,实体即主体体现哲学的和谐力量。我们都知道西方传统哲学本体论似乎是在实体和主体之间不断进行徘徊,希腊哲学对本体的探讨注重其实体性,即作为存在具有先在的合法性;近代知识论哲学则注重于对主体认识的把握和对认识客体能力的彰显,而将主体理解为本体或核心。这两种理解方式产生了两种不同的后果,前者使得实体丧失了能动性和积极性,成为一种“死物”的存在;后者虽然具有能动性,但确无法将其合法性基础表达出来。即使像康德那样的理论大家,从主体的先天认识能力出发解决问题,仍然在主体和客体之间划出了一道鸿沟,主体与客体截然二分是近代哲学的典型特征。所以黑格尔认为,近代哲学一方面是一种形而上学,另一方面是各种特殊的科学;一方面是抽象思维本身,另一方面是来自经验的思维内容。在这个意义上,黑格尔明确指出了思维与存在的对立是近代哲学的问题,经验论和唯理论就在这个对立中,在对主体的反思中,反思主体的能力,不断否定他者、否定自身,无论是在经验中找到世界的原则,还是以理性思辨的逻辑为世界描绘图景,都是试图把人从分裂的世界中统一起来。结果却是无论作出何种努力都无法达到统一。黑格尔实体即主体的合法性,合法就合法在其自身具有一种“和谐”的力量。这种力量始终在实体与主体之间保持一种和谐的“张力”,既保有实体的合法性又保有主体的能动性,使主体的能动性在近代知识论哲学那里所获得的生机和活力能够继续表达,而又力图在实体这样一种基础性概念那里为其寻找近代哲学一直寻求不到的合法性基础。所以,黑格尔才能以绝对精神为实体建构其思想理论体系,又能以绝对精神为主体使其能动的力量得以发挥,才使得其体系成为一种具有内在动力而不需借助外力来推动的向上的体系。实体即主体不但实现了主体与实体两极的和谐,更使得两极之间的优势得以互补和发展。从“实体即主体”的基础出发就已经决定了黑格尔的哲学体系必然是一个自我否定、自我批判、自我超越的哲学体系。

还有,严整的体系表达哲学内在的否定性力量。黑格尔之所以被视为西方传统哲学的集大成者,就因为他将两千多年来的西方哲学发展到了极致,即彻底化和理论化。其理论体系不仅包括了自然领域、认识领域还包括逻辑领域,其理论的覆盖面涉及了整个人类社会和人类历史,难怪人们将黑格尔哲学看做是一个无所不包的思想体系。这样的思想体系不是依靠外在动力推动形成的,而是秉承着内在否定性的思想传统自我批判和自我发展的——从宏观上来看,黑格尔是从对斯宾诺莎、康德、费希特等人的学说的批判反思基础上形成自己的理论体系;从微观上看,无论是在具体概念中寻找到的辩证逻辑,还是在自然领域与精神领域所进行的演进都包含着否定性和批判性。如果能将辩证法做这样的理解:"辩证法理论的形态转换就是理论思维前提批判的层次跃迁,或者说,就是哲学解释循环的自我超越。辩证法批判本性的历史发展,是在理论思维前提批判的层次跃迁或哲学解释循环的自我超越中实现的"①,那么黑格尔形而上学体系就典型地体现出辩证法的内在否定性精神,形而上学的体系"乃是一系列的发展,并非像一条直线抽象地向着无穷发展,必须认做像一个圆圈那样,乃是回复到自身的发展,这个圆圈又是许多圆圈所构成,而那整体乃是许多自己回复到自己的发展过程所构成的"②。在黑格尔那里,所有的概念发展都是圆圈式的,从圆心出发,吸纳发展每个阶段的成果,像树木的年轮那样,一层套一层。因此,发展虽然是否定,但又是否定之否定,所有的先在阶段都不会被放弃,都会被吸纳在作为起点的圆心周围,这才是合逻辑的体系。在追求哲学体系上,黑格尔的巅峰位置无人能及,其形而上学体系是由小圆圈不断扩充而组成的大圆圈。黑格尔以前的所有哲学都被黑格尔认定为这个圆圈中的小圆圈,这些小圆圈在否定前者中肯定自己,又被后继者否定,哲学就以螺旋上升的趋向前进着。列宁明确指出:"人的认识不是直线(也就是说,不是沿着直线进行的),而是无限地近似于一串圆圈、近似于螺旋的曲线。"③黑格尔哲学在这样的内在否定性中实现了自己,不断在自身内部的否定性中展开了形而上学发展的指向,凸显了理性能力对终极本体确定性的追求。理性能力下的思想在否定自身中重新肯定了自己,形而上思想体系在不断否定自身中指向更大的大圆圈。内在否定性的思想传统在形而上精神的自我扬弃中实现了自身的发展,在不断深化的对象性思维中自觉地批判和否定自身,推动了哲学思考方式的变迁和内容的深化。

黑格尔哲学或曰形而上学以反思、和谐和内在否定性的思辨力量实现了哲学家们梦寐以求的愿望;使形而上学合法化、体系化、绝对化,形而上学不但成为

① 孙正聿:《孙正聿哲学文集》(第6卷),长春:吉林人民出版社2007年版,第258页。

② 黑格尔:《哲学史讲演录》(第1卷),贺麟、王太庆译,北京:商务印书馆1959年版,第31—32页。

③ 《列宁选集》(第2卷),北京:人民出版社1995年版,第560页。

世界的本体、宇宙的本原，更成为认识和知识的合法性基础，同时也是在反思、否定和批判中自己建构自己、自我实现自我的体系。也许正是如此，有了作为德国古典哲学集大成者的黑格尔哲学，既以"最宏伟的形式概括了哲学的全部发展"，又"终结"了"全部以往所理解的哲学"。或者说黑格尔是传统哲学的终结者，是现代哲学的开启者，是具有"现代性"的第一人。黑格尔清楚地看到，"这个时代之走到对于理性的绝望，最初尚带有一些痛苦和伤感的心情。但不久宗教上和伦理上的轻浮任性，继之而来的知识上的庸俗浅薄——这就是所谓的启蒙——便坦然自得地自认其无能，并自矜其根本忘记了较高兴趣。"黑格尔认为现代性的根本矛盾在于主客二分思维方式基础上的对象性逻辑，而这一逻辑没有彰显人自身存在的自由性，却将控制性的枷锁套到人身上。如何才能打破这一控制性的枷锁，只能依靠辩证法这一弥合主客二分的根本性力量。在这个意义上，辩证法作为主客二分思维方式的批判者、超越者和救赎者，其在人类思想史上的作用就在于对现代性的救赎上——从思维方式上为现代性内在矛盾的解决提供坚实的根基。辩证法何以能为现代性批判提供更深层次的论证呢？正是现代性批判与辩证法在否定性的思想传统的根基处找到了内在的统一和一致性，即：现代性主体性原则的自我超越的特征与辩证法的否定性的思想传统使得现代性批判始终要遵循着辩证思维方式的根本要求；辩证法的理论特质也要在某种程度上借助于现代性批判的形式才能得以充分的表达。现代性批判离不开辩证法的理论支撑，辩证法也始终为批判的历史任务服务。黑格尔哲学正是在辩证法与现代性的结合之初开启了现代西方哲学发展的新的道路。

小结：从黑格尔哲学中走向现代

一些学者这样评价哲学家的成就：一个人死了，他的思想还存留着。思想获得了独立的生命，它唤起别人的思想，它变成了许多人的财富。思想在深入，它发掘出现实的新层次，使它们服从于这样一些人的意志和理性，这些人生活着，敢作敢为，担负着责任。这位哲学家之所以将永垂不朽，就在于他有幸说出了已经听到的、已经理解的、已经把握的、已经实现的东西。哲学家的终结，并不意味着哲学的终结。一位伟大的哲学家，并不在于在他所处的时代由他所引起的喧哗，而在于给人类的智慧和前途提出了有意义的思想。这样的评价同样适用于黑格尔。不可否认，作为18～19世纪之交的思想家，黑格尔的思想总是会受到他所生活的时代的影响和囿限，但黑格尔的思考显然早已超越了他那个时代，他对近代哲学思维与存在问题的解决、对无上完美的形而上体系的建立、对哲学作为时代精神精华的现代意义的表征，直到今天仍然给我们以常新的启示，值得我们在今天重新进行批判和反思。从某种意义上来说，我们今天依然生活在黑格尔的思想之中。黑格尔之思仿佛是一座人类思想的坐标和参照系，使我们有可能分析时代发展碰到的难题，反思人类的现状，批判我们的精神旨趣，以时时调整人类文化前进的航向。做黑格尔的前人是幸福的，因为他不必承受黑格尔所带来的巨大压力；做黑格尔的同代人是幸福的，因为他有幸目睹了黑格尔思想的每一步发展；做黑格尔的后人也是幸福的，因为我们由此拥有了一个崭新的起点，一笔永恒的精神财富。或许我们可以批评他，可以在新的基础上超越他，但是，无论如何，我们无法忽视他，这就是思想的魅力，这就是永远的黑格尔。

黑格尔最大的贡献或许不是构建了完美的体系，也或许不是概念之间的辩证逻辑，而或许是为形而上学开辟的新方向。我们将现代西方哲学称之为“黑格尔之后”，并非仅仅说其在时间的顺序上产生于黑格尔的时代之后，而是说他们沿着黑格尔开启的道路继续前行。如果能够将黑格尔之前的西方传统哲学或形而上学的根本任务看做是追寻本体（即使是近代哲学对于认识论问题的兴致，也是为了阐明本体如何得以认识的），那么在黑格尔之后，现代西方哲学或形而上学的核心任务则是把握时代精神精华、反思时代精神、拯救时代危机。自黑格尔提出形而上学这一任务后，现代西方哲学家无不沿着这样的路径前行。且不说叔本华对弥漫于整个欧洲上空的悲观情绪的把握与对人生问题的反省，尼采对上帝之死后的奴性的生活的反思，也不论胡塞尔对生活世界危机的忧虑与面向生活世界的希冀，海德格尔对“此在”的人的生活状态的关注乃至后现代思想家力图打破一切规则、否定一切现成的诉求等等，无一不是面对现代际遇、反思时代问题的结果。所以黑格尔既是西方传统哲学的最后一位思想家，也是现代西方哲学的第一位思想家，它以现代性问题的反思和批判开启了人文精神的新路径——从关注自然到关注社会、从关注个体的人到关注社会的人、从关注理论问题到关注时代问题。即使现代西方哲学纷繁复杂，如果将现代性批判作为现代西方哲学的核心问题的话，我们大抵就能寻找到从黑格尔哲学到现代西方哲学的发展轨迹。

因此，黑格尔在现代性批判的意义上是真正具有关节点性质的第一位思想家。如果哈贝马斯说得不错的话，以面向未来、追新逐异为特征的现代性只能在自身的内部寻求规范，那么主体性原则就是时代意识的源头，也是现代性的源头。因此，从人类能够自觉反思自身存在之时，现代性在某种程度上就已经萌生，所以我们认为现代性与人类文明同在，现代性精神与人类形而上精神同在。康德的主体形而上学更是在理论基点上走向了主体的存在，在理论视阈方面开创性地对传统哲学进行了批判与超越，而被赋予了“现代”的性质。在康德哲学那里，始终坚持自然和人的统一，思维和存在的统一，知识和信仰的统一。它们之所以统一，关键在于人，人是自然界的最高产物，人是自然的终极目的，自然永远为人而存在，为人而服务。世界上最重要的是人，没有人整个自然就会失去意义。人为自然立法，人作为这样的主体始终处于世界的中心地位。虽然康德用“物自体”把世界分割为二，但康德的这一划分是人对自身存在最彻底的追问。所以原本在他的学说之前的那些“神”就被追问到了“物自体”世界。通过这样的设定，人的心灵所获得的感受，才是前所未有的，才可真正达到“澄明之境”。这种“追问”的历程和归宿，可以用中国两句旧诗来喻明：“山穷水尽疑无路，柳暗花明又一村。”康德对“物自体”的设定，不仅有知识论的理据，更有生活实践的理据；因此就不能仅从知识论的层面来理解“物自体”概念，还应从生活实践的深度来把握“物自体”。这就是说，应从理论理性与实践理性的内在张力以及实践理性的优越性来把握“物自体”。康德既肯定“物自体”的存在又否定它的可知性，这确实是一尖锐的矛盾。但正由于这一矛盾，才更能体现出人所设立的“物自体”的神秘性、难解性。康德的“物自体”概念蕴涵着“人自身”的神秘性、难解性，以及人的伟大与卑微、崇高与丑陋，人的意义就在这物自体中被康德揭示出来。但康德哲学在对时代精神的把握中，也存有一定的缺陷，“康德把现代世界说成是一座思想大厦，由此可见，康德哲学尽管明确地反映了时代的本质特征，但康德哲学并没有把这个时代当做我们所讨论的意义上的现代来对待。黑格尔也只是从历史回顾的角度把康德哲学看做是现代的标准的自我解释。黑格尔认为自己已经发现，康德经过深入反思之后有关时代的表达中仍然存在着不明确的地方，因为康德并没有意识到理性内部的分化、文化形态的划分以及所有这些领域的分离等就是意味着分裂。所以，康德就不去理会那因主体性原则而产生的种种分离所带来的需求。"①

黑格尔正好相反，他认为哲学必须正视这种需求，进而他认为："问题在于主体性和自我意识能够产生出这样的标准：它既是从现代世界中抽取出来的，同时又引导人们去认识现代世界，即它同样也适用于批判自身内部发生了分裂的现代。"②正是在这个意义上，黑格尔理解了"现代"一词。在黑格尔看来，现代一词应该被当做一种历史概念加以使用，即他认为现代是一个代表时代的概念，而且这一概念是与诸如革命、进步、变革、解放、自由、民主、危机以及时代精神等动态的概念一同出现的。哈贝马斯评价黑格尔为："使现代脱离外在于它的历史规范影响这个过程并升格为哲学问题的第一人。"③黑格尔认为一个"前无古人"的现代必须在自身内部发生分裂的前提下巩固自己的地位，有关于此的忧虑，是"需要的根源"。"黑格尔同时阐明了现代世界的优越性及危机所在，即这是一个进步与异化精神共存的世界，因此，有关现代的最初探讨即已包含了现代的批判。黑格尔的任务在于，通过弥合康德主体和理性为特征的现代性所带来的鸿沟，使得现代性通过自我反思和自我批判获得向上发展的动力。在黑格尔看来，首先应该认识到理性内部是存在分化的，不能仅仅将理性理解为主体的自我意识，也应该理解为世界和历史的本质。理性更应该被理解成为一种自我反思、自我批判、自我扬弃、自我提升的能力，这种能力不但能够使得生活关系系统发生分裂，也应能够以其自身的力量将其统合起来。"④这样，黑格尔就用主体的

① 哈贝马斯：《现代性的哲学话语》，曹卫东等译，南京：译林出版社 2004 年版，第 24 页。
② 哈贝马斯：《现代性的哲学话语》，曹卫东等译，南京：译林出版社 2004 年版，第 24 页。
③ 哈贝马斯：《现代性的哲学话语》，曹卫东等译，南京：译林出版社 2004 年版，第 19 页。
④ 哈贝马斯：《现代性的哲学话语》，曹卫东等译，南京：译林出版社 2004 年版，第 32 页。

绝对自我的否定之否定的辩证过程，弥合了康德在物自体和存在之间划出的鸿沟，使得主体从自身的本质中获得了自身存在的意义和价值，这样，“黑格尔批判了自然与精神、感性与知性、知性与理性、理论理性与实践理性、判断力与想象力、自我与非我、有限与无限、知识与信仰等在哲学上的对峙，否则，哲学批判无法保证满足唤起客观性的要求。主观唯心主义批判也就是现代批判；唯其如此，现代才能确定自己的位置，并从内部巩固自身。为了实现这一计划，除了反思之外，批判不能也不允许使用其他工具，因为批判发现，反思乃是新的时代原则的最纯粹的表达。如果说现代应从自身当中寻求证明，那么，黑格尔就势必要根据一种启蒙原则自身内部的辩证法再去阐释现代的批判概念。”①黑格尔的现代性批判使得现代性本身通过自我反思获得了一种鲜明的自我意识，并通过自身的否定之否定的过程使得自身呈现为一种完满性。这种完满性对黑格尔之前的西方古代哲学是一种彻底的拒斥。

当黑格尔将绝对精神作为一种理性精神的绝对合力试图弥合康德所遗留下来的本体世界与现象世界二分之时，这种弥合的力量看似内部的自我否定和自我批判，实质上却在绝对精神否定之否定的极致处自我锁死。现代性批判似乎只是为了达到这种极致而存在，而其中内涵的形而上精神追求的无上张力却被局限在了理性向绝对理性发展的路途中，这导致了现代性的“死亡”。这正如查尔斯·泰勒②在《黑格尔与现代社会》中说的那样，“古代希腊完成了自然与人类最高表现形式间最完美的统一。换言之，在当时，人之成为人，是自然而然的。不过，这美丽的统一已死了；而且，它必须死掉，因为，我们要实现为彻底自由的存有者，就必须使理性发展到自我澄明的更高境界，而使理性发展到那个阶段，所付出的代价是这统一必须死亡。……为了成长，人必须在自己内在方面加以区分。尤其理性的成长，以及彻底自由的成长，更要求与自然的东西和感性的东西决裂。现代人必须与他自己的自我交战。因此，丧失原始的统一是无法避免

---

① 哈贝马斯：《现代性的哲学话语》，曹卫东等译，南京：译林出版社 2004 年版，第 26 页。

② 查尔斯·泰勒（Charles Taylor，1931～ ），加拿大哲学家。

的，而回归亦复不可能。"[①]这就是现代性必须要付出的代价。因此，黑格尔在通过现代性批判使得现代性找到了生长之路的同时，又将与现代性批判同样重要的人类精神的形而上追求彻底终结了。这正如哈贝马斯所说："黑格尔根据自身的原则来把握现代性，其目的是要把哲学作为一种一体化的力量，克服由于反思本身所带来的一切实证性——进而克服现代的分裂现象。可惜，黑格尔只是在表面上取得了成功。"[②]事实上，黑格尔的现代性批判失却了人类形而上精神追求这一终极性的意义之意义。这也是黑格尔哲学遗留下来的问题。

在黑格尔那里，哲学的使命被确定为"用概念去解决懒散的社会生活和政治生活"，正如哈贝马斯所说的那样："批判的钝化和现实意义的弱化是一致的。"[③]在黑格尔将现代性批判作为一种合力封闭在理性和自我意识之内时，现代性批判就因钝化和现实意义的弱化随之"死亡"。如何通过揭示现代性问题使得现代性批判得以重生，如何将现代性批判与本应与之相伴而生的形而上精神真正合而为一，这是马克思所面临的历史任务。在黑格尔看来，现代性批判作为一种内在否定的合力旨在达到康德所遗留下来的理性与现实的和解，然而他过分执著于物质与意识、本质与现象、存在与存在者之间在概念、范畴和体系上的推演，只是为历史的运动找到了抽象的、思辨的、逻辑的表达，即使努力用理性的力量统摄现实，但最终却仅仅得到了扼杀现代性批判无限张力的结果。而马克思继续了他的问题，与黑格尔不同，马克思认为现代性批判想要达到理性与现实的和解不能仅仅局限于概念、范畴的推演，因为这还是仅仅局限于理性自身之内，在理性自身之内谈论理性和现实的和解，既不现实，也不可能。想要达到理性与现实的和解，必定要在理性与现实的双重维度中寻找一种统摄二者的力量。马克思认为不管理性以何种样态——"想象的理性"、"理性的概念框架"——呈现都不是对现代性问题的解答。现代性不是某一领域、某一方面的问题，而是一

① 查尔斯·泰勒：《黑格尔与现代社会》，徐文瑞译，台北：联经出版事业公司 1989 年版，第 11—12 页。

② 哈贝马斯：《现代性的哲学话语》，曹卫东等译，南京：译林出版社 2004 年版，第 42 页。

③ 哈贝马斯：《现代性的哲学话语》，曹卫东等译，南京：译林出版社 2004 年版，第 50 页。

个具有整体性的、时代的社会问题，正如吉登斯[①]所言："在其最简单的形式中，现代性是现代社会或工业社会的缩略语。"[②]因此，"对马克思来说，社会——'现代政治社会现实'——是基础，宗教生活、哲学和资本主义国家都已经作为抽象物从中分离出来了"[③]。马克思的现代性批判就将黑格尔"只是为历史的运动找到抽象的、逻辑的、思辨的表达"的现代性批判理论头脚倒置，重新奠定于社会历史存在的基础之上。

"现代性"在马克思看来就是"一切固定的僵化的关系以及与之相适应的素被尊崇的观念和见解都被消除了，一切新形成的关系等不到固定下来就陈旧了。一切等级的和固定的东西都烟消云散了，一切神圣的东西都被亵渎了。人们终于不得不用冷静的眼光来看他们的生活地位、他们的相互关系。"[④]现代性表征了一种与传统相互区别的、以变动不居为特征时代精神。对作为一种时代精神的现代性的把握，马克思认为这种以变动不居为特点的时代精神实际上是现代社会资本逻辑的重要体现。马克思曾形象地描述："中世纪的俗语'没有无领主的土地'被现代俗语'金钱没有主人'所代替。后一俗语清楚地表明了死的物质对人的完全统治。"[⑤]马克思虽然一方面强调现代性的"工业是自然界同人之间，因而也是自然科学同人之间的现实的历史关系。因此，如果把工业看成人的本质力量的公开的展示，那么，自然界的人的本质，或者人的自然本质，也就可以理解了……在人类历史中即在人类社会的产生过程中形成的自然界是人的现实的自然界；因此，通过工业——尽管以异化的形式——形成的自然界，是真正的、人类学的自然界"[⑥]。但另一方面，马克思也认为现代性以商品形式呈现的资本需要以变动不居的运动方式实现自身，在实现自身的同时，"它使人和人之间除了

---

① 安东尼·吉登斯(Anthony Giddens,1938～)，英国社会理论家。

② 安东尼·吉登斯：《现代性——吉登斯访谈录》，尹宏毅译，北京：新华出版社2001年版，第69页。

③ 哈贝马斯：《现代性的哲学话语》，曹卫东等译，南京：译林出版社2004年版，第70页。

④ 《马克思恩格斯文集》(第2卷)，北京：人民出版社2009年版，第34页。

⑤ 《马克思恩格斯文集》(第1卷)，北京：人民出版社2009年版，第152页。

⑥ 哈贝马斯：《现代性的哲学话语》，曹卫东等译，南京：译林出版社2004年版，第128页。

赤裸裸的利害关系，除了冷酷无情的‘现金交易’，就再也没有任何别的联系了”①。“因此，通过异化劳动，人不仅生产出他对作为异己的、敌对的力量的生产对象和生产行为的关系，而且还生产出他人对他的生产和他的产品的关系，以及他对这些他人的关系。”②因此，马克思指出：“在政治国家真正形成的地方，人不仅在思想中，在意识中，而且在现实中，在生活中，都过着双重的生活——天国的生活和尘世的生活。前一种是政治共同体中的生活，在这个共同体中，人把自己看做社会存在物；后一种是市民社会中的生活，在这个社会中，人作为私人进行活动，把他人看做工具，把自己也降为工具，并成为异己力量的玩物。”③现代性的危机就在于“每个人都失去了他的独立自足性而对其他人物发生无数的依存关系。……他的每种活动并不是活的，不是各人有各人的方式，而是日渐采取按照一般常规的机械方式。在这种工业文化里，人与人互相利用，互相排挤，这就一方面产生最酷毒状态的贫穷，一方面就产生一批富人。”④马克思对现代性的诊断，是揭示了现代社会的内在矛盾，即为人类描述了一幅自由和解放的理想图景，却事实上将人类带入了具有内在普遍性的奴役和压迫之中。马克思的现代性批判最终指向的是政治解放基础上的人类解放。马克思从事的诸如宗教批判、意识形态批判、政治经济学批判等针对现代性问题的现代性批判的最终目的都是为了实现政治解放和人类解放。马克思认为费尔巴哈“强调自然过多而强调政治太少。然而这是现代哲学能够借以成为真理的唯一联盟。”⑤马克思对现代性并没有停留在单纯批判的层面上，而是以实践为基础寻求解决现代性问题的途径。“如果没有同制度的内在可能性结合起来的话，寻求社会变迁在实践上就没有什么作用。正是借助于该原则，马克思才使自己与乌托邦主义鲜明地区别开来。”⑥马克思指出：“意识的一切形式和产物不是可以通过精神的批判来

---

① 《马克思恩格斯文集》(第2卷)，北京：人民出版社2009年版，第34页。
② 《马克思恩格斯文集》(第1卷)，北京：人民出版社2009年版，第165页。
③ 《马克思恩格斯文集》(第1卷)，北京：人民出版社2009年版，第30页。
④ 黑格尔：《美学》(第1卷)，朱光潜译，北京：商务印书馆1997年版，第33页。
⑤ 《马克思恩格斯全集》(第47卷)，北京：人民出版社2004年版，第53页。
⑥ 吉登斯：《现代性的后果》，田禾译，南京：译林出版社2003年版，第136页。

消灭的,不是可以通过把它们消融在‘自我意识’中或化为‘怪影’、‘幽灵’、‘怪想’等等来消灭的,而只有通过实际地推翻这一切唯心主义谬论所由产生的现实的社会关系,才能把它们消灭。”①马克思提出人的理想状态是:“人以一种全面的方式,就是说,作为一个完整的人,占有自己的全面的本质。”②它是通过人并且是为了人而对人的本质的真正占有,因此,它是人向自身、向社会的(即人的)人的复归,这种复归是完全的、自觉的、而且保存了以往发展的全部财富的。正是在这个意义上,马克思认为,私有财产的积极的扬弃,作为对人的生命的占有,是一切异化的积极的扬弃,从而是人从宗教、家庭、国家等等向自己的人的即社会的存在的复归。“马克思把解释世界和改变世界的实践联系起来的批判理论,历史有一个总体的方向,而且历史将集中在一种革命的力量上,这就是无产阶级,它是一个‘世界性阶级’。”③

这样,马克思的现代性批判体察到了现代性所带来的意义世界的危机,并以批判的反思精神来抗议这种无意义感,在批判中去寻找精神的家园。在对人的意义世界的危机的反思中,马克思发现了新的文明诞生的可能。这种新的文明不再是黑格尔式的绝对理性或绝对概念的产物,也不再仅仅是小布尔乔亚式面对现实的无力的感伤,这种新的文明是作为旧世界掘墓人的斗士的无产阶级来造就的,是在实践的基础上由无产阶级的政治解放上升为社会解放,最终实现作为终极理想化的人类的自由全面发展。马克思所创造的新世界既脚踏现实的根基,又以人类的终极追求引领人们不断接近完美的理想。这正如毛泽东所说的那样,革命的浪漫主义和革命的现实主义在马克思这里得到了完满的结合,这种完满既与浪漫主义的怀旧思想相对立,也与现代化的自鸣得意相抵触,真正实现了现代性批判与人类形而上精神追求的水乳交融。如果说黑格尔是一位艺术家,他想要完成的是一件无懈可击的精美的“理性”的艺术品,那么马克思似乎可以称得上是一位伟大而高超的建筑师,他亲手建构起美轮美奂而又触手可及

---

① 《马克思恩格斯文集》(第1卷),北京:人民出版社2009年版,第544页。

② 《马克思恩格斯文集》(第1卷),北京:人民出版社2009年版,第189页。

③ 吉登斯:《现代性的后果》,田禾译,南京:译林出版社2003年版,第136页。

的人类生活世界的精神家园。如果说黑格尔的现代性批判代表了一种手段，其目的在于将理性或主体性推向无上的顶峰，因此现代性批判本身因其显而易见的工具性丧失了其理想性的维度，那么马克思的现代性批判则代表了一种全新的理路，现代性批判不再仅仅是一种手段，而更是一种目的，即现代性批判就是现代性的不断重建。现代性批判不再仅仅是虚无缥缈的空中楼阁，而更是以其现实性获得了厚重的思想根基，现代性批判也不再是面向理论问题的自我理解和自我阐释，而更是一种为着人类终极性的精神理想而不断面向时代问题、理解时代问题、解决时代问题的伟大实践。无疑马克思是伟大的，他的伟大之处在于他亲手在其犀利的锋芒摧毁的地方重新建立起人类的精神家园——对资本主义社会进行的政治经济学批判、社会政治学批判所彰显的人类自由解放之理想，将现代性批判精神真正开启。

马克思开启了现代性批判精神的真义，现代西方哲学也依着这样的历史轨迹继续前行。现代性内含着人类求新意识、创造意识、发展意识、自由意识的价值追求，暗含着人类对如何才能活得更好的价值论问题的不竭追索。既然现代性与人类精神的形而上追求内在契合，那么反思时代问题、寻找解决途径就理应是它一以贯之的题中之义。这既是西方哲学从“能否思想”到“有无意义”的内在逻辑逐步外化的表现，也是现代性精神在遭遇现代性问题迷失自我后对现代性合理性的再度确认。所以，以现代性问题为中轴，也能够捕捉到各种现代西方哲学的真实面目。只不过，如同现代西方哲学各自理解和各自发展不同而造成了各种路径的哲学转向一样，由于各种现代性批判理论对现代性的理解不同，及其捕捉到的现代性问题和侧重点不同，现代西方哲学的现代性批判理论也呈现出了纷繁复杂的多个视角。

非理性主义是直接针对理性主义而出现的现代性批判理论。随着西方资本主义矛盾的深化和精神危机的加重，理性主义开始了自赎性的反思和批判，非理性主义向理性主义发起了挑战。非理性主义看到了理性主义所造成的理性权威主宰一切、人的意义问题被严重遮蔽的生活现实，深感现代性精神在当今时代的陨落，提出了自己拯救现代性的方案。它在哲学观上把个体的感性自我，即非理性作为世界的本质和本源；在社会历史观上宣扬非历史决定论；在人性观上宣扬非理性的抽象人性论;在价值观上宣扬个人主义、虚无主义、相对主义;在方法论上宣扬极端化的知性思维,具有不可知论的特征等。非理性主义看到了当今时代在科学技术盛行、社会高速运转和资本快速产出与消耗之下,人主体地位的迷失和人精神空间遭受的挤压,将这一切的根源归结为西方传统哲学理性主义的罪孽,所以非理性主义处处表现出对理性主义的极端反叛。它将抽象的理性人抛掉,关怀被理性压抑的人的肉体、欲望、情感和意识,关注个体自我潜能、自由、幸福的实现,追求一种与人的理性相对立的绝对自由的个体感性自我,如尼采的意志自我、柏格森的生命自我、弗洛伊德的本能自我、胡塞尔的先验自我、萨特的自由自我等。可以说,非理性主义切准了现代性的脉搏,找准了现代性问题的根本症结——理性主义。但是,由于非理性主义只是将理性看做是近代以来的西方知识论哲学形态的典型代表,没有看到理性形而上学传统在西方历史中的逻辑发展和合理内核,只看到了断裂而没有看到传承,所以它自身也不可能对理性主义作出公允的评说,更不可能挖掘理性主义的内在合理性。它对理性主义所引发的现代性问题所作出的思考也只能是一味的否定,以为用非理性代替理性就可以改朝换代、济世安生,这种知性的思维方式和片面的理解角度注定非理性主义并不能够彻底的解决现代性问题、拯救现代性精神。当然我们不否认它对我们在现代性问题泛滥时代认识理性主义所起的重要作用。

其实,非理性主义对现代性的批判也可以在后现代对现代性问题的批判中得到印证。后现代也是将现代性理解为启蒙以来的断代意义上的现阶段。后现代看到了启蒙关于"永恒真理"和"人类解放"的虚假性,产生了对启蒙"元叙事"的怀疑。后现代将这种怀疑幻化为彻底的、无情的、不留余地的批判,向一切现代性特征开火。它批判表象主义、中心主义、本质主义、基础主义、根源主义等等,试图通过对现代性问题的批判,达到对传统形而上学"治疗"的目的,同时希望通过对传统形而上学的批判,解救压制于它下面的现代西方人的精神灵魂。然而,与非理性主义所不同的是,后现代的批判直接指向了哲学本身,它在解构"元叙事"的过程中也解构了本体论。虽然它本是想推翻压在现代西方人精神上的"形而上学",但是却将现代人推向了更深的"生存无意义"之中,走向了"生命不能承受之轻"。所以,虽然后现代对现代性问题的批判是彻底的,但并非是有效的。后现代由于自身理论上明显的生存论缺环而注定无法承担起拯救现代性精神和治疗现代西方人精神伤痛的任务。

生存论哲学和语言哲学也认为，现代性问题的症结在于西方近代理性形而上学对世界作出的知识论解释。虽然近代理性形而上学为人类在变动不居、变幻莫测的现象界之后找寻到了一个决定性的本体，以此作为解释世界的根由和归宿，但是生存论哲学与语言哲学都认为这个根基并不能够为人类提供价值维度，意义感的缺失是当代西方人的通病。生存论哲学家用"此在"代替传统哲学的"在者"，以此在对存在的领会作为新哲学的基础，把人在世界中的基础性地位从蒙蔽状态下"解蔽"出来，增添了生活世界的价值维度，把对人的存在意义的追问和省察作为形而上学的根本任务。而语言哲学则认为传统哲学之所以变得冷漠、空洞和抽象，在于"语言的误用"。所以语言哲学试图通过重新考察语言，达到其"净化和澄明"，也要从离开对语言意义的审查而探究思想客观性的认识论立场转变为重视对语言意义的分析和理解。他们强调对语言意义的重视，实质上是对人生存意义的关怀。

西方马克思主义对现代性的理解则带有某种程度上的独特性，它不是在近代意义上理解理性主义，也不是从启蒙开始理解现代性。它既看到现代性与西方理性形而上学传统的内在关联性，又批判理性主义在当代西方工业文明社会的异化状态。它以一种辩证性的视角和一种历史主义的态度看待现代性，既认可现代性精神的合理性价值，又不回避现代性问题在现代西方工业文明社会的现实遭遇。所以，西方马克思主义对现代性的批判多与当代西方工业文明社会的现实语境相结合。它批判的是当代西方工业文明社会下现代性变异而引发的现代性问题，却又在批判现代性问题的过程中试图重塑现代性精神。

这些现代性批判理论都不约而同地看到了现代性精神在当代西方工业文明社会的现实陨落，都在理论上对现代性和现代性问题进行了深入的解说，都承认现代性问题是当今时代最大的现实，说明现代理论界已经达到对现代性批判的理论自觉的程度。只不过他们对此问题的认识各有差异，所以他们对现代性问题的批判也便显现为不同的路径和形式。但无论如何，现代西方哲学都将现代性批判呈现为时代的显性问题和能够持续下去的问题。或许正是如此，西方哲学的本体论追求才通过批判和超越完成了现代转向。由此看来,可以说现代性问题不断,现代性批判不止;现代性批判不止,现代性事业未竟!所以说,本体论问题与现代性问题是始终交织在一起的——现代性问题离不开本体论追求中的形而上精神,本体论追求又是以批判和反思性的方式不断完成对自身的超越的,两者作为一个问题的两个方面共同构成了社会历史发展的动力。

后　记

我与我的学术团队耗时四年，终于完成了《西方哲学的人文精神》这部书稿。这一过程中不断持续的构思写作之切磋、字里行间之斟酌、思想认识之收获、学术前行之喜悦，似乎可以伴随书稿之付梓而告一段落。但的确有意犹未尽之感，还有想说的话要说。

有人曾问过我这样的问题：哲学、西方哲学按学科性质而论属于人文学科，人文学科的学问具有人文精神是不言而喻的，何以要以"人文精神"为书名呢？还有人提出："人文精神"是大而泛的概念，弄不好给人以空泛之感等等。这些问题提得对、问得好，说到了问题之根本，那就是我们为什么写这样一部书稿呢？原因很多。其一是我 1983 年大学毕业后，就一直在高校的西方哲学讲坛上授课。西方哲学在时间上充满我的教学生涯，更在空间上布满我的研究领地。近 30 年的教学生涯，肯定有对天天讲、月月讲、年年讲的东西的朴素情感，当然也有对它的学术情怀，二者促使我把想说的说出来。其二是想说什么、能说什么呢？国内理论界对西方哲学的研究可谓是时间长久、研究深入。人物展现、思想挖掘、派别介绍、历史形成无不到位。我能研究什么？我不但要把西方哲学历史上思想家的思想表达、历史事实说清楚、讲明白，还要把西方哲学思想历史呈现的内在轨迹澄明出来。西方哲学何以能一以贯之地以否定的方式绵延发展至今？西方哲学几千年发展的内在动力之"核"何在？西方哲学不仅仅以本体论、认识论、语言学等形态表达自己的存在，更是以这些形态背后的内在思想、核心精神而彰显自己存在的魅力，我称之为"人文精神"。我发现这是我对西方哲学的朴素情感和学术情怀凝练而成的问题意识。其三,如何挖掘西方哲学的人文精神? 这是我和我的学术团队一直都在探讨的问题,甚至大有继续研究下去的必要。仅就此书稿而言,当在 2005 年获批国家社科项目后,这一问题的探讨似乎进入了更为艰难的状态——即如何在西方哲学历史发展的过程中把握其内在的本质特征。有人认为可以从代表性思想家的文本出发,通过文本的梳理和解读将其精神实质呈现出来;有人认为可以从思想家的思想观点出发,将其不同时期、不同文本的思想集中在一起才能表达其思想实质;还有人提出可以简单而论,按照西方哲学既定的历史时期、思想人物来说明即可;还有人认为将西方哲学历史呈现的思想性和思想家思想所呈现的时代性相结合才能更好地体现西方哲学的人文精神。毫无疑问,各种认识各有道理,但哪些道理更符合前面所说的问题意识则最为关键。在我看来,理性、主体、自我意识、启蒙、知识、科学……,或者本体论、认识论……,还有哲学家等都可看做西方哲学的基本概念,但这些概念的核心思想和内在精神无一不是"人文精神"。透视"人文精神"、澄明"人文精神"可以把握西方哲学的思想轨迹、逻辑力量、精神旨趣和价值追求。对"人文精神"的澄明,是对西方哲学思想的自我意识与自我反思。做这样的学术探讨和理论研究具有挑战性,更具有难度。我明知自己的学术修养、理论水准、思想深度难以达到这一理论要求,却还是明知不可为而为之了。想法相对简单,通过这一书稿如能与学界对话、和学者沟通、同思想碰撞,抑或与高深相遇,也是一件幸事。

任何一件幸事,都是需要诸多因素的聚合才能做好的。《西方哲学的人文精神》能够问世的首要因素,便是国家社科基金的支持。国家社科基金的获得为我的这一学术研究提供了学问空间、理论平台、学术资源、经济条件,使得本书稿能够以一种相对完成的姿态呈现在读者面前。其次,理论界同仁对我这一研究给予的这样那样的支持,对我是莫大的鼓励。写作此书稿的过程中与理论界的一些朋友交换过意见,他们肯定我的想法并提出合理化的建议。在向王树人先生的请教中,在向赵敦华先生的求教中,得到的收获是无法用文字来表达的。研究过程中的阶段性论文也得到理论界的良好反响:三篇论文被《新华文摘》全文转载,两篇论文被《高等学校文科学报文摘》全文转载,还有几篇被《新华文摘》、《中国社会科学文摘》、《中国哲学年鉴》等作了论点摘编。再次，真心感谢我的学术团队中的每一个成员。从书稿的思路形成到框架拟定，从阶段性研究到总体性架构，整个过程都是团队力量的凝结。团队每一成员的所作所为、所言所写我都历历在目、笔笔在心。你们所付出的努力、所克服的困难、所接受的批评，都让我佩服与感动。这些成员是庞立升、史巍、崔予姝、于薇、于永坤、岳军、许志山、王秀娟等。特别感谢在复旦大学读哲学博士后、曾经是我的硕士研究生的贾利民同学，也为本书稿做了许多具体性的工作；于洁和杨赫娇同学做了认真细致的整理和校对工作。上述成员中有的是我的同事，更多的是我的学生，如果以此书稿来论，他们都是我的"战友"——在思想的交锋中形成观点，在观点的阐释中凝练文字，在文字的表达中统一思想，统一在人文精神的追求上。在书稿即将付梓之即，感谢你们为此作出的努力。如果你们愿意的话，我更会愿意与你们继续合作下去。

一部书稿的字数有限，但文字表达的思想无限；一部哲学历史的时间有限，但哲学思想的人文精神无限。愿以此人文精神的表达和追求与大家共勉！

是为后记。

韩秋红

2010年8月1日

于长春"我的家园"